Tanja Busse

Die Wegwerfkuh

Tanja Busse

Die Wegwerfkuh

Wie unsere Landwirtschaft Tiere verheizt,
Bauern ruiniert, Ressourcen verschwendet
und was wir dagegen tun können

Blessing

MIX
Papier aus verantwortungsvollen Quellen
FSC® C014496

Verlagsgruppe Random House FSC® N001967
Das für dieses Buch verwendete
FSC®-zertifizierte Papier *Super Snowbright*
liefert Hellefoss AS, Hokksund, Norwegen.

1. Auflage 2015

Umschlaggestaltung: Geviert Grafik & Typografie, München
Satz: Leingärtner, Nabburg
Druck und Einband: GGP Media GmbH, Pößneck
Printed in Germany
ISBN: 978-3-89667-538-5

www.blessing-verlag.de

Für L., der so gerne Kühe mag

Inhalt

Einleitung

In den letzten Jahrzehnten hat sich die Art, wie in Europa Milch, Fleisch, Eier, Getreide und Gemüse erzeugt werden, fundamental verändert. Das neue landwirtschaftliche System – moderne Landwirtschaft nennen es die einen, Agroindustrie die anderen – beruht auf den Prinzipien der Industrie: Intensivierung und Technisierung[1], Spezialisierung und Standardisierung. Immer geht es dabei um Leistungssteigerung durch Effizienz.

Dieses neue System hat beinahe überall in Europa die kleinen Bauernhöfe verdrängt – Strukturwandel nennen das die einen, unvermeidlich und unumkehrbar, Höfesterben nennen es die anderen. Es ist die Einlösung des Versprechens: Nie wieder Hunger! Wir bekommen euch satt! Dafür hat die Landwirtschaft den Turbo eingelegt.

Die Profiteure dieser Entwicklung erzählen die Agrargeschichte der letzten Jahrzehnte gerne als beispiellose Erfolgsstory. Sie halten eine Laudatio auf den technischen Fortschritt und preisen die wundersame Produktivitätssteigerung der Landwirte. Das System gilt ihnen als alternativlos, weil wir Konsumenten unsere Lebensmittel so billig wie möglich haben wollen. Weil es die deutschen Landwirte weltmarktfähig macht. Und weil bald acht, neun oder sogar zehn Milliarden Menschen auf der Erde leben werden, die ernährt werden müssen.

Wenn Tierfreunde und Naturschützer gegen Intensivtierhaltung demonstrieren und eine Agrarwende fordern, lächeln sie mitleidig. »Das ist ja süß, was ihr da fordert! Aber damit kann man die Welt nicht ernähren! Wenn alle Bio machen würden, gäbe es nicht mal in Deutschland genug zu essen.« Und dann zücken die Agrarindustriellen ihre größte Waffe: die Effizienz.

Sie behaupten: Die moderne weltmarktfähige Landwirtschaft sei so effizient, dass wir nicht auf sie verzichten können. Mit Methoden, die sich an der Industrie orientieren, produziere sie immer mehr Milch, Fleisch und Eier in immer weniger Zeit.

1950 ernährte ein Landwirt noch zehn Menschen, heute sind es einhundertvierzig.[2] 1950 gaben gute Milchkühe 4000 Kilogramm Milch pro Jahr, heute sind es im Durchschnitt über 8000.[3] Das ist ein gewaltiger Fortschritt, der nur durch beeindruckende Effizienzsteigerungen erreicht wurde. Und die Landwirte sind stolz darauf: Sie produzieren mehr als jemals zuvor und sind gleichzeitig der harten körperlichen Arbeit, die die Landwirtschaft über Jahrhunderte prägte, entkommen. Keine Schwielen mehr an den Händen, keine Rückenschmerzen mehr. Das ist die Faszination der Effizienz: das Versprechen, der Maloche zu entgehen und trotzdem erfolgreich zu sein.

Dass diese Art von Landwirtschaft nicht der Erhöhung der Biodiversität dient und dass Tiere darin nicht gehalten werden wie im Streichelzoo, versteht sich von selbst. Das aber scheint der Preis dafür zu sein, dass die moderne Landwirtschaft Millionen Menschen mit günstigen und sicheren Lebensmitteln versorgen kann. Dazu muss es wohl nicht idyllisch, sondern effizient zugehen.

Die Geschichte hat nur einen Haken. Sie stimmt nicht.

Die Effizienz ist das Ergebnis einer falschen Rechnung. Die Hochleistungslandwirtschaft, die seit Jahrzehnten von einflussreichen Lobbyisten propagiert und politisch gefördert wird, ist gleichzeitig eine Verschwendungswirtschaft, die mehr Ressourcen verbraucht, als sie an Werten schafft.

Sie erzeugt Milchkühe, um sie zu töten, bevor sie ihre beste Zeit erreicht haben, weil sie nicht schnell genug wieder tragend werden. Sie brütet jährlich rund vierzig Millionen Küken aus, um sie sofort nach dem Schlüpfen zu töten, weil sie als Brüder der Legehennen keinen ökonomischen Nutzen bringen. Sie züchtet Sauen, die mehr Ferkel gebären, als sie aufziehen können. Die Tiere, die sie produziert, gleichen gedopten Hochleistungssportlern. In ihrer natürlichen Umgebung sind sie oft nicht mehr lebensfähig. Eine Art Evolution rückwärts. *Survival of the unfittest*. (Darunter leiden vor allem die Biobauern: Es fehlt ihnen an leistungsfähigen und robusten Rassen.)

Aber diese Art der Hightechtierproduktion hat sich durchgesetzt: Seit Jahrzehnten hält das Höfesterben an. Die meisten kleinen Höfe, die gegen den Trend zur Industrialisierung weiter gewirtschaftet haben, sind ruiniert. Mit ihrem Untergang geht wertvolles traditionelles Wissen verloren. Alte widerstandsfähige Nutzviehrassen sterben aus, sortenfeste Gemüsesorten – also solche, die man nach der Ernte neu aussähen kann, über Zehntausende von Jahren der natürlichste Vorgang der Welt – gehen verloren. Und die Agrarunternehmer, die weitermachen, bauen immer größere Ställe mit immer mehr Tieren, die immer schneller fett und immer früher geschlachtet werden.

Ein kollektiver Wettlauf in die falsche Richtung.

Das alles ist nur der Anfang einer Produktionskette, deren Prinzip das Wegwerfen bleibt: Alles, was nicht in die Handelsklassen passt, sortieren Verarbeiter und Händler aus. Und am Ende der Kette stehen die Konsumenten, die jedes achte gekaufte Lebensmittel in den Müll werfen.

Die moderne Land- und Ernährungswirtschaft gibt sich den Anschein, ökonomisch sinnvoll zu handeln – und ist dabei eine gigantische Ressourcenvernichtungsmaschine.

»Der Wirkungsgrad der sogenannten modernen Landwirtschaft ist ähnlich schlecht wie der eines Kohlekraftwerks«, sagt Dr. Thomas Griese, grüner Staatssekretär im rheinland-pfälzischen Agrarministerium.

»Über Jahrtausende hinweg kannte die Landwirtschaft keinen Abfall«, sagt Onno Poppinga, ehemals Professor für ökologische Agrarwissenschaft an der Uni Kassel-Witzenhausen und Rinderzüchter. Die alte Landwirtschaft kannte Stoffkreisläufe. Es gab Mist, aber keinen Müll. Das ist ein Unterschied.

Etwa zehntausend Jahre lang haben die Menschen eine solare Landwirtschaft betrieben, die weder Energieinput von außen brauchte noch Abfälle produzierte.

Dann fanden die Chemiker Haber und Bosch heraus, wie man Stickstoff aus der Luft gewinnen und zu Kunstdünger verarbeiten kann. Damit begann die große Energieverschwendung der Landwirtschaft, die bis zum heutigen Tag anhält. Längst sind die Böden so überdüngt, dass überall dort, wo zu viele Tiere gehalten werden, Stickstoff ins Grundwasser sickert.

Die Agrarindustrie hat sich ihre ungeheuren Produktivitätssteigerungen durch einen ineffizienten Umgang mit Ressourcen erschlichen – dort, wo keiner hinguckt.

Heute ist die Agrar- und Ernährungswirtschaft ebenso globalisiert wie der Rest der Wirtschaft. Ihre Transportketten schlingen sich – klimaschädlich und ressourcenfressend – um den Globus: Wir kaufen Futter aus Südamerika für Schweine im Emsland, deren Schinken nach Asien exportiert werden, während Hühner aus Thailand in Europa zu Fertiggerichten verarbeitet werden. Und so weiter, hin und her. Dieses System senkt bizarrerweise die Preise für Lebensmittel im Supermarkt, während es gleichzeitig Energie und Ressourcen verschleudert.

Dieses Buch handelt von jungen Kühen, die ausrangiert werden, von Kälbern, Küken und Ferkeln, die erzeugt werden, obwohl sie keiner braucht. Es erzählt, wie ein kleines Bullenkalb aus dem System gerettet wird und wie es für alle besser gehen könnte.

Ein Wort an die Landwirtinnen und Landwirte

»Wegwerfkuh« als Titel, das klingt provokant. Und das soll es auch. Aber dieses Buch ist kein Bauern-Bashing. Im Gegenteil, ich habe großen Respekt vor den Landwirten, mit denen ich gesprochen habe.

Ich bin auf einem Bauernhof aufgewachsen, und ich weiß, wie es sich anfühlt, wenn Leute, die keine Ahnung von Landwirtschaft haben, alles besser wissen. »Das Pony friert doch im Schnee«, habe ich immer zu hören bekommen. Wenn aber unsere Kühe unter der Hitze litten, sagten dieselben Leute: »Denen geht's ja gut, den ganzen Tag können sie sich sonnen!«

Aber: Nur weil es Leute gibt, die über Dinge, von denen sie wenig verstehen, Unsinn reden, heißt das nicht, dass die Entwicklung der Landwirtschaft nicht kritisiert werden darf!

Ich weiß, dass es heftig ist, unter Dauerbeschuss einer oft naiv tierfreundlichen und inkonsequenten Öffentlichkeit zu stehen. Und gleichzeitig unter enormem Arbeits- und Innovationsdruck, und dies alles bei stark schwankenden, fast immer zu niedrigen Preisen. Und auch wenn mein Herz für Tierrechte schlägt, weiß ich, wie es sich anfühlt, wenn sich die Kinder eines Hähnchenmästers nicht mehr in die Schule trauen, weil nachts die Tierschutzaktivisten in den Stall eingestiegen sind und fiese Bilder gemacht haben. Ziemlich mies nämlich.

Trotzdem kritisiere ich die Entwicklung der modernen Landwirtschaft unter dem Diktat der Anpassung an den Weltmarkt und behaupte, dass die viel gelobte Effizienz dieser modernen Landwirtschaft das Ergebnis einer Rechnung ist, bei der viele Variablen vergessen wurden.

Um das jedoch gleich am Anfang klarzustellen: Nein, ich plädiere weder dafür, die Schlepper zu verbieten, noch dafür, die Technik aus den Ställen zu verbannen. Und nein, ich möchte nicht, dass die Bauern morgens in den Stall gehen, um erst mit ihren Tieren zu kuscheln, um anschließend bis tief in die Nacht mit der Forke in der Hand auszumisten. Ich will auch nicht zurück in die Vergangenheit, zu Milchkühen in Anbindehaltung, und erst recht nicht noch weiter zurück zum Vieh, das im Winter im Stall beinahe verhungert wäre! Das sind nicht meine Forderungen, und ich weiß, es klingt albern, das zu betonen. Doch genau solche Unterstellungen habe ich oft gehört – von Landwirten, die mit solchen Vorwürfen jegliche Kritik – unsinnige genauso wie fundierte – reflexartig zurückweisen.

Für Landwirte ist es eine relativ neue und oft traumatisierende Erfahrung, vor einer empörten Öffentlichkeit und unter dem Dauerbeschuss von Tier- und Umweltschützern zu stehen. Über Jahrzehnte hinweg waren die Bauern hochgeschätzte Lieferanten begehrter Waren. Sie waren es, die den Hunger der Nachkriegsjahre stillten. Ohne sie hätten die Leute nicht genug zu essen gehabt. Und noch etwas ist wichtig, um die Landwirte zu verstehen: Jahrhundertelang wirtschafteten die Bauern, ohne dass sich jemand von außen in ihre Arbeit eingemischt hätte. Sie waren die Fachleute, die den Stallbesuchern erklärten, wie man eine Kuh melkt, und die Städter standen und staunten. Und auch heute arbeiten sie im eigenen Stall und können die Tore schließen, wie es ihnen passt. Landwirte sind es schlicht nicht gewohnt, unter ständiger Beobachtung zu arbeiten wie zum Beispiel Lehrer, Busfahrer oder Verkäufer.

Aber es gibt noch einen anderen Grund, weshalb viele Landwirte sich zu Unrecht kritisiert fühlen: Ihnen werden Dinge vorgeworfen, die ihre Kritiker nicht besser machen. Die intensive Fleischproduktion ist für einen großen Teil der Klimagase verantwortlich, sie schadet der Umwelt – das stimmt. Doch gilt das für Autofahren nicht? Und was ist mit den Flugreisen wohlhabender Biokonsumenten? Gerade Bauernfamilien, die Mühe haben, einmal im Jahr ein paar Tage wegzufahren, empfinden es zu Recht als zynisch, wenn sie von Leuten kritisiert werden, die selbst kein konsequenteres Leben führen.

Bloß hilft es nicht weiter, den Kritikern entgegenzuwerfen: »Ja, aber ihr! Ihr seid viel schlimmer!« Besser wäre es zu sagen: Die moderne industrialisierte Landwirtschaft ist Teil einer Gesellschaft, die als Ganzes einer falschen Wachstumserwartung verfallen ist. Die einer kurzsichtigen Effizienzlogik folgt und die – unter dem Strich einer komplexeren Rechnung – bei aller Effizienz und Leistungssteigerung mehr Ressourcen verbraucht, als sie an Werten schafft. Deshalb muss die Landwirtschaft ebenso wie die Wirtschaft insgesamt einen neuen Wachstums- und Wertbegriff finden – und das auf eine Weise, die auch ökonomisch nachhaltig ist. Und damit kommen die Bürger ins Spiel, die als nachhaltige, verantwortungsvolle Konsumenten ihren Teil zu dieser Wende beitragen und als Wähler Rahmenbedingungen für diesen Wandel von der Politik einfordern müssen. In diesem Spannungsfeld muss die Debatte über die Zukunft unserer Landwirtschaft angesiedelt werden, nicht vor den Hoftoren eines einzelnen Landwirts.

In meiner Kindheit kannte ich viele Bauernfamilien, die nur für die Landwirtschaft lebten. Ich habe Betriebe groß werden und andere sterben sehen, ich habe stolze Bauern erlebt und gebrochene. Seit ich als Journalistin über Ökologie und Landwirtschaft schreibe, haben sich viele Landwirte an mich gewandt, die die Nase vollhatten von der Abhängigkeit vom Preisdiktat der großen Konzerne, vom Dauerdruck des ewigen Wachsen- und Investierenmüssens. Oder die durch eine unerkannte Seuche ihren gesamten Tierbestand verloren haben. Oder durch falsch verordnete Medikamente in den Ruin getrieben wurden. Wieder andere kommen wirtschaftlich gut über die Runden und fragen sich trotzdem, wohin diese Entwicklung führen mag, wie groß ihre Betriebe noch werden müssen, wie viele Nachbarhöfe sie noch pachten und wie sehr sie ihre Effizienz noch steigern müssen, um mithalten zu können beim großen, nie endenden Strukturwandel.

Ihnen allen ist dieses Buch gewidmet.

Ein Wort zur Wortwahl

Massentierhaltung ist ein Kampfbegriff: Tier- und Umweltschützer benutzen das Wort, um all das zusammenzufassen, was sie an der gegenwärtigen Tierhaltung kritisieren: viele Tiere auf engem Raum, ihrer Rechte beraubt, gehalten nicht als Individuen, sondern als Produktionsmittel unter dem Diktat der ökonomischen Kostenoptimierung. Wann immer die Verfechter dieses Systems aber dieses Wort hören, kontern sie: Es hängt nicht von der Anzahl der Tiere ab, ob sie artgerecht gehalten werden. Milchkühe in einem modernen Boxenlaufstall mit fünfhundert Plätzen haben mehr Freiheit als ihre zehn bis zwanzig Artgenossen im alten Anbindestall. Damit haben sie recht. Nicht die Zahl der Tiere ist entscheidend, sondern wie sie leben oder gehalten werden. Als die nordamerikanischen Bisons noch in Herden von Hunderttausenden über die Prärie zogen, war das zwar eine Masse Tiere, jedoch kein Problem für die Büffel und ihr Ökosystem. Zum Problem wird die Masse, wenn die Tiere in Massen auf engem Raum gehalten werden. Das aber in den modernen Ställen fast immer der Fall ist. Deshalb müsste man von Dichttierhaltung sprechen, was aber sehr sperrig klingt. Ich verwende deshalb den neutralen Begriff *Intensivtierhaltung*.

Der Ausdruck *konventionelle Landwirtschaft* wird oft zur Abgrenzung von der Biolandwirtschaft benutzt. Doch das führt in die Irre, denn das Adjektiv *konventionell* suggeriert, dass es sich dabei um herkömmliche oder hergebrachte Weisen der Tierhaltung und des Landbaus handelt. Das aber ist nicht der Fall: Die Art und Weise, wie moderne, nicht ökologische Landwirte arbeiten, hat sich in den letzten Jahren fundamental verändert, von der Genetik der Tiere über die Größe der Betriebe bis zum Einsatz der Technik. Ich spreche deshalb, wie die Branche selbst, von *moderner Landwirtschaft*.

Kapitel 1

Das Wegwerfkalb

Am letzten Sonntag im Januar bringt die Kuh Marianne ihr Kalb zur Welt, allein und ohne Probleme. Der Bauer steht dabei und muss nicht eingreifen. Auch die Nachgeburt ist vollständig. Es ist ihr viertes oder fünftes Kalb, da ist sich der Bauer nicht ganz sicher.

Marianne ist eine ruhige Kuh, ein bisschen kleiner als die anderen Schwarzbunten rechts und links neben ihr. Sie lehnt sich nicht auf gegen den Eisenbügel, der ihren Hals im Anbindestall fixiert. Sie steht auf, wenn der Bauer morgens mit dem Melkgeschirr kommt, sie gibt ihm ihre Milch und frisst, sie legt sich hin zum Wiederkäuen, schläft und steht wieder auf. Das ist ihr Leben, und sie ist geduldig.

Ihr Kalb, noch nass vom Fruchtwasser, versucht auf seine staksigen Beine zu kommen, als der Bauer es in die Arme nimmt und wegträgt. Es ist sehr dünn und hat einen schwarzen Kopf mit einem hübschen weißen Dreieck und einer weißen Schnute. Aber das weiß Marianne nicht, denn sie bekommt es nicht zu sehen.

»Was denkt die Kuh, wenn Sie es ihr wegnehmen?«, frage ich den Bauern.

»Weiß ich nicht«, sagt der Bauer. »Sie kennt es ja noch nicht. Bei Milchkühen ist das nicht so schlimm. Wenn eine Fleischrasse kalbt, da kannst du nicht bei, die bringen dich um.«

Aber Marianne ist kein Fleischrind, sondern eine Holstein-Friesian. Seit Jahrzehnten wird diese Rasse auf Milchleistung gezüchtet. Früher standen die alten Schwarzbunten Niederungsrinder in den Kuhställen Westfalens. Die hatten auch ein schwarz-weiß geschecktes Fell, deshalb ist es den meisten Leuten gar nicht aufgefallen, dass sie inzwischen fast ausgestorben sind.[4]

Die Niederungsrinder waren klein und rund, die Holstein-Friesian sind groß und knochig. Die Niederungsrinder konnten beides, Milch und Fleisch produzieren, die Holstein-Friesian sind auf Milch spezialisiert, auf viel Milch. Die Mütter geben alle ihre Energie in die Milch, dreißig, vierzig Liter am Tag, kurz nach dem Kalben sogar über sechzig, und bleiben selbst so mager, dass ihre Hüftknochen hervorstehen.

So eine Kuh ist Marianne, und das macht ihr kleines, ebenso mageres Kälbchen zum Wegwerfkalb. Sein Schicksal scheint schon mit dem ersten Atemzug besiegelt zu sein.

Am Nachmittag kommt der Nachbar in den Stall und begutachtet das neugeborene Kälbchen, das jetzt allein in einer Box auf Stroh liegt. Er war früher selbst Bauer und sieht auf einen Blick, dass es ein Problem gibt. Das Kalb ist zu klein. Gesund, lebendig, aber viel zu dünn.

»Was kriegst du denn dafür?«, fragt der Nachbar.

»20 Euro«, sagt der Bauer und zuckt mit den Schultern. »Wenn er es überhaupt nimmt.« Er, das ist der Viehhändler, der die Kälber an die industriellen Mastbetriebe liefert.

Der Bauer hat eine andere Kuh, deren Milch er nicht abliefern darf, weil sie Medikamente bekommt. Ihre Milch gibt er Mariannes Kalb zu trinken, morgens und abends. Dass die Kälber am Euter der eigenen Mutter trinken, ist in der modernen, marktorientierten Landwirtschaft nicht vorgesehen. Die Milch ist die wichtigste Einnahmequelle der Bauern, also wird sie verkauft. Statt Muttermilch bekommen die Kälber Milchaustauscher, ein weißes mehliges Pulver, das in heißes Wasser gerührt wird. Das ist billiger. Aber die Aufzucht mit Ersatzmilch macht die Kälber so anfällig, dass sie oft an Durchfall leiden.

Mariannes Kalb hat Glück, dass eine Kuh im Stall ist, deren Milch es haben darf. Doch aus einem Eimer zu trinken, ist schwierig für ein Kalb. Es kann aus einem Euter saugen, an Nuckeln oder an Fingern. Dass es seinen Kopf nach unten halten muss, um Milch zu bekommen, das kann es noch nicht verstehen. Es säuft sehr langsam, und der Bauer hat viel zu tun mit seinen Kühen. Lässt er das Kalb allein mit dem Eimer, stößt es ihn um.[5] Also bleibt er dabei, morgens und abends eine Viertelstunde. »Das blöde Kalb«, sagt er. »Aber das ist wie bei den Menschen: Einer kann saufen wie verrückt, und dieser da, der spuckt einmal in den Eimer rein. Deswegen macht er sich ja nicht.« Er vergleicht das Kalb mit den Nachbarjungs, der eine groß und kräftig, der andere sehnig und mager. So was gibt es halt.

Die Kuh, deren Milch er Mariannes Kalb gegeben hat, wird nicht gesund. Der Bauer bringt sie zum Schlachter und kauft einen Sack Milchpulver für 80 Euro. »Deswegen kosten die Kälber ja nichts«, sagt der Bauer, »weil das Milchpulver so teuer ist.« Zwei Wochen nach der Geburt guckt der Viehhändler in den Stall und sagt, so nehme er es nicht, auch nicht geschenkt. Der Bauer soll es noch einmal vierzehn Tage füttern, dann vielleicht.

Im Laufe des Jahres 2013 sind die Erzeugerpreise für Milch von rund 33 auf 40 Cent pro Kilogramm gestiegen.[6] Gleichzeitig ist das Milchpulver teurer geworden, mit dem Kälber gefüttert werden. Es kostet also mehr, die Kälber zu mästen, doch die Erlöse für ihr Fleisch sind nicht mit angestiegen. Mit anderen Worten: Kälbermast ist im Winter 2013/14 ein ziemlich unrentables Geschäft.

Nun steht da also dieses kleine, lebendige Bullenkalb auf dem Hof und ist sein Futter nicht wert. Ökonomisch gesehen lohnt sich sein Leben nicht. Seinen Zweck hat es mit seiner Geburt erfüllt: Die Kuh braucht jedes Jahr ein Kalb, sonst gibt sie keine Milch.

Ich frage einen befreundeten Fotografen, Dieter Müller, ob er für mich ein Foto von einem Kalb machen könnte. »Ja«, sagt er, »aber warum?« Weil es nichts wert ist, sagte ich ihm. Es ist geboren und gesund, aber zu klein. Deshalb holt es der Viehhändler nicht ab. Es ist sozusagen ein Wegwerfkalb.

Es passiert, womit ich nicht gerechnet habe: »Dann nehmen wir es«, ruft Dieter. »Wir stellen es in den Garten. Oder zum Pferd meiner Frau! Ein Kalb für zwanzig Euro!« Halb im Ernst und halb im Spaß gehen wir die Möglichkeiten durch, ein junges Bullenkalb irgendwo auf dem Land unterzubringen. Ich finde, es würde nicht viel bringen, denn Mariannes Kälbchen ist ja nur eines von ganz vielen. Und schwierig ist es obendrein: Aus dem niedlichen kleinen Kälbchen wird bald ein sehr starker junger Bulle, der nicht zu bändigen wäre und möglicherweise gefährlich würde. Junge Bullen wissen nicht, wie stark sie sind, sie wollen spielen und rennen Menschen um. Nicht um anzugreifen, sondern weil sie nicht verstehen, dass Menschen viel schwächer sind als sie und einen nett gemeinten Kopfstupser kaum überleben würden. Trotzdem hat es mich gerührt, dass der Fotograf das Kalb retten will. Dass er es nicht hinnimmt, dass so ein kleiner Kerl einfach überflüssig ist.

Der Bauer füttert sein nutzloses Kalb erst einmal weiter, was soll er sonst auch tun. Aber die Zeit wird knapp für ihn: In spätestens zwei Wochen muss es über vierzig Kilo wiegen. Leichtere Kälber kann der Viehhändler nicht weiterverkaufen und ältere auch nicht. Die Kälbermastbetriebe nehmen ihm keine Tiere ab, die älter als vier Wochen sind. Sie wollen einheitliche Partien von gleichaltrigen, gesunden Kälbern. Ältere Kälber könnten zudem schon Heu oder Kraftfutter gefressen haben und dann ist ihr Fleisch möglicherweise nicht mehr so hell.

Es war der Nachbar des Bauern, der mir einigermaßen ratlos über diese Entwicklung vom wertlosen Kalb erzählt hat. Er ist Anfang der Vierzigerjahre geboren, zu einer Zeit als Hunger und Mangel herrschten und Fleisch wertvoll war, überlebenswertvoll, und als es noch keine Kühe gab, die Milch gaben, aber kein Fleisch ansetzten, zumindest nicht in den westfälischen Dörfern. Als Landwirt erlebte er den Wertverfall seiner Produkte und seiner Arbeit. Er verdiente immer weniger und ärgerte sich, dass er immer mehr Formulare ausfüllen musste, um Subventionen zu beantragen, auf die er nicht angewiesen sein mochte. Er wollte viel lieber vom Ertrag seiner Arbeit leben wie seine Eltern und Großeltern vor ihm. Schließlich verkaufte er seine Tiere, riet allen jungen Menschen, die er kannte, davon ab, in die Landwirtschaft zu gehen, und arbeitete als Treckerfahrer für andere Bauern. Ihn kann nichts mehr umhauen. Aber dass Kälber geboren werden, die keiner haben will, das war selbst für ihn neu.

»Der Kälbermarkt steht unter Druck«, hat der Bauer im *Landwirtschaftlichen Wochenblatt* gelesen, seiner Pflichtlektüre, die in den meisten Bauernküchen in hohen Stapeln auf der Eckbank liegt.[7] »Und die Perspektiven sind nicht gut.« Zwischen 90 und 150 Euro habe man über Jahre hinweg für schwarzbunte Bullenkälber bekommen. Jetzt liege der Durchschnittspreis bei 53 Euro und für »schwache Kälber« bei 16 Euro. Der Absatz für Kalbfleisch lasse sich in Europa nicht steigern. Viele Landwirte, die sich auf Bullenmast spezialisiert hätten, seien in den letzten Jahren ausgestiegen. Das Milchpulver werde teuer bleiben. Insgesamt seien das keine guten Perspektiven für den Absatz von Kälbern von Milchkühen.

Das *Wochenblatt* bestätigt, was der Bauer selbst erlebt hat: Schwächere Bullenkälber wollten die Kälberhändler »im Grunde gar nicht mitnehmen. 45 Kilo soll das Kalb schon wiegen!« Das *Wochenblatt* schreibt: »Nun ist es nicht so, als wären Kälber gar nicht zu vermarkten – es müssen nur die richtigen sein.«

Aber wohin mit den Falschen? Wohin mit Mariannes Kalb? Dazu steht nichts im *Wochenblatt.* »Weiß ich auch nicht«, sagt der Bauer. »Vielleicht in einen Zoo als Löwenfutter?«

Kein Schlachthof nimmt Kälber, die 40 Kilo wiegen, das lohnt sich nicht. Das Kalb behalten und zusammen mit den weiblichen Kälbern großziehen, die auf dem Hof bleiben, weil sie in zwei Jahren Milchkühe werden sollen, geht ebenfalls nicht. »Dann macht er sie tragend«, sagt der Bauer. »Das ist das Einzige, was er kann.« Und das soll er nicht. Für Milchkühe ist der Samen von Zuchtbullen aus Besamungsstationen vorgesehen, deren Gene die Eigenschaften vererben, die der Milchbauer braucht.

»Noch ist bei mir kein Kalb stehen geblieben«, sagt der Viehhändler mit fester Stimme. Jeden Dienstag in der Früh fährt er alle Milchbauern ab, die ihm Kälber zum Weiterverkauf anbieten, das sind etwa zehn bis zwanzig pro Woche. Er treibt sie auf seinen Viehwagen und fährt sie zu einem Kollegen, der sie auf einen größeren Viehtransporter lädt und zur großen Sammelstelle eines Futtermittelkonzerns fährt. Etwa eine Stunde dauert die erste Etappe, zwei Stunden die zweite.

Es gibt kaum noch unabhängige Bauern, die Kälber mästen. Diesen Betriebszweig hat ihnen die Futtermittelindustrie in den letzten Jahrzehnten aus der Hand genommen. Auf den Milchhöfen bleiben die weiblichen Kälber, die Milchkühe werden sollen. Manche bäuerlichen Betriebe haben sich auf Bullenmast spezialisiert, sie kaufen den Milchbauern männliche Kälber ab, um sie ein bis zwei Jahre zu mästen und dann als junge Bullen zu verkaufen. Die Kälbermast aber, bei der die jungen Tiere nur wenige Monate leben, bis sie 120 bis 170 Kilo wiegen, ist etwa zu zwei Dritteln in der

Hand weniger großer Unternehmen. Der niederländische Futtermittelkonzern Denkavit ist einer von ihnen. Er produziert Milchaustauscher, jenes Pulver, das gerade so teuer geworden ist, dass sich die Kälbermast kaum mehr rentiert. Im niedersächsischen Goldenstedt hat *Denkavit* eine große Sammelstelle gebaut, in der jede Woche rund 1500 Kälber aufgenommen werden können.[8] Dort werden sie begutachtet, gewogen, nach Gewicht und Qualität sortiert und weiterverschickt. Zu Ställen in Deutschland, den Niederlanden und bis nach Frankreich, wo sie im Auftrag von *Denkavit* und mit Futter von Denkavit gemästet werden. Wenn Mariannes Kalb gut zunimmt, steht ihm also eine lange Reise bevor.

Für die drei Wochen alten Kälbersäuglinge ist das System der Kälberlandverschickung lebensgefährlich. Gestresst durch die lange Reise, treffen sie in den Sammelstellen auf viele andere erschöpfte Kälber. Wenn eines von ihnen krank ist, steckt es die andern schnell an. Das niedersächsische Landwirtschaftsministerium hat im Jahr 2011 mehr als 20000 Mastkälber untersucht und festgestellt, dass nicht ein einziges Kalb das Schlachtalter ohne Antibiotika erreicht hat. Knapp der Hälfte der Kälber wurden sogar mehr als zwanzig verschiedene Wirkstoffe verabreicht. »Der Durchschnitt über alle Durchgänge betrug 39,9 Einzelgaben pro Tier«[9], so steht es nüchtern in diesem Bericht, der sich wie eine Krankenhausakte liest.

Aus tiergesundheitlicher Sicht ist es unbestritten ineffizient, drei Wochen alte Kälber über weite Strecken zu transportieren und sie mit Hunderten anderen aus unterschiedlichen Ställen zusammenzubringen. Ein Branchenvertreter hat mir gegenüber im Februar 2014 zugegeben, dass es üblich sei, diese Kälber bei der Einstallung vorsorglich mit Antibiotika zu behandeln. Das ist eigentlich verboten, doch »wenn sie einen cleveren Tierarzt haben, wird der ihnen bescheinigen, dass es unbedingt nötig war». Unter dreihundert Kälbern werde man immer eines mit Anzeichen von Durchfall oder Grippe finden. Das sagte er gerade sechs Wochen vor dem Inkrafttreten des neuen Arzneimittelgesetzes, das eine Dokumentation aller eingesetzten Antibiotika in der Tierhaltung vorsieht – mit dem Ziel, den viel zu hohen Einsatz zu reduzieren.[10] »Wir kümmern uns intensiv um dieses Problem«, sagt der Geschäftsführer des Bundesverbands der Kälbermäster, Dr. Richard Bröcker, auf meine Frage, ob diese Art der intensiven Mast mit weniger Antibiotika überhaupt möglich sei. »Das ist eine Herausforderung für die Tierärzte.«[11] Aber wo die Kälber bleiben, die die Mäster nicht gebrauchen können, weiß er auch nicht.

Rechnet sich dieser Aufwand denn überhaupt? Für ein Kalb, das im Stall keine zwanzig Euro wert ist, lohnt sich offenbar die Investition in einen langen Transport von Westfalen nach Niedersachsen und von dort in die Niederlande oder sogar bis nach Frankreich. Wie kann es billiger sein, ein Kalb zu verladen und viele Stunden durch Mitteleuropa zu karren, um es in einem spezialisierten Mastbetrieb mit künstlich hergestelltem Milchersatz zu füttern, wenn die Milch seiner Mutter für weniger als vierzig Cent pro Liter zur Molkerei gefahren wird?

Mail vom 28.2.2014 an den Geschäftsführer des Bundesverbands der Kälbermäster e.V. und der Kontrollgemeinschaft Deutsches Kalbfleisch:

> Sehr geehrter Herr Bröcker,
> herzlichen Dank für die beiden Experten, ich werde mich umgehend an sie wenden!
> An den Bundesverband habe ich noch eine Frage, die sich aus unserem Gespräch und meinen Recherchen ergeben hat:
> Warum ist es effizient, junge Kälber über weite Strecken, zum Teil über Hunderte von Kilometern zu Sammelstellen und weiter zu spezialisierten Mästern zu transportieren, wo sie mit ebenfalls von weither transportiertem Milchaustauschpulver gefüttert werden und – bislang – nur unter Einsatz von Antibiotika zur Einstallung am Leben bleiben?
> Wie ich es verstanden habe, ist diese Art der Aufzucht mit erheblichem Arbeitsaufwand und relativ hohem Energieeinsatz beim Zubereiten der Nahrung verbunden, außerdem werden dafür Ställe mit teuren Materialien – Tropenholz oder Gummimatten – benötigt, die wiederum nur durch intensiven Einsatz von Desinfektionsmitteln hygienisch bleiben.
> Eine Aufzucht direkt auf dem Hof auf Stroh oder auf der Weide mit Milch von der Mutter oder einer Ammenkuh scheint mir arbeits- und energietechnisch gesehen viel einfacher und günstiger und für die Kälber natürlich viel angenehmer.

Bitte verstehen Sie meine Frage nicht rhetorisch! Ich würde wirklich gerne wissen, wie sich das rechnet! Wo der Effizienzvorteil liegt oder wie dieses System sonst entstanden ist!

Ganz herzlichen Dank für Ihre Geduld!

Tanja Busse

Keine Antwort.

»Die Schlechten sind wertlos, die sind geschenkt zu teuer«, sagt der Viehhändler. »Das ist bald ein Zuschussgeschäft – bei den kleinen Preisen.« Für den Bauern sowieso, aber auch für ihn als Händler. »Es war schon mal besser«, sagt er knapp, ist nicht larmoyant wie einer, der sich mit Widrigkeiten zu arrangieren weiß. Trotzdem, wiederholt er, habe er noch kein Kalb stehen lassen. Im Prinzip sei das wie Kundendienst, dass er auch die schlechten Kälber abhole. Denn die Bauern verkaufen ihm ja auch die ausrangierten Milchkühe, und mit denen läuft das Geschäft nicht so schlecht.

»Wenn aber das Milchpulver noch teurer wird? Und wenn Sie die schlechten Kälber gar nicht loswerden?, bohre ich nach. »Dann müsste man sie rein theoretisch töten«, antwortet der Viehhändler. »Mancher Bauer hat mir schon gesagt: Normalerweise, wenn ich die Arbeit rechne und das Milchpulver, wäre es besser, wenn es gleich tot wäre.«

Dann fügt er hinzu: »Bloß macht das keiner.«

In der Landwirtschaftsschule hat der Bauer gelernt, dass er ein landwirtschaftlicher Unternehmer sei und als solcher ökonomisch zu denken habe. Er soll nicht weiterwirtschaften, wie es seine Vorfahren auf dem Hof gemacht haben, sondern so, dass es sich rechnet. Dächte der Bauer also ökonomisch, müsste er dem Kalb für zwei bis vier Wochen täglich etwa eine Arbeitsstunde in Rechnung stellen: Futter zubereiten, füttern, Eimer reinigen, den Stall einstreuen und misten, später desinfizieren. Dazu die Materialkosten: Stroh für ein paar Euro, Milchersatzpulver für zwanzig Euro, Desinfektionsmittel, eventuell Medikamente gegen Durchfall. Und der Platz im Stall. Das alles für ein Kalb, für das er bestenfalls zwanzig Euro bekommt. Das rechnet sich nicht.

Der Abdecker nimmt 2,04 Euro für ein totes Kalb.

Der Bauer mag landwirtschaftlicher Unternehmer geworden sein, aber er trägt auch sein bäuerliches Erbe in sich, das Denken seiner Vorfahren, die in Notzeiten überlebten, weil sie Tiere hatten, deren Fleisch sie essen konnte. Sein bäuerliches Ethos sagt ihm, dass man junge Kälber nicht einfach tötet.

Die Wegwerfkälber des Winters 2013/14 sind die Kollateralschäden eines ökonomischen Systems. Sie sind die logische Folge der sogenannten modernen Landwirtschaft, die sich – dem Wachstumsparadigma folgend – immer weiter konzentriert und spezialisiert. Rinder sind nicht mehr Milch- und Fleischlieferanten, sondern Spezialisten für das eine oder das andere. Kühe tun nicht mehr, was sie tun würden, wenn man sie ließe, nämlich ihre Kälber säugen, sondern sie produzieren den Rohstoff Milch für den Weltmarkt. Die Futtermittelindustrie versorgt ihre Kälber zu Preisen, die wiederum von den Weltmarktpreisen für Milchpulver abhängen. Das männliche Kalb einer Milchkuh, das bei der Produktion der Melkfähigkeit der Kuh anfällt, wird üblicherweise als

Rohstoff in der Fleischerzeugung zweitverwertet. Entspricht es nicht den Qualitätsanforderungen, wird es unter bestimmten Marktkonstellationen (hohe Milchpreise, stagnierende Nachfrage nach Kalbfleisch) vom Produktionsmittel zum Abfallprodukt.

Dann ist es aus der Verwertungslogik der modernen Landwirtschaft herausgefallen. Aber es ist ein Tier. Und es lebt.

Dieter, der Fotograf, ruft mich an und erzählt, ab heute sei seine Tochter Vegetarierin. Sie ist zwölf Jahre alt. Er habe ihr vom Wegwerfkalb erzählt. Und davon, dass er überlegt habe, das Kalb zu kaufen, nur nicht wisse, wohin damit. Die Tochter hat das Kalb *Jonny Roastbeef* getauft und im Telefonbuch nach Gnadenhöfen gesucht. Sie hat einen nach dem anderen angerufen. Ob sie ein Kalb nehmen könnten. Aber keiner hatte Platz für ein junges Bullenkalb.

Es hat mich gerührt, dass seine Tochter das Kalb nicht einfach seinem Schicksal überlassen wollte. Natürlich ändert es nichts am System der modernen Landwirtschaft und am Elend von Hunderttausenden Mastkälbern, wenn dieses eine Kalb in ein besseres Leben gerettet würde. Dennoch hat sie in der philosophischen Debatte, ob Tiere Rechte haben und welche, ganz klar Stellung bezogen: Ja, auch dieses nutzlose Nutztier hat ein Recht auf Leben, und zwar auf ein gutes Leben!

Mir fällt ein Biobauer ganz in der Nähe ein, Josef Parensen, der seine kleine Rinderherde den ganzen Sommer auf der Weide grasen lässt und sie im Winter in großen Laufställen auf Stroh hält. Ob er nicht unser Kalb in seine Herde aufnehmen könne?

»Ich kenne das Kalb«, sagte er mir. Der Bauer hat es ihm schon gezeigt: das Kalb, das nichts wert ist. Aber als Biobauer kann er es weder kaufen noch als Geschenk annehmen, denn zertifizierte Ökobetriebe dürfen Tiere aus konventioneller Haltung nur in besonderen Ausnahmen nehmen, und die Rettung aus der ökonomischen Nutzlosigkeit gehört nicht dazu. Und wenn wir es kaufen, fragte ich ihn. Wir könnten es bei ihm unterstellen, als Pensionskalb sozusagen, wie man es mit Pferden macht. »Dann ja«, sagte er, ohne lange zu zögern. Obwohl es sich für ihn natürlich auch nicht rechnet, so viel Weidefläche für ein Tier zu opfern, das viel langsamer zunehmen wird als seine Fleischrinder. »Das kriegen wir schon hin. Wenn es überhaupt überlebt!«

Denn, das hat Josef Parensen im Stall gesehen, *Jonny Roastbeef* leidet unter Durchfall. Viele Kälber, die ohne Mutter und Muttermilch aufwachsen, werden krank. Doch bei Kälbern ist Durchfall lebensgefährlich. Und ausgerechnet jetzt, wo es aussieht, als könnte der kleine *Jonny Roastbeef* vor einem Leben in der Mastanstalt bewahrt werden, da rinnt ihm heller Durchfall an den Hinterbeinen herunter. Wäre er bei seiner Mutter geblieben und hätte er an ihrem Euter getrunken, wäre das vermutlich nicht passiert.

Kälber töten?

Wann immer ich in diesen Tagen mit Bauern und Händlern über die Kälber spreche, die nichts mehr wert sind, bekomme ich eine Antwort auf eine Frage, die ich gar nicht gestellt habe: »Nein, die Kälber werden nicht getötet.« Und dann sagen sie: »Ich hab's von keinem gehört.«

»Ich glaube das auch nicht«, sage ich dann. Ich kann mir nicht vorstellen, dass ein Bauer nach der Geburt ein Kalb töten würde.

Aber wenn es einer täte, würde er es ja niemandem erzählen. Weil man es nicht darf. Und weil man so was nicht tut als Bauer.

So, denke ich, empfinden die Milchbauern, die ich näher kennengelernt habe, doch ein landwirtschaftlicher Berater mit jahrzehntelanger Erfahrung widerspricht mir. »25 Prozent der Kälber sind nicht aufzuchtsfähig«, sagt er. »Entweder sie gehen tot, oder sie werden totgemacht.« Solange ein Landwirt auf seinem Betrieb nicht mehr als zehn Prozent tote Kälber hat, komme kein Amtsveterinär und frage nach, wie natürlich der Verlust gewesen sei.«

Das deutsche Tierschutzgesetz verbietet, Tiere ohne vernünftigen Grund zu töten. Aber es verbietet nicht, Tiere ohne vernünftigen Grund zu erzeugen. Aus der Sicht des Landwirts ist der vernünftige Grund für die Erzeugung von Kälbern, dass die Kuh nach der Geburt des Kalbes Milch gibt. Bloß wenn es geboren ist, gibt es eben keinen vernünftigen Grund mehr dafür, dass es lebt. Aber was wäre denn vernünftig in dieser verworrenen Situation, in der ökonomische Zwänge auf bäuerliches Empfinden, juristische Grenzen und auf den Überlebenswillen eines kleinen Bullenkalbes mit weißer Schnute treffen?

Wo immer ich anrufe und nachfrage: Niemand weiß, was mit den nutzlosen Kälbern geschehen soll. Und – was ich nicht verstehe – niemand scheint zu finden, dass es ein Problem gibt. »Die Kälberpreise sind im Keller, klar, das ist ärgerlich für die Bauern. Doch durch die hohen Milchpreise holen sie das locker wieder rein«, so reden die Experten. Der Pressesprecher der Landwirtschaftskammer Nordrhein-Westfalen, Bernhard Rüb, wirkt sogar ziemlich genervt von meiner Frage. Er kenne keine Entsorgungsstelle für Bullenkälber und auch kein Produktionsverfahren, das einen Bedarf an Bullenkälbern von Milchrassen generieren würde, antwortet er spöttisch am Telefon. Der Bauer müsse sehen, wo er sein Kalb lässt, er sei schließlich der Unternehmer.[12] Ich hake per E-Mail noch einmal nach: »Die schlechten, kränkelnden oder zu leichten Bullenkälber aus Milchrassen scheinen mir nun aber nicht nur ein privates, unternehmerisches Problem zu sein, sondern auch ein strukturelles. Und als solches scheint mir die Landwirtschaftskammer doch eine gewisse Zuständigkeit zu haben für ein Problem, das ja Folge einer Zuchtrichtung ist, die Einnutzungsrinder und damit tendenziell unbrauchbare Bullenkälber erst hervorbringt.«

»Wie Sie richtig feststellen, sind wir für Ihre Fragen nicht zuständig«, antwortet der Sprecher der Kammer lapidar und verweist mich an die Arbeitsgemeinschaft Deutscher Rinderzüchter und das »zuständige Bundesministerium.«[13] Laut

Gesetz gehört es nicht allein zu den Aufgaben der Landwirtschaftskammer, die Wirtschaftlichkeit der Betriebe zu fördern, sondern auch auf eine artgerechte Tierhaltung hinzuwirken und den Dialog mit allen gesellschaftlich relevanten Gruppen zu führen.[14] Aber, so wie es der Pressesprecher auslegt, fallen weder ich mit meinen Fragen darunter noch *Jonny Roastbeef* oder seine Schicksalsgenossen.

Dabei ist die Frage, wohin mit den Söhnen der Milchkühe, natürlich keine, die die einzelnen landwirtschaftlichen Unternehmer jeweils für sich allein lösen müssen, sondern es ist eine grundsätzliche Frage: Sobald die Zuchtverbände sogenannte Einnutzungsrinder entwickeln, also Spezialisten für Fleisch oder für Milch, werden nicht konkurrenzfähige Bullenkälber geboren. Die können nicht so schnell zunehmen wie Kälber aus Fleischrassen, ganz einfach weil ihre Mütter darauf gezüchtet wurden, mager zu bleiben und all ihre Kraft in die Milch zu stecken. Die Besamungsstationen haben eine technische Lösung für dieses Problem entwickelt: gesextes Sperma, also Samen, bei dem die männlichen Spermien aussortiert werden. Doch das ist noch teurer und führt nicht immer zum Erfolg.

Wohin eine einseitige Zuchtausrichtung führen kann, zeigt das Beispiel Australiens. Dort werden jedes Jahr mehr als 700 000 männliche Bullenkälber wenige Tage nach der Geburt getötet. Die Zahl stammt von Dairy Australia, dem Verband der australischen Milchindustrie. Während der letzten Jahre haben die Australier über neue Richtlinien für Tiertransporte beraten, und eines der öffentlichen Dokumente beschreibt, wie der Handel mit den Kälbern funktioniert:

»Die meisten australischen Milchregionen haben einen gut etablierten Markt für junge Kälber aus Milch- und Kreuzungsrassen, die für die Nachzucht vorgesehen sind, von denen rund 800 000 jedes Jahr durchschnittlich produziert werden. Die meisten von ihnen werden im Alter von fünf bis sieben Tagen von der Farm verkauft und als *bobby calves* zu einem Schlachthof transportiert. Eine kleine Zahl von Kälbern wird an spezialisierte Mastbetriebe verkauft und/oder von Fleischproduzenten zur Mast gekauft, obwohl der Markt für Fleisch von Milchrassen begrenzt ist und nicht weiter vergrößert werden kann.«[15]

Aus dem dann folgenden Satz spricht eine Grausamkeit, wie ich sie in der Landwirtschaft noch nicht erlebt habe:

»The remaining calves are usually destroyed at or soon after birth, especially in regions that do not have access to abattoirs.«

Die übrigen Kälber werden für gewöhnlich bei oder kurz nach der Geburt getötet, vor allem in Regionen, die keinen Zugang zu Schlachthöfen haben.

Es folgt eine Tabelle mit Angaben zu den einzelnen Bundesstaaten: Die meisten Milchkühe, gut eine Million, gibt es ganz im Süden, in Victoria, dort ist das Klima für Rinder angenehmer als im tropischen Norden. Die Milchkühe in Victoria gebären etwa 492 000 nutzlose Kälber, *non-replacement calves* genannt. Die letzte Spalte der Tabelle trägt die Überschrift *end destination*, als handele es sich um ein Reiseziel. Für die Kälber aus Victoria, Tasmanien und Südaustralien heißt das »kommerzielle Schlachtung«, nur kleine und schwache Kälber werden gleich auf der Farm getötet. In den anderen Staaten gibt es keine Kälberschlachthöfe, dort steht unter ihrem Bestimmungsort der zynische Ausdruck *humane destruction on farm*. Menschliche Zerstörung.

Die Tierschutzorganisation Animals Australia ist mit versteckter Kamera in einen der spezialisierten Kälberschlachthöfe gelangt und hat ein herzzerreißendes Video von den hilflos stolpernden Kälbern auf dem Transportband zur Schlachtung gedreht und von Männern mit Cowboyhüten, die umgefallene Kälber an ihren Hinterbeinen packen und weiterschleudern.[16] Bilder von der menschlichen Zerstörung auf der Farm finde ich im neuseeländischen Fernsehen. Dort sieht man, wie ein Mann mit einem Hammer auf den Schädel eines Kalbes einschlägt, und eine Grube, die mit toten Kälbern angefüllt wurde.[17]

Als Kind war ich bei vielen Kälbergeburten dabei. Mein Vater galt als erfahrener Geburtshelfer, und oft, wenn eine Geburt stockte oder ein Kalb nicht richtig in der Gebärmutter lag, baten ihn die Nachbarn um Hilfe. Falls es nicht gerade mitten in der Nacht war, durfte ich mit. In den Ställen, wo tagsüber jeder routiniert seiner Arbeit nachging, war jetzt alle Aufmerksamkeit auf die eine Kuh fokussiert, die gleich ein Kälbchen bekommen sollte. Der Bauer erklärte kurz, warum es nicht weiterging, und mein Vater machte sich an die Arbeit. Es beeindruckte mich, wie sein Arm bis an die Achseln in der Kuh verschwand und sich dabei ein Schwall von Fruchtwasser über ihn ergoss. Er ertastete die Lage des Kalbs und sortierte vorsichtig Vorder- und Hinterbeine. Wenn der Kopf zwischen den Vorderbeinen steckte, war alles gut. Falls das Kalb rückwärts lag, versuchte er es in der Kuh zu drehen, und manchmal gelang das. Es kam auch vor, dass ein Hinterbein neben eines der Vorderbeine gerutscht oder das Kalb zu groß für das Becken seiner Mutter war. Dann schlangen die Bauern einen Strick um die Beine des Kalbes, der an einer Art Winde befestigt war, und stemmten das Ganze mit einem Querbalken gegen den Hintern der Kuh. Es machte ein metallisches, knirschendes Geräusch, wenn die Bauern das Kalb aus der Kuh hebelten. Sie schwitzten dabei und schufteten, und ich staunte, wie die Kuh so etwas aushalten konnte. Manche Kühe standen währenddessen und fraßen Heu, als habe ihr Hinterleib nichts mit ihnen zu tun, andere lagen und stöhnten.

Es war ein großer Moment, wenn nach Minuten des Zerrens und Reißens ein kleiner Kälberkopf aus der riesigen blutverschmierten Fruchtblase hervorkam und bald darauf das ganze Kalb. Wir Bauernkinder sahen das Wunder des Lebens und staunten: Hier liegt ein kleines Kalb mit glänzendem, nassem Fell, das eben noch gar nicht da war! Und es beginnt zu atmen! Es hebt seinen Kopf und scheint zu staunen, wo es gelandet ist. Gleich wird es versuchen sich aufzurichten. Dabei sind seine Beine viel zu lang und wackelig. Wie viel schneller als ein Menschenkind es das Laufen lernt! Für uns Kinder war es ein feierliches, fast heiliges Gefühl, hinter der Kuh zu stehen und zuzuschauen, wie ein neues Leben begann. Der Bauer warf meist nur einen schnellen, prüfenden Blick auf das Kalb und bot dann seinen Helfern ein Glas Korn an. Das gehörte sich so und war auch viel billiger, als wenn der Tierarzt da gewesen wäre. Die Nüchternheit der Erwachsenen bei den Kälbergeburten hat mich immer irritiert.

Sie redeten schon längst über andere Dinge, wenn wir Kinder noch immer beim Kalb hockten und staunten. Wir drehten Stroh zu einem Bündel zusammen und rieben damit das Neugeborene trocken. Denn bei der Mutter bleiben durfte das Kalb schon damals nicht.

In solchen Momenten also holen die australischen Farmer ihre Waffen, um das Leben des kleinen, nassen Kälbchens mit einem präzise angesetzten Schuss zu beenden. Der Bundesstaat Victoria empfiehlt Feuerwaffen oder Bolzenschussgeräte. Wenn die gerade nicht zur Hand seien, könne man das Kalb auch durch ein »stumpfes Trauma« zerstören, also erschlagen.[18] So steht es im zuständigen Gesetz, das den irritierenden Namen *Animal Welfare Legislation* trägt, also Tierwohlgesetz. Was empfindet der Bauer dabei? Zuerst hilft er seiner kalbenden Kuh, und dann erschießt er ihr Kalb? Sieht die Kuh dabei zu, mit deren Milch er in den nächsten 305 Tagen eine Menge Geld verdienen wird?

»Bei den australischen Farmern ist das anders«, hat mir eine deutsche Landwirtin erzählt, die dort für ein paar Monate gearbeitet hat. »Die haben *cattle*, also Vieh, aus unserer Sicht unvorstellbar große Herden. Die einzelne Kuh zählt da nicht so viel.« Dieser Eindruck verstärkt sich, wenn man die australische Debatte über Tierschutzstandards verfolgt. In den letzten Jahren haben australische Politiker, Tierschützer und Landwirtschaftsorganisationen über einheitliche Transportrichtlinien für Schlachtvieh beraten. 2008 wurden Standards verabschiedet, über die ich in einem der offiziellen Dokumente den euphemistischen Satz las, dass sie das Wohlergehen des Viehs während des Transports sicherten.[19] Die sollten nun ergänzt werden unter anderem durch eine Begrenzung der Transportzeit für Kälber.

Wie zynisch: Laut der existierenden Standards ist doch das Wohlergehen des Viehs während des Transports schon gesichert – wie kann das aber sein, wenn es bislang gar keine maximale Transportzeit gibt? Noch verwirrender fand ich dieses Detail: Vieh darf in Australien ohne Futter und Wasser transportiert werden. Und wie soll das mit Kälbern gehen, die, dürften sie bei ihrer Mutter bleiben, durchaus zehnmal pro Tag am Euter trinken würden?

Ich habe diese Frage vielen Landwirten in Deutschland gestellt: Was glauben Sie, wie lange dürfen fünf Tage alte Kälber in Australien ohne Futter und Wasser transportiert werden? Welche Stundenzahl wurde da debattiert? Die meisten guckten erstaunt, denn in Deutschland dürfen so junge Kälber gar nicht auf den Viehwagen, sie müssen erst zwei Wochen alt sein. Und selbst dann dürfen sie nicht länger als acht Stunden unterwegs sein, zumindest nicht auf Transportern ohne Wasser und Futter.[20] An meinem Gesichtsausdruck konnten die Landwirte ablesen, dass in Australien ungeheuerliche Zustände herrschen mussten, und daher schätzten sie also lange Transportzeiten. Zehn Stunden waren das längste.

Zur Diskussion standen zwölf bis dreißig. Den australischen Papieren zum Beratungsprozess entnahm ich, dass eine Organisation namens Animal Health Australia, in der sich Regierungsorganisationen und die Agroindustrie zusammengeschlossen haben, eine Transportzeit von maximal dreißig Stunden vorschlägt – und zwar auf der Basis von wissenschaftlichen

Untersuchungen. Sowohl eine Universität in Neuseeland als auch die Universität Melbourne hätten Kälber auf Transporten untersucht und beide seien zu dem Schluss gekommen, dass dreißig Stunden eine angemessene Begrenzung seien.[21] (Man einigte sich schließlich auf eine maximale Transportzeit von zwölf Stunden und höchstens achtzehn Stunden ohne Futter und Milch für die Kälber.[22])

Ich weiß nicht, worüber ich mich mehr wundere: Darüber, dass ein ganzer Berufsstand, die australischen Milchbauern, übereinkommt, dass es in Ordnung ist, neugeborene Bullenkälber gleich nach der Geburt zu töten (»zerstören«) oder sie wenige Tage nach der Geburt einer stundenlangen Transporttortur auszusetzen, um sie dann schlachten zu lassen. Oder darüber, dass es Wissenschaftler gibt, die diesen – sagen wir es freundlich – nicht artgerechten Umgang mit Kälbern wissenschaftlich legitimieren. Nun bin ich weder Tierärztin noch Spezialistin für Blutplasmawerte von Stressindikatoren, wie sie die neuseeländischen Veterinäre untersucht haben, ohne Hinweise auf eine Gesundheitsgefährdung bei den Kälbern zu finden. Doch mir reicht der Vergleich zum natürlichen Verhalten eines Kalbes, um diesen Forschern zu widersprechen. Bleibt ein Kalb bei seiner Mutter, sucht es in den ersten Tagen ununterbrochen ihre Nähe und trinkt alle paar Stunden am Euter, bis zu elfmal am Tag.

Was auffällig ist: Die australischen Farmer sagen nicht, wir wissen das, aber aus ökonomischen Gründen haben wir uns entschieden, den Kälbern dieses Leid zuzumuten. Sondern sie verweisen auf die Wissenschaft und behaupten, dass es den Kälbern dabei gut gehe. Mehr noch: Auf ihren PR-Seiten versichert die australische Milchindustrie in schwülstigen Worten, dass die australischen Milchfarmer sich »sehr um das Wohlergehen all ihrer Tiere bemühen und täglich viele Stunden damit verbringen, sich um sie zu kümmern«. Zu ihrer Verpflichtung gehöre es auch sicherzustellen, dass ihre Kälber für ihr ganzes Leben mit einer sicheren und gesunden Umwelt versorgt seien.[23] Was ja nicht so lang ist.

Immerhin, in Deutschland dürfen auch die nutzlosesten Kälber so nicht behandelt werden. Und niemand aus der Landwirtschaft, mit dem ich gesprochen habe, hält das für vertretbar. Andererseits werden in Deutschland jedes Jahr Millionen männlicher Küken sofort nach dem Schlüpfen vergast, weil sie zur Mast nicht geeignet sind. Natürlich könnte man sie großziehen, schlachten und essen, doch wachsen sie – als Brüder der auf maximale Eierproduktion gezüchteten Hennen – langsamer als das auf Fleischzuwachs gezüchtete Geflügel. Das macht ihre Mast ökonomisch ineffizient, und deshalb werden sie getötet.[24] Immer wieder hört man, dass Sauenhalter neugeborene Ferkel töten, wenn eine Sau mehr Ferkel geworfen hat, als sie ernähren kann.[25] Der Unterschied ist also kein grundsätzlicher.

Für die Brüder der Legehennen ist es ziemlich egal, wo auf der Welt sie in einer Kükenbrüterei aus dem Ei schlüpfen, ihr Schicksal ist besiegelt. *Jonny Roastbeef* hingegen hat ziemliches Glück gehabt, dass seine Mutter ihn nicht in Australien oder Neuseeland zur Welt gebracht hat. Überhaupt laufen die Dinge gut für ihn, auch wenn er noch immer in einem kleinen Verschlag eingesperrt ist und seine Mutter nicht zu sehen bekommt. Ihre Milch, die eigentlich für ihn bestimmt war, wird morgens und abends durch das Melkgeschirr und Rohrleitungen in den Kühltank gepumpt, von dort in den Milchwagen und dann in die Molkerei. Doch Jonny *Roastbeef* hat seinen Durchfall überstanden, und alle sind sich einig, dass er überleben wird. Der Biobauer Parensen hat ihm einen Platz auf seiner Weide reserviert, und sobald er groß genug ist, wird er umziehen.

Kälber sterben lassen?

Ich habe einen jungen Hochleistungslandwirt nach den nutzlosen Bullenkälbern gefragt, einen mit mehr als fünfhundert Kühen im Stall und einer Jahresmilchleistung von zwölftausend Litern Milch pro Kuh. Ich müsse mir das so vorstellen, antwortete er, ein Ackerbauer baue Getreide an, um Körner zu verkaufen. Wenn er zusätzlich auch das Stroh, das dabei anfällt, verwerten könne, dann sei das gut für ihn, aber hauptsächlich gehe es um die Körner. Oder eben um die Milch.

Es gibt doch einen substanziellen Unterschied zwischen einem Strohhalm und einem Kalb, werfe ich ein. Ja, da stimmt mir der Landwirt zu, ganz ernst, das sei so.

Ein Tierarzt drückte das noch drastischer aus: Die Milch ist das Gold, das Kalb ist der Abfall.

Wenn man Daten über die Milcherzeugung in Deutschland braucht, kann man die Jahresberichte der sogenannten Landeskontrollverbände, von den Bauern LKV genannt, durchforsten. Sie organisieren die Milchleistungsprüfungen, bei denen die Milch der einzelnen Betriebe auf Inhaltsstoffe wie Fett und Eiweiß, aber auch auf Krankheitserreger untersucht wird. Die Landeskontrollverbände erfassen zudem jede Menge anderer Daten, die den Milchbauern helfen sollen, ihre Betriebe besser zu managen, leistungsfähigere Kühe zu züchten und gesunde Milch zu liefern. Eine der vielen tausend Zahlen des Jahresberichts 2012 des Landeskontrollverbands Schleswig-Holsteins erschreckt mich: 7,5 Prozent der männlichen Kälber wurden 2012 tot geboren, im Jahr 2011 waren es sogar 9,2 Prozent, also fast jedes zehnte männliche Kalb, mehr als doppelt so viel wie bei den weiblichen Kälbern.[26]

Wie kann es sein, dass im Zeitalter der wissenschaftlich und technisch optimierten Milchproduktion, die Kühe hervorbringt, die in ihrem Leben mehr als 100 000 Liter Milch produzieren – ein Vielfaches von dem, was ihre Kälber brauchen –, die Geburtshilfe versagt?

Der Geschäftsführer des Landeskontrollverbands Schleswig-Holstein, Hergen Rowehl, gibt sich erstaunt über meine Frage nach der hohen Kälbersterblichkeit. Die Zahlen kenne er nicht, aber Bullenkälber seien schwerer und größer als weibliche Kälber, deshalb komme es bei ihren Geburten öfter zu Komplikationen. Dass diese Zahlen von Jahr zu Jahr variierten, könne mit der Vererbung bestimmter Besamungsbullen zusammenhängen. Er meint damit, dass einer dieser Zuchtbullen sehr große Kälber vererbt haben könnte, was zu Komplikationen bei der Geburt führt. Doch darauf würden die Bauern dann reagieren und im nächsten Jahr anderes Sperma bestellen.

Als ich weitere Landwirte und Tierärzte frage, verstehe ich sein Erstaunen über mein Erstaunen: Die Zahlen sind ihm nicht aufgefallen, weil sie als normal gelten. Verlustraten um die 7 Prozent sind bei Kälbergeburten nämlich gar nichts Besonderes. In einer Doktorarbeit an der Tierärztlichen Hochschule Hannover lese ich: »Die Häufigkeit von Totgeburten bewegte sich in den letzten zehn Jahren in den meisten Ländern etwa zwischen 5 und 10 Prozent.« Auffällig sei der kontinuierliche Anstieg der Totgeburtenraten in den letzten zehn Jahren in Europa. Die Zahlen der einzelnen Landeskontrollverbände, die in der Studie zusammengestellt sind, zeigen, dass mehr männliche als weibliche Kälber ihre Geburt nicht überleben, doppelt bis dreifach so viele sterben. Als bedeutendsten Grund für die vielen Totgeburten sehen die Wissenschaftler eine »Disproportion durch ein zu kleines mütterliches Becken und ein zu hohes Geburtsgewicht«, also ein Missverhältnis zwischen Kuh und Kalb an.[27]

Für ihre eigene Forschung hat die Doktorandin Kirsten Essmeyer Hunderte Kälbergeburten in einem großen Milchviehbetrieb in Sachsen mit fast zweitausend Kühen, eigenem Tierarzt und zwei angestellten Besamungstechnikern untersucht und dokumentiert. Ihre Tabellen zeigen: Bei 463 Geburten starben 43 Kälber, die meisten davon bei Färsen, also bei jungen Kühen, die zum ersten Mal ein Kalb zur Welt brachten. Das waren mehr als 18 Prozent, beinahe eines von fünf Kälbern.[28] Die Doktorandin hat alle gebärenden Kühe und ihre Kälber vermessen und festgestellt: Die inneren Beckenmaße waren bei bei den Tieren mit Totgeburten signifikant kleiner als bei Tieren, die lebende Kälber gebaren. Und

Färsen haben natürlich engere Becken als erwachsene Kühe.[29] Legt das nicht den ganz einfachen Schluss nahe, dass die jungen Kühe zu jung waren, um Kälber zu bekommen?

In der Chronik der Schwarzbuntzucht Westfalens aus dem Jahr 1959 steht: »Allgemein üblich ist, dass junge Tiere erstmalig im Alter von 2,6–3 Jahren zum Abkalben kommen.«[30] Die jungen Kuhmütter heute sind meist gerade zwei Jahre und ein, zwei Monate alt, in dem Betrieb aus der Doktorarbeit waren sie durchschnittlich sechsundzwanzig Monate alt.

Geht die Rechnung so? Wenn ich eine junge Kuh sehr jung besame, bekommt sie eher ein Kalb, dann gibt sie auch eher Milch? Und wenn das Kalb bei der Geburt stirbt, dann macht es nichts, denn es ist ja nur der Strohhalm, und ich will schließlich das Korn.

So einfach ist das nicht, sagt Martina Hoedemaker, die die Klinik für Rinder an der Tierärztlichen Hochschule Hannover leitet und die Doktorarbeit betreut hat. Die Auswertung habe gezeigt, dass das Alter der Tiere keinen Einfluss auf die Totgeburtenrate habe. Bei Rindern, die zu gut gefüttert werden, bestehe aber die Gefahr, dass die inneren Geburtswege zu fett werden, was ebenfalls die Geburten erschwere. In der Studie ergab sich ein Zusammenhang zwischen Ausmaß des Beckenfetts und des inneren Beckenmaßes. Wenn eine junge Kuh gesund und gut entwickelt sei und etwa 400 Kilo wiege, könne sie mit vierzehn, fünfzehn Monaten besamt werden. Zu spät belegte Rinder neigen in der Hochträchtigkeit zur Verfettung, was dann wieder Schwergeburten begünstige.

Aber die Professorin sieht auch den ökonomischen Druck, der auf den Landwirten lastet: In den ersten zwei Jahren, bevor sie nämlich anfange, Milch zu geben, koste die junge Kuh nur Geld. »Alles, was über 24 Monate hinausgeht, ist mit Verlusten verbunden.« Sie hält es für ein Managementproblem, dass so viele Kälber bei der Geburt sterben. Je engmaschiger man die Tiere um den Abkalbezeitpunkt herum kontrolliere, desto geringer seien die Verluste. In einem großen Milchviehbetrieb sei die Kälbersterblichkeit von neun auf vier Prozent gesunken, als Doktoranden die kalbenden Kühe intensiv beobachteten. Doch als die den Betrieb wieder verließen, sei die Sterberate wieder angestiegen. Für den Betriebsleiter habe sich eine bessere Geburtsüberwachung einfach nicht gerechnet: Die Verluste durch die toten Kälber seien nicht so groß, dass er dafür einen Mitarbeiter mehr bezahlen könne.

Dass die Kälbersterblichkeit in den letzten Jahren gestiegen sei, könne damit zusammenhängen, dass die Betriebe größer geworden seien und weniger Arbeitskräfte mehr Kühe zu versorgen hätten, vermutet Martina Hoedemaker. Das ist erstaunlich: Denn größere Betriebe werden den Landwirten seit Jahrzehnten als effizienter und zukunftsfähig angepriesen.

Ein Züchter wiederum vermutet, dass Landwirte bei den Geburten nicht alles tun, um alle Kälber zu retten, sondern sich vor allem um das Wohlergehen der Mütter kümmern. Wenn ein Landwirt bemerkt, so seine Einschätzung, dass eine seiner Elitekühe Schwierigkeiten bei der Geburt habe, dann könne er die Geburt beschleunigen, notfalls den brachialen mechanischen Geburtshelfer einsetzen und dafür sorgen, dass das Kalb schnell und lebendig zur Welt kommt. Doch das bedeute großen Stress für die wertvolle Kuh und könne sie möglicherweise verletzen. Will er sie schonen, lässt er ihr alle Zeit, die sie zum Gebären braucht. Er gönnt ihr sozusagen eine sanfte Geburt, aber dabei kann es passieren, dass das Kalb zu lange im Geburtskanal steckt, Fruchtwasser in seine Lunge gerät oder die Nabelschnur abgedrückt wird und es stirbt.

Dieser Milchbauer sagte, er könne schon vor der Geburt an den Gelenken ertasten, ob es sich um ein Bullen- oder ein Färsenkalb handele. Andere Bauern haben mir das bestätigt, Tierärzte wiederum bestreiten, dass das möglich sei.

Was auch immer bei den Kälbergeburten passieren mag, es scheint offensichtlich, dass die schwächeren Bullenkälber nur dann eine gute Behandlung erleben, wenn sich ihre Züchter über ökonomische Überlegungen hinwegsetzen. Für viele Milchbauern ist das schwierig, denn die Erzeugerpreise für Milch lagen in den letzten Jahren oft unter den Produktionskosten. Besonders viele tote Kälber gab es vor gut zehn Jahren in Mecklenburg-Vorpommern. Das Landwirtschaftsministerium ordnete daraufhin eine Untersuchung an, die ergab, dass in jedem fünften kälberhaltenden Betrieb des Bundeslandes mehr als ein Viertel der Kälber starben.[31] Von 2003 bis 2008 ließ das Ministerium deshalb diese Betriebe kontrollieren – mit erschreckenden Ergebnissen. Auf meine Anfrage antwortete ein Sprecher:

»Neben Mängeln in der allgemeinen Tiergesundheit (erhöhtes Krankheitsgeschehen, z. B. Enteritis, Pneumonie) wurden vor allem Managementfehler festgestellt, wie z.B.

– hoher Anteil an Schwer-/Totgeburten durch falsche Anpaarung; teilweise übergroße Kälber,
– falsche Fütterung hochtragender Tiere,

- mangelhafte Geburts- und Haltungshygiene (z. B. Abkalbeboxen mit drei bis sechs Kühen),
- schlechte/fehlende Überwachung während des Abkalbens, zumal in den Nachtstunden (personelle Probleme),
- mangelnde Erstversorgung der Kälber mit Kolostrum, Mängel im Tränkregime der Kälber,
- mangelnde Haltungshygiene, fehlende Reinigung und Desinfektion.

Diesen grundlegenden Problemen wurde durch Tierhalter, Bestandstierärzte, Zuchtverbände und andere externe Berater sowie Tierschutzbehörden insbesondere durch eine verstärkte Beratung zu begegnen versucht. Die grundlegenden wirtschaftlichen Probleme (z.B. fehlendes Personal) konnten dadurch nicht verbessert werden.«[32]

Was für ein Elend spricht aus diesen Zeilen! Es wäre viel zu einfach, angesichts dieser Zustände über schlampige Betriebsleiter oder unmotivierte Angestellte zu schimpfen. Natürlich gibt es bessere und weniger gute Herdenmanager, doch wenn so viele landwirtschaftliche Betriebe so große Probleme haben und wenn so viele Kälber wegsterben, dann muss man die Fehler auch im System suchen. Die Einnahmen dieser Betriebe waren offenbar so gering (oder die Profite so hoch?), dass es an Geld für ausreichend Personal fehlte, das kalbende Kühe und junge Kälber richtig gut versorgen könnte. Das ist vor allem deshalb so bemerkenswert, weil ja gerade in Mecklenburg-Vorpommern und den anderen Bundesländern im Osten genau die großen Betriebe vorherrschen, die die Befürworter des Strukturwandels und der Wachstumslandwirtschaft als zukunftsweisend bezeichnen. Nur wer viele hundert Kühe in einem Stall hält, kann in Zukunft weltmarktfähig wirtschaften – das bekommen die kleinen Familienbetriebe, die ums Überleben kämpfen, immer wieder zu hören. Doch offensichtlich läuft es auch auf vielen dieser hochspezialisierten arbeitsteiligen Großbetriebe nicht rund.

Ein Tierarzt, der sich auf Kälberaufzucht spezialisiert hat, bringt es auf den Punkt: »Ein Bullenkalb wird in Milchviehbeständen stiefmütterlich behandelt, weil es ein Abfallprodukt ist.« Er verweist auf Untersuchungen, denen zufolge viele Bullenkälber nach der Geburt keine oder viel zu wenig Biestmilch bekämen. Das ist die allererste Milch aus dem Euter ihrer Mutter, die sie in den ersten Lebenswochen gegen Krankheitserreger immunisiert. Doch Biestmilch mit der Hand zu melken und dann zum Kalb zu bringen, kostet viel Zeit. Wenn die Landwirte also ohnehin keinen großen Gewinn durch das Kalb erwarten, komme es vor, dass sie sich nicht gut kümmerten. Diesen vernachlässigten Kälbern fehle also die passive Immunität, wenn sie auf den Transportern und in den neuen Ställen mit anderen Kälbern in Kontakt geraten.

Ich stelle dem Tierarzt die einzig mögliche Frage: »Wäre es dann nicht besser, die Tiere auf den Höfen zu lassen?«

»Das ist ein guter Gedanke, der praktisch nicht nachvollziehbar ist«, antwortet er. »Weil der Landwirt, der die Kälber hat, ein Milchproduzent ist –, das heißt, er beschäftigt sich mit der Kuh, nicht mit dem Kalb.«

Aber genau das ist ja das Problem, werfe ich ein.

»In der Landwirtschaft ist eine Spezialisierung vonstatten gegangen«, erklärt er geduldig, und ich glaube, ich komme ihm vor wie eine, die die Realität verkennt. (Er mir auch.) »Der eine Part beschäftigt sich mit der Milchgewinnung, der andere mit der Fleischgewinnung.«

»Ist dann an der Schnittstelle Kalb nicht ein Fehler im System?«, frage ich.

»Das sagen Sie!«, meint er und verneint es vehement.

»Könnte es denn nicht eine andere Struktur geben, die besser wäre für die Kälber?«

»Das ist Geschichte, das ist vorbei, das wird es nie wieder geben!«

Es ist so, weil es so ist, sagen die Landwirte und Tierärzte. Nur ist es vernünftig? Und ist es effizient?

Wie effizient ist denn ein System, das jedes Jahr Millionen Tiere produziert, die es nicht benötigt? Wie effizient ist die Spezialisierung der Landwirte auf einen kleinen Teilbereich ihrer ursprünglichen Produktion, wenn dabei Kalb und Kuh auseinandergerissen werden und wenn sich die Landwirte dadurch von einem einzigen Erzeugerpreis auf einem Markt mit wenigen Akteuren abhängig machen? Rechnet sich das? Wie effizient ist die Spezialisierung der Rinder auf Milch und Fleisch, der Hühner auf Eier und Fleisch – und welchen Preis zahlen sie dafür? Wie effizient ist es wirklich, die natürlichen Kreisläufe der Landwirtschaft zu unterbrechen?

Es geht mir bei diesen Fragen nicht um die Arbeitsorganisation einer kleiner werdenden Berufsgruppe und auch nicht um Spezialfragen von Rinderzuchtverbänden, Besamungsspezialisten und Melkmaschinenherstellern. Es geht bei diesen Fragen um die Zukunft unserer Ernährung und um die Zukunft unserer Umwelt. Die Art und Weise, wie wir Landwirtschaft betreiben, gestaltet unsere Landschaft und beeinflusst ebenso die Länder, aus denen wir Futtermittel beziehen. Unsere Nachfrage entscheidet mit über die Zukunft der Pampa Südamerikas und die Regenwälder Südostasiens. Was wir essen und trinken, hat Einfluss auf unsere Umwelt, auf das Weltklima und auf globale Stoffkreisläufe.

Es ist eine Frage von Leben und Tod, nicht allein für kleine Bullenkälber.

Jonny Roastbeef im Januar. © Dieter Müller

Kapitel 2

Die Wegwerfkuh

Kälber profitieren nicht von der modernen, spezialisierten Landwirtschaft, zumindest nicht die Söhne der Milchkühe, das ist offensichtlich. Doch – so haben es mir Landwirte, Tierärzte und Berater erklärt – in der Milchproduktion geht es ja eben nicht um die Kälber, sondern um die Kühe. Das kurze, kranke Leben der Mastkälber ist nichts als ein Kollateralschaden der modernen Milchproduktion. Die Kühe sind das eigentliche Gut, mit dem der Milchbauer sein Geld verdient.

Zuchtverbände und Landwirte haben in den letzten hundert Jahren aus Gras und Heu fressenden Weiderindern kraftfutterverwertende Hochleistungskühe gezüchtet, von denen jede einzelne mehr Milch gibt als ihre vier Urgroßmütter zusammen. Das Zuchtziel heißt: höhere Effizienz durch mehr Leistung. Und wenn heute eine einzige Kuh das leisten kann, wozu man früher vier oder fünf oder sechs brauchte, lässt das auf eine unglaubliche Effizienzsteigerung schließen. Aber stimmt das? Geht die Rechnung auf: Je mehr Milch pro Kuh, desto effizienter die Produktion? Höhere Milchleistung gleich höhere Effizienz gleich höherer Ertrag für den Landwirt?

Das Fachmagazin *Neue Landwirtschaft* hat dieser Frage 2012 ein Sonderheft gewidmet, das den Schluss nahelegt, dass der Landwirt die Rechnung ohne die Kuh gemacht hat. Dass der Preis für die Effizienz die Effizienz ist. »Noch vor wenigen Jahren hatte ein Fachtreffen unter Milchviehhaltern etwas von einem Olympischen Wettbewerb: Schneller – höher – mehr!«, schreibt Sabine Leopold, die Redakteurin des Fachmagazins, im Editorial.[33] »Was zählte, war die Laktationsleistung. Und wer beeindrucken wollte, übertrumpfte die Kollegen um noch hundert Liter Milch oder noch zehn Fett-Eiweiß-Kilogramm.« Im Jahr zuvor, 2011, hatte eine deutsche Milchkuh, »GHH Luisa«, aus der Hochleistungszucht der schwarzbunten Holsteins die magische 20000-Kilo-Grenze gebrochen: 21168 Liter Milch in den 305 Tagen nach ihrem sechsten Kalb. Würde man diese Superkuh mit der Hand melken, müsste man Tag für Tag sieben volle Eimer vom Melkstand wegschleppen. Welch immense Stoffwechselleistung hinter dieser Milchmenge steckt, kann man erst ermessen, wenn man sich vor Augen hält, dass 500 Liter Blut durch das Euter strömen, um einen einzigen Liter Milch zu erzeugen. Das Herz der Kuh Luisa hat also während ihres Milchrekordjahres täglich 35000 Liter Blut allein durch das Euter gepumpt (und noch mehr durch die Leber).

Die beste Herde 2011 brachte mehr als 13000 Kilo im Durchschnitt pro Kuh und Jahr. Die Fachzeitschrift für Milcherzeuger *Elite* schwärmte von »absolut beeindruckenden Tier- und Herdenleistungen«, die andeuteten, »welches enorme genetische Leistungsvermögen bereits in vielen Ställen vorhanden ist«.[34] Das klingt, als erwarte man weitere Mengensteigerungen und als halte man die Möglichkeiten der genetischen Verbesserung für unerschöpflich. Berichte über die besten Kühe erinnern tatsächlich an olympische Wettbewerbe: 100 Meter in 9,58 Sekunden, und es geht noch schneller! 21 168 Liter, und es geht noch mehr! Doch um welchen Preis?

»Inzwischen aber mache sich die Erkenntnis breit, dass eine Rekordhatz ziemlich teuer werden könne«, schreibt die Redakteurin weiter. »Denn unterm Strich zählt nur die Differenz zwischen den Erlösen aus den biologischen Leistungen einer Kuh – Kalb, Milch und irgendwann der eigene Schlachtkörper – und den Kosten, die sie in ihrem Leben verursacht hat. In unproduktiven Zeiten, also vor allem in der Aufzucht, aber auch während krankheitsbedingter Leerphasen, entstehen nur Kosten. Logisch, dass jeder Milchviehhalter bemüht sein wird, diese Abschnitte möglichst kurz zu halten.« Logisch wäre es ebenfalls, wenn jeder Milchviehhalter bemüht wäre, seine Kühe möglichst lange zu nutzen. Doch genau das ist nicht der Fall.

Die Wegwerfregel der modernen Milchwirtschaft lautet: Nach durchschnittlich drei Jahren im Melkstand werden Milchkühe in Deutschland ausrangiert, also geschlachtet.[35] Wenn die Kühe gerade mal fünf Jahre alt sind. Anfang der 2000er-Jahre war die Nutzungsdauer sogar noch geringer. In Schlipfs *Handbuch der Landwirtschaft* aus dem Jahr 1898, dem Klassiker der landwirtschaftlichen Lehrbücher für Generationen von Landwirten, steht: »Vom dritten Kalbe an, also vom fünften, sechsten bis zum zwölften Lebensjahre hat die Kuh den höchsten Wert für die Zucht.« Dieses dritte Kalb wird inzwischen nur noch selten geboren. Bevor die

Kuh von heute ihre größte Leistung zeigen kann, ist sie schon tot. Wie kommt das, und wie kann das effizient sein?

Die Agrarwissenschaftlerin Anke Römer hat sich auf die Suche nach den Ursachen für diese Verschwendung gemacht. »Wenn Jungkühe bereits nach dem ersten Laktationsmonat die Herde verlassen müssen, war ihre Aufzucht verschenkt«, schreibt sie in der *Neuen Landwirtschaft*.[36] »Dennoch werden zu viele junge Tiere bereits krank, bevor sie annähernd ihr Leistungspotenzial ausschöpfen können.« Die meisten jungen Kühe werden zum Schlachter geschickt, weil sie nicht mehr tragend geworden sind, andere, weil sie krank geworden sind, und wieder andere, weil sie zu wenig Milch gegeben haben. Viele von ihnen gleich nach dem ersten Kalb. Das sei »dramatisch«, schreibt Anke Römer, »denn einerseits hat eine Jungkuh die hohen Kosten ihrer Aufzucht noch nicht amortisiert, und andererseits sind diese Kühe noch nicht ausgewachsen und konnten ihr volles Leistungspotenzial noch gar nicht unter Beweis stellen.« Jedes Jahr werde ein Drittel des Kuhbestandes in Deutschland gemerzt, schreibt die Wissenschaftlerin in ihrer Fachsprache. Wenn man es brutal ausdrucken will, heißt das nichts anderes, als dass jede dritte Kuh weggeworfen wird. Und das ist weder tierfreundlich noch wirtschaftlich effizient. »Dieser hohe Anteil zieht eine hohe Reproduktionsrate nach sich, die aus zweierlei Gründen unökonomisch ist: Zum einen verringert sich dadurch die Nutzungsdauer der Kühe, zum anderen erhöhen sich die Tiereinsatzkosten bezogen auf die Herde, denn die Erzeugung jeder tragenden Färse ist teuer«, warnt Anke Römer.

Warum wird die Ressource junge Kuh so oft einfach ausrangiert? Wie kann in einem landwirtschaftlichen System, in dem Leistung und Effizienz an erster Stelle stehen und wo Scharen von Beratern den Landwirten vorrechnen, wie sie ihre Betriebe finanziell optimieren sollten, so unökonomisch gewirtschaftet werden? Wie kann in einem solchen optimierten und leistungsorientierten und durch und durch ökonomisierten System ein Tier einfach ausrangiert werden?

Rechnet es sich in der modernen Landwirtschaft, Tiere wegzuwerfen? So wie es sich in der modernen Konsumgesellschaft rechnet, kaputte Waschmaschinen wegzuwerfen und sich neue zu kaufen, weil sich die Reparatur nicht lohnt?

Aber darf man mit Tieren wie mit Waschmaschinen umgehen? Und wohin führt das?

Hochleistungssport Milch

Holger Martens, Tierarzt und emeritierter Professor für Tierphysiologie an der Freien Universität Berlin, beschäftigt sich seit vielen Jahren mit diesem Problem – und hat keine Antwort auf diese grundsätzliche Frage. Aber er fordert einen Richtungswechsel in der Rinderzucht: »In den letzten Jahrzehnten bis Anfang 2000 hat sich die Milchleistung pro Laktation verdoppelt, die Lebensleistung der Kuh hat sich in diesem Zeitraum jedoch nicht geändert! Aus einem einfachen Grund: Die Nutzungsdauer der Kühe hat abgenommen. Erst seit einigen Jahren nimmt sie wieder zu. Stellen Sie sich vor, ein Auto fährt immer schneller und braucht immer mehr Benzin, aber nach 100 000 Kilometern ist Schluss!«

Kurzfristige Höchstleistung statt Dauerhaftigkeit – das ist möglicherweise ein sinnvolles Ziel für einen Hochleistungssportler, der eine Medaille gewinnen will, jedoch nicht für einen Landwirt, der langfristig mit seinen Kühen Geld verdienen und dabei effizient mit seinen Ressourcen umgehen muss.

Professor Martens hat herausgefunden, warum so viele junge Kühe aussortiert werden: Sie sind diesem Leistungsdruck nicht dauerhaft gewachsen. Seine These: Viele Kühe geben so viel Milch, dass sie krank werden, vor allem in den ersten Wochen nach der Geburt ihres Kalbes. Und das tun sie, weil sie so gezüchtet wurden. Die modernen Hochleistungskühe können nicht anders, als der Milchproduktion Vorrang einzuräumen – auch auf Kosten ihrer Gesundheit. Sobald eine Kuh ein Kalb geboren hat, beginnt sie, große Mengen Milch zu produzieren. Das kostet sie viel Energie, dennoch hat sie in den ersten Wochen nach der Geburt keinen großen Appetit. Sie frisst in dieser Zeit viel weniger, als sie bräuchte, um so viel Milch zu produzieren. Dieses Phänomen ist Forschern und Landwirten bekannt, sie nennen es negative Energiebilanz. Und es ist messbar: Die Kuh nimmt nach der Geburt bis zu fünfzig Kilo ab, so viel, dass ihre Hüft- und Schulterknochen aus dem Körper ragen. Sie frisst einfach nicht genug, um ausreichend Energie zu bekommen – und gibt trotzdem immer mehr Milch. Das ist – zunächst einmal – eine Folge der Evolution, das Erbe der Auerochsen, der Vorfahren der heutigen Milchkühe.

Die Auerochsenkuh zog sich nach der Geburt in den Wald zurück und kümmerte sich um ihr Kalb. Selbst wenn sie für sich selbst dort nicht genug Futter fand, gab sie ihrem Kalb so viel Milch, wie es zum Überleben brauchte. Dafür mobilisierte sie alle ihre Energiereserven. »Das sind wunderbare Mütter gewesen, die sich um ihre Kälber sorgten«, sagt Martens voller Anerkennung, und es gibt einem einen Stich ins Herz, wie er das sagt. Denn die heutigen Milchkühe, die Nachfahren dieser Kühe, bekommen gar keine Chance, sich ihren Kälbern gegenüber als ebenso wunderbare Mütter zu beweisen. Trotzdem geben sie dem Bauern ihre Milch, und zwar viel mehr, als für sie selbst gut ist.

Der Burn-out der Kühe

»Die negative Energiebilanz nach der Geburt war ursprünglich kein Problem für die Kuh«, erklärt Martens, »weil das Kalb in den ersten Tagen und Wochen gar nicht so viel Hunger und Durst hatte, dass es seiner Mutter hätte schaden können.« Doch in der modernen, kälberlosen Milchproduktion fällt diese natürliche Grenze weg. Das Melkgeschirr saugt so lange an den Zitzen, bis kein Tropfen mehr kommt, und es pumpt mehr Milch in den Kühltank, als ein Kalb je hätte saufen können. Und genau das haben die Rinderzüchter noch verstärkt, vermutlich ohne es anfangs zu bemerken: Sie haben Kühe ausgewählt, die sehr schnell nach der

Geburt sehr viel Milch gaben, die also gut darin waren, ihre Energiereserven zu mobilisieren. Ob die milchleistungsstarken Kühe in dieser Zeit auch gut und viel fraßen, haben die Züchter viel zu lange nicht beachtet. »Man hat die ursprüngliche Laktationskurve nach vorne geschoben«, sagt Martens, »nicht aber die Fähigkeit der Kuh, gleich nach der Geburt mehr zu fressen.«[37]

In den ersten hundert Tagen kann bis zu einem Fünftel der Milch durch die Mobilisierung der Fettpolster gewonnen werden, hat der Physiologe ausgerechnet. »Das halten viele in der Praxis für ungeheuer effektiv: Die Kuh frisst wenig und gibt trotzdem viel Milch! Tatsächlich aber ist die Milchproduktion in den ersten hundert Tagen die uneffektivste Zeit überhaupt: Denn die Kuh musste ja ihre Fettreserven vor der Geburt erst aus dem Futter gewinnen, und die Umwandlung von Nahrung in Körperfett und umgekehrt von Körperfett in Milch kostet Energie. In den ersten hundert Tagen geht die Milch also mit einem doppelten Energieverlust ins Euter!« Deshalb, schlussfolgert der Tierarzt, magern viele Hochleistungskühe zuerst ab und werden schließlich unfruchtbar und krank. Ihre Euter und Klauen entzünden sich, und manche leiden an Stoffwechselstörungen wie der gefürchteten Ketose, die der Landwirt oft gar nicht bemerkt, weil die Kühe zunächst keine Symptome zeigen. Martens vergleicht die modernen Milchkühe mit Hochleistungssportlern: Eine Kuh, die vierzig Liter Milch pro Tag produziert (also deutlich weniger als die Rekordkuh Luisa, aber viel mehr als die Auerochsenkuh) pumpt täglich 20 000 Liter Blut durch ihr Euter und zur gleichen Zeit noch einmal

50 bis 60 000 Liter durch die Leber. Ihr Herz hat eine Tagesleistung von über 100 000 Litern. Während also die Kuh in aller Seelenruhe wiederkäut und dabei auf uns so behäbig und gelassen wirkt, pumpt und strömt es in ihrem Inneren wie in einem Wasserkraftwerk. Ihre Milchproduktion ist wie ein Dauer-Dauerlauf, der nie zu Ende geht. »Eine ähnliche Herzleistung vollbringt nur ein Rennpferd im Galopprennen«, sagt Martens. »Doch das läuft zwei Minuten und darf sich dann erholen. Die Kuh nimmt unter den Tieren schon eine Ausnahmestellung ein, was ihre Leistung angeht.« Erst wenn kurz vor der Geburt des nächsten Kalbes ihre Milchleistung zurückgeht, wird ihre eine kurze Pause gegönnt, in der sie nicht gemolken wird.

Während des etwa 305 Tage dauernden Milchmarathons gerät der Stoffwechsel der Kühe an seine Grenzen: In der Zeit der negativen Energiebilanz nimmt die Kuh zu wenig Glukose auf und mobilisiert ihre Fettreserven. Dadurch steigt der Buttersäuregehalt in ihrem Blut an, und das Insulin sinkt ab. »Subklinische Ketose« nennen Tierärzte diesen Zustand. Er gilt als Risikofaktor für viele Folgekrankheiten: für Euter- und Gebärmutterentzündungen, Labmagenverlagerungen und Lahmheiten, alles schmerzhaft für die Kuh und teuer für den Landwirt.

Ausgerechnet in dieser anstrengenden Zeit muss der Landwirt die Kuh neu besamen, denn ohne ein neues Kalb würde ihr Milchfluss ja versiegen. Auch das ist ein Erbe der Auerochsen: In dieser Zeit hat das Kalb gelernt, Gras zu fressen und zu verdauen, es braucht immer weniger Milch von seiner Mutter. Das Kalb entwöhnt sich – aber die Molkerei natürlich nicht. Der Landwirt muss weiter Milch verkaufen, also braucht er so schnell wie möglich ein neues Kalb aus der Kuh, damit eine neue Laktation beginnen kann. Eine möglichst kurze Zwischenkalbezeit soll der Landwirt anstreben, so empfehlen die Berater. Als Ziel gilt ein Kalb pro Kuh und Jahr. Dazu muss die Kuh schon sechs bis acht Wochen nach der Geburt ihres Kalbes wieder besamt werden – also ausgerechnet in der Zeit der negativen Energiebilanz, in der ihr Stoffwechsel aufs Äußerste strapaziert ist.

Viele Kühe sind dann aber noch gar nicht wieder fruchtbar – als Reaktion auf die negative Energiebilanz drosseln sie nämlich ihren Zyklus. Auch das ist ein Erbe der Evolution: Das Überleben des Kalbes ist das Allerwichtigste, also hat die Milchproduktion Priorität vor einer neuen Trächtigkeit.

»Diese Einschränkung der Reproduktion unmittelbar nach der Geburt in der Phase der großen energetischen Unterversorgung ist als physiologische Reaktion anzusehen«, erläutert Martens in einer Fachzeitschrift. »Eine erneute Trächtigkeit bei energetischer Unterversorgung könnte sowohl die Gesundheit der Kuh als auch die Entwicklung des Kalbes gefährden.«[38] Um sich und ihr Kalb zu schützen, bremst die Kuh also ihren Sexualzyklus, sobald ihre Energiebilanz ins Negative rutscht. (Das Phänomen kennen auch viele Hochleistungssportlerinnen: In Zeiten sehr großer Beanspruchung bleibt ihre Periode aus.)

Eigentlich eine gute Schutzfunktion – doch die moderne Hochleistungsmilchkuh bringt sich damit in tödliche Gefahr. Wenn sie nämlich nicht tragend wird, verliert sie ihren Wert für den Landwirt. Misslingen die ersten Besamungsversuche, wird der Tierarzt eine Fruchtbarkeitsstörung diagnostizieren und sie mit Hormonen behandeln. Nimmt sie dann immer noch nicht auf (wie es in der Fachsprache heißt), schickt der Landwirt sie zum Schlachter. So wird ausgerechnet die Kuh, die sich beim Milchgeben besonders angestrengt und verausgabt hat, zur Wegwerfkuh.

Eine Diskussion in einem Onlineforum für Landwirte vermittelt einen Eindruck, wie die Milchbauern das halten: »Jede Kuh bekommt einmal Dinolytic zwischen 14 und 21 Tage nach der Geburt«, schreibt ein User. (Dinolytic enthält das Sexualhormon Prostaglandin, das den Zyklus stimulieren soll – es ist aber nicht üblich, damit grundsätzlich alle Tiere zu behandeln.)[39] »Nach 200. Laktationstag Besamung nur noch bei ganz besonderen Tieren, sonst abmelken und auf 'n LKW.« Bei einem anderen fällt die Entscheidung noch schneller: »Keine Kuh wird mehr als dreimal besamt, danach gehts zum Schlachten.« Nur für besondere Tiere mache er eine Ausnahme.[40]

Aus Sicht des Landwirts scheint das eine ökonomisch notwendige Entscheidung (obwohl wir von Anke Römer wissen, dass das oft nicht stimmt), aus Sicht der Kuh ist es ziemlich undankbar. Denn sie ist ja eben deshalb nicht tragend geworden, weil sie dem Bauern so viel mehr Milch gegeben hat, als gut für sie gewesen wäre. Deshalb wird sie nun aus dem Stall geführt und auf einen Lkw getrieben.

Diese Wegwerfkühe sind keine Ausnahmen, ganz im Gegenteil: Die Statistiken der Arbeitsgemeinschaft Deutscher Rinderzüchter zeigen, dass jede fünfte Kuh, die im Jahr 2012 ihre Herde verlassen musste, abgegeben wurde, weil sie nicht tragend wurde. Sterilität war mit 21,1 Prozent der häufigste Grund für den »Abgang«, gefolgt von Krankheiten am Euter (knapp 15 Prozent) und Beschwerden an den Gliedmaßen und Klauen (11 Prozent). Nur 3,5 Prozent kamen zum Schlachter, weil sie zu alt waren.[41] Angesichts dieser Zahlen reagiert Martens verärgert: »Wir züchten ein Tier, dessen Produktionsorgan das Euter ist, und daran erkranken so viele Tiere!« Und er fügt hinzu: »Das ist ein Albtraum! Solche Kühe dürfen wir nicht züchten!«

Die Kuh ist kein Seeelefant

Die enorme Steigerung der Milchleistung gilt als große Erfolgsgeschichte der deutschen Landwirtschaft, als Effizienzerfolg. Wenn ein renommierter Professor zum Ende seiner wissenschaftlichen Laufbahn diese Erfolge vehement und grundsätzlich infrage stellt, macht er sich unter seinen Kollegen natürlich nicht beliebt. Manche seiner Kritiker argumentieren, die negative Energiebilanz sei gar nicht so schlimm, schließlich gäbe es im Tierreich auch andere Säugetiere, die ihre Kälber aus den körpereigenen Energiereserven ernährten. Die Seeelefantenkuh etwa bringe ihr Kalb an Land zur Welt und säuge es wochenlang, ohne zu fressen, und verliere dabei bis zu 40 Prozent ihres Körpergewichts. »Doch«, sagt Martens, »die Seeelefantenkuh hat sich über Millionen von Jahren an diese Stoffwechselsituation gewöhnt, diese Zeit hatten die Milchrinder nicht.« Die Kuh ist eben kein Seeelefant.

Auch Anke Römer widerspricht Martens' Kritik an der Hochleistungszucht: Es seien vor allem schlecht geführte Betriebe, deren Kühe nur eine kurze Nutzungsdauer hätten. Auf Höfen mit gutem Management hielten die Tiere mit Spitzenleistungen länger durch. Man müsse der Kuh nach der Geburt ein Umfeld schaffen, in dem sie sich wohlfühle. Man müsse sie zum Fressen und Saufen animieren, »dann bleibt sie gesund und gibt viel Milch«, sagt Anke Römer. Schon kleine Details könnten der Kuh helfen: Gut sei es zum Beispiel, wenn die Kühe nach der Geburt nicht wie üblich aus einer kleinen Schalentränke trinken müssten, sondern einen großen Bottich mit freier Wasseroberfläche zur Verfügung hätten. »Das mögen die Kühe lieber«, sagt sie. Nach der Kalbung würden Kühe bis zu 100 Liter Wasser aufnehmen und anschließend auch mehr fressen. Wichtig sei überdies, dass die Kälber an der frischen Luft gehalten würden und auch die erwachsenen Kühe genügend Bewegung hätten – die alten Anbindeställe lehnt sie grundsätzlich ab. »Es sind diese kleinen Schräubchen, an denen ein guter Herdenmanager drehen kann: Tierbeobachtung, Gesundheitsmonitoring, Hygiene, ein gutes Betriebsklima, dann können Kühe auch bei sehr hoher Milchleistung alt werden.« Nur bei der Zwischenkalbezeit macht sie Zugeständnisse: Es sei nicht notwendig, eine hochleistende Kuh gleich am vierzigsten Tag nach der Kalbung wieder zu besamen. Man soll ihr ruhig etwas mehr Zeit lassen. »Brauchen wir wirklich noch von jeder Kuh in jedem Jahr ein Kalb?«

Doch das Hochleistungsparadigma selbst stellt sie nicht in Frage, im Gegenteil: »Hochleistungskühe leiden nicht«, sagt sie in einem Ton, der keine Zweifel zulässt, »sonst gäben sie nicht so viel Milch.« Ihre Vision: »Wenn wir nachher da sind, dass alle Kühe 100 000 Liter Milch in ihrem Leben geben, dann wird sich die Milchleistung auch bis zur neunten Laktation weiter steigern.« Viel Milch und das über viele Jahre hinweg – das sollen die modernen Hochleistungskühe bringen.

Natürlich hat Anke Römer in diesem Punkt recht: In gut geführten Betrieben mit aufmerksamen Herdenmanagern, die sich viel Mühe geben, bleiben Kühe länger gesund und leistungsstark als unter schlechteren Umständen. Und wenn es schon heute vereinzelt Spitzenkühe gibt, die über viele Jahre hinweg sehr große Milchleistungen erbringen, warum sollte es in Zukunft nicht mehr davon geben?

Die Wegwerfkuh als Managementfehler

Am Institut für Tierproduktion in Dummerstorf, das zur Landesforschungsanstalt für Landwirtschaft und Fischerei des Landes Mecklenburg-Vorpommern gehört, erforscht Anke Römer, wie dieses Ziel erreicht werden kann. Sie wirkt dabei so optimistisch, als wäre die Entwicklung zu besseren Betrieben geradezu unausweichlich. Sie sagt: »Die Betriebe, bei denen es nicht läuft, geben auf.« Damit stellt sie, vermutlich ohne das so brutal formulieren zu wollen, den Wegwerfkühen die Wegwerflandwirte gegenüber. Sie erforscht, unter welchen Umständen Kühe länger im Betrieb bleiben können, während sie für Landwirte, die ihre Leistung nicht bringen, keine Alternative sieht.

Die natürliche ökonomische Auslese als Beschleuniger der landwirtschaftlichen Leistungssteigerung: Tatsächlich geben Jahr für Jahr Tausende von Milchbauern ihre Betriebe auf. Nur die Hälfte der Landwirte, die 1990 Kühe gemolken haben, war im Jahr 2012 noch dabei.[42] Viele von ihnen waren so hoch verschuldet, dass ihnen das Geld für notwendige Investitionen fehlte, für andere war es leichter, ihr Land zu verpachten, vor allem an Produzenten von Bioenergie, und wieder andere haben keinen Nachfolger gefunden, der bereit gewesen wäre, so viele Stunden für so wenig Geld zu arbeiten. Wer einen Milchviehbetrieb übernimmt, der darf ein hohes finanzielles Risiko ebenso wenig scheuen wie überlange Arbeitstage und nächtliche Geburtshilfeeinsätze. Wer trotzdem Kühe melken will, wird das nur tun, wenn er wirklich etwas von seinem Job versteht. Das klingt erst einmal logisch: Die Schlechten werden aufhören, nur die Besten bleiben übrig – genau wie bei den Kühen.

Doch diese darwinistische Verdrängung in der Landwirtschaft läuft ja schon seit einigen Jahrzehnten. Wie kann es dann also sein, dass noch immer so viele Milchviehbetriebe so viele kranke Kühe haben? Und dass die Nutzungsdauer so kurz ist? Unterstellt man damit nicht, dass die meisten Bauern nicht gut genug sind für ihren Job?

Genau an diesem Punkt verhaken sich alle Diskussionen über die moderne Landwirtschaft: Die einen sehen Systemfehler, die anderen schlechtes Management oder menschliches Versagen von einigen wenigen, das korrigiert oder bestraft werden muss. Ganz gleich, ob Tierrechtler Bilder von erschlagenen Puten gemacht haben, neue unerklärte Tierseuchen ausbrechen oder Rückstände von Pestiziden im Tierfutter entdeckt werden: Für die Gegner der Agroindustrie sind das Skandale in einem skandalösen System, für ihre Anhänger war es Fehlverhalten von »schwarzen Schafen« in einem ansonsten tadellos laufenden System, das nicht infrage gestellt werden darf.

Wie ist das nun in der Milchwirtschaft? Ist die Wegwerfkuh ein Managementfehler? Oder die Folge einer Wirtschaftsform, deren Akteure auf der Jagd nach neuen Leistungsrekorden vom Weg abgekommen sind und nun kollektiv aus vermeintlichem Effizienzstreben ganz besonders ineffizient arbeiten?

Die Kühe sind krank

Es gibt eine Stellungnahme der Europäischen Behörde für Lebensmittelsicherheit, kurz EFSA, die in dieser Frage zu einem ganz klaren Ergebnis kommt. Die EFSA hat ihren Sitz in Parma mitten in der fruchtbaren norditalienischen Poebene, wo seit jeher intensiv Landwirtschaft betrieben wird. Die Behörde wird vom EU-Parlament finanziert, arbeitet aber unabhängig. Vielen Kritikern gilt sie – vor allem in Fragen der Agrogentechnik – als industriefreundlich, und durch besondere Vorliebe für naturnahe Landwirtschaft oder Extensivierung ist sie bislang nicht aufgefallen. Diese Behörde hat im Jahr 2009 eine wissenschaftliche Stellungnahme zum Gesundheitszustand der europäischen Milchkühe veröffentlicht, in der zwanzig europäische Wissenschaftler zu dem Schluss gelangen, dass »die langfristige genetische Selektion auf hohe Milchleistung der Hauptgrund für das schlechte Tierwohl und Gesundheitsprobleme bei Milchkühen« sei.[43] Vereinfacht gesagt: Zu viel Milch zu geben, macht die Kühe krank.

Die Mitglieder des EFSA-Panels für Tiergesundheit und Tierwohl bestätigen ebenfalls den Zusammenhang zwischen negativer Energiebilanz und Erkrankungen: »Die exzessive oder verlängerte negative Energiebilanz tritt mit größerer Wahrscheinlichkeit bei Tieren mit höchster Leistung auf«, heißt es in der EFSA-Stellungnahme, »sie wird assoziiert mit verringerter Fruchtbarkeit, Erkrankungen des Verdauungstraktes, Stoffwechselstörungen und Infektionen, vor allem Mastitis.« Die Empfehlung: Bei der Zucht solle verstärkt auf Fruchtbarkeit, Gesundheit und Langlebigkeit geachtet werden. Das werde das Tierwohl erhöhen und den Landwirten größere Gewinne bringen.

Martens klingt bedrückt, als ich ihn auf diesen Report anspreche: »Er wird leider nicht diskutiert.« Nicht unter den Beratern und Milchbauern und schon gar nicht unter denen, die ihre Erzeugnisse kaufen und trinken. Als Konsumentin würde ich gerne wissen, ob ich Milch von gesunden oder erschöpften und kranken Kühen im Kühlschrank habe. Und zwar ohne auf den englischsprachigen Internetseiten der European Food Safety Authority nach Fachberichten suchen zu müssen. Was verleiben wir uns ein, wenn wir die Milch kranker Kühe trinken? Natürlich wird die Milch in der Molkerei auf alle möglichen Keime getestet und nur verkauft, wenn sie einwandfrei ist, doch wer weiß, ob die Wissenschaft nicht in einigen Jahrzehnten entdeckt, dass da noch mehr in der Milch enthalten ist.

Es passt zusammen: Wir gehetzten und erschöpften Mitglieder der Leistungsgesellschaft, die wir stolz auf unsere Erschöpfung sind, wie der Kölner Psychologe Stephan Grünewald analysiert, und Burn-out als Ausdruck unserer Leistungsfähigkeit betrachten, wir trinken die Milch erschöpfter Hochleistungskühe. Man kann das ganz gut nebeneinanderlegen: Den EFSA-Report über die erschöpften Kühe und das Grünewald-Buch über die »erschöpfte Gesellschaft».[44]

Wie gehen die Fachleute mit den Erkenntnissen aus der Forschung um? Im Frühjahr 2013 berichtete das Magazin des Milchprüfrings Bayern *Milchpur* über die Stoffwechselstörung Ketose als »unterschätzten Risikofaktor« für die wichtigsten Erkrankungen nach der Geburt. Bayer Tiergesundheit, der veterinärpharmazeutische Teil des Konzerns, habe zusammen mit der FU Berlin in einer »groß angelegten Feldstudie« in zehn europäischen Ländern den Zusammenhang zwischen Ketose und anderen Krankheiten untersucht und festgestellt, dass die subklinische Ketose das Krankheitsrisiko erhöht. Wer die Veröffentlichungen von Martens oder die Studie der EFSA gelesen hat, wird darüber nicht erstaunt sein. Nur über die Schlussfolgerung des Milchprüfrings Bayern muss man sich wundern: »Mit einem frühzeitigen Monitoring der Ketonkörper-Konzentration, so das Ergebnis der Feldstudie, kann mit geeigneten Maßnahmen möglichen Folgeerkrankungen und den damit einhergehenden wirtschaftlichen Einbußen wirksam vorgebeugt werden.«[45]

Wie diese geeigneten Maßnahmen aussehen könnten, darüber informiert in der Spalte rechts neben dem Text eine

Anzeige von – raten Sie! – Bayer. »Seit über fünfzig Jahren gibt es ein millionenfach bewährtes Vitalpräparat für Rinder bei Stoffwechselstörungen«, steht da unter dem Bild einer grinsenden Kuh und einer Spritze mit rosa Flüssigkeit. Es habe eine »besondere Wirkstoffkombination« und sei »das einzige zugelassene Butafosfan-B12-Präparat zur begleitenden Therapie der sekundären Ketose«.

Alles klar? Der besorgte Milchbauer wird sich die Haare raufen und an die letzte Tierarztrechnung für Gerdas Labmagenverlagerung denken und Sieglindes Gebärmutterentzündung. Dann lieber eine kleine rosa Spritze zur Vorbeugung als noch einmal so eine Tortur! »Fragen Sie ihren Tierarzt. Pink wirkt!«, so lockt Bayer die Milchbauern, und natürlich ist Aufklärung wichtig und Vorbeugung besser! Doch was ist denn mit der wichtigsten Erkenntnis der Wissenschaftler, derzufolge die Ketose ja eben keine rätselhafte neue Krankheit ist, die aus dem Nichts in den Kuhstall gedrungen ist, sondern Folge einseitiger Züchtung auf Milchhöchstleistungen? Darüber verliert das *Milchpur*-Magazin kein Wort. Auch nicht darüber, dass besonders leistungsstarke Kühe zugleich besonders anfällig sind. Auf der nächsten Doppelseite wird im redaktionellen Teil der Zusammenhang von negativer Energiebilanz, Ketose und abnehmender Fruchtbarkeit erklärt und empfohlen, dafür zu sorgen, dass die Kühe nach der Geburt jederzeit Zugang zum Futter haben sollen. Sinnvoll, wenngleich eher selbstverständlich. Auf der nächsten Seite folgt wieder eine Anzeige, dieses Mal für einen Ketosetest, beworben mit der eindringlichen Frage: »Was ist, wenn ein Drittel Ihrer Kühe ein kostspieliges Geheimnis hat?«

Darunter der verräterische Satz: »Aktuelle Studien zeigen, dass etwa 30 Prozent der Kühe betroffen sein können, sogar in gut geführten Herden.«

Aber warum? Diese Frage muss sich den Landwirten doch aufdrängen. Wenn selbst in »gut geführten Herden« bis zu einem Drittel der Kühe an Stoffwechselstörungen erkranken und in »gut gemanagten Boxenlaufställen« Lahmheiten und Krankheiten an den Gliedmaßen ein Problem für viele Kühe sind, wie die EFSA berichtet, müsste man da nicht auf die Idee kommen, dass der Fehler im System liegt? Dass kranke Kühe doch noch eine andere Ursache haben könnten als Managementfehler?

Angenommen, ich trainiere eine Fußballmannschaft und stelle fest, dass ein Drittel meiner Spieler Zerrungen oder Bänderrisse hat, was sollte ich dann tun? Schicke ich die ganze Mannschaft zu aufwendigen Kernspinuntersuchungen, um weitere latente Sehnenschäden aufzuspüren und prophylaktisch zu behandeln? Empfehle ich meinen Spielern ein millionenfach bewährtes einzigartiges Vitalpräparat? Oder überlege ich vielleicht, ob ich beim Training etwas falsch gemacht habe? Angenommen, ich habe mich mit meinen Trainingsplänen an die Empfehlungen einer Sport-Uni gehalten und erfahre von anderen Trainern, dass auch ihre Spieler nach diesem Training kaputte Sehnen haben, würde das meinen Verdacht vielleicht sogar verstärken?

Es scheint, als seien solche Überlegungen in der modernen Landwirtschaft mit einem Denkverbot belegt. Die Grundsatzfrage, ob es vielleicht schlauer sein könnte, etwas Leistungsdruck aus dem System zu nehmen, um damit effizienter zu wirtschaften, ökonomischer, nachhaltiger und tiergerechter – sie wird nicht gestellt. Zumindest habe ich in vielen dicken Stapeln landwirtschaftlicher Fachpresse keine Diskussion dazu gefunden.

Jonny Roastbeef steigt aus

Die kleine Kuh Marianne hat es in diesem System zum ansehnlichen Alter von sechs oder sieben Jahren gebracht. Und das, obwohl sie jetzt im April, drei Monate nach der Geburt ihres jüngsten Sohnes, gut als Demonstrationsobjekt für die negative Energiebilanz auftreten könnte: Rechts und links ragen Knochen aus ihrem schwarz-weißen Fell, und betrachtet man sie von vorne, wirkt es, als habe man sie an einem Kleiderbügel aufgehängt, so weit stehen die Vorderbeine von ihrem mageren Brustkorb ab. Dennoch scheint sie ganz zufrieden zu sein, als ich sie in ihrem Anbindestall besuche. Sie guckt die unbekannten Leute vor ihrer Krippe neugierig an und streckt ihre lange Zunge heraus, um zu prüfen, ob Jacken und Schuhe vielleicht ein leckeres Futter für sie sein könnten. Ich habe das etwas alberne Bedürfnis ihr mitzuteilen, dass heute ein großer Tag ist im Leben ihres Sohnes, unseres Kälbchens *Jonny Roastbeef*. Dass er heute aus dem kleinen Verschlag des Milchbauern in die Scheune des Biohofs umziehen wird und von dort auf die Weide, sobald das Wetter es zulässt.

Falls sie ihr Kalb vermisst, merkt man ihr das nicht an, ebenso wenig wie den anderen Kühen. Manche Rinderhalter führen auch das auf die Auerochsenzeit zurück: Damals wurden neugeborene Kälber oft vom Wolf gerissen. Die Kuh sei deshalb historisch-evolutionär daran gewöhnt, dass manche ihrer Kälber nach der Geburt verschwinden. Über Jahrtausende war es der Wolf, der die Kälber holte, heute ist es der Bauer. Marianne scheint es ihrem Bauern nicht übel zu nehmen, dass er ihr das Kalb weggenommen hat – aber ob sie weiß, dass er es war und nicht der Wolf? Oder ob sie sich schon über so viele Generationen von ihren Auerochsenurmüttern entfernt hat, dass sie sich gar nicht mehr vorstellen kann, Seite an Seite mit ihrem Kalb durch die Steppe oder über eine Weide zu ziehen? Dass es ein anderes Leben geben könnte als das, was sie führt, ohne Kalb, dafür mit Melker und Melkmaschine? Fast könnte man das vermuten, so sanft und neugierig, wie sie mich anschaut.

»Wie willst du das Kalb denn rüberbringen?«, fragt mich der Landwirt.

Als ich ihm mein petrolblaues Fohlenhalfter zeige, schüttelt er den Kopf und guckt mehr amüsiert als besorgt. Eher werde mich das Kalb durchs Dorf ziehen als umgekehrt, meint er.

»Das wollen wir mal sehen!« Ich verweise auf meine umfangreiche Pferdemädchenerfahrung, aber mir kommen schon Zweifel, bevor ich den Satz ausgesprochen habe: *Jonny Roastbeef* ist drei Monate alt und dürfte, auch wenn er noch sehr klein und kälbchenhaft aussieht, beinahe mein Gewicht haben. Vom Fohlen-ABC hat er vermutlich nie etwas gehört: Sich aufhalftern und führen zu lassen, das lernen Pferdekinder schon ganz früh. Aber Fohlen sind von Geburt an in engem Kontakt mit den Menschen, die sie später reiten wollen.

Das Kalb dagegen bekommt morgens und abends seinen Eimer in die Krippe gestellt, ab und zu wird es zum Misten aus der einen Stallecke in die andere getrieben, und für mehr ist keine Zeit. Menschen, die sich mit ihm lange beschäftigen, kennen die meisten Kälber nicht. *Jonny Roastbeef* ist da keine Ausnahme, obwohl wir ihn besucht haben, wann immer wir ab und zu in dieser Gegend waren. Immerhin, Dieter, der Fotograf, und seine Frau Nanja sind zum Helfen gekommen – wir sind also zu dritt.

Ich stelle mir vor, wie wir den fehlenden Kontakt zum Kalb in einer Stunde nachholen, ganz ruhig den Stall betreten, ihm erzählen, was wir mit ihm machen wollen, und warten, bis er sich traut, sich uns zu nähern und am Halfter zu schnuppern. Aber der Bauer ist mir zuvorgekommen: Schon steht er im Kälberstall, einen Strick mit Schlaufe in der Hand. Verständlich, er hat noch dreißig Kühe zu melken und zu füttern, Futter heranzufahren und den Trecker zu reparieren, alles im Ein-Mann-Betrieb. Für Kälberflüsterei hat er keine Zeit und vermutlich auch wenig Verständnis für Stadtmenschen, die ihm zeigen wollen, dass man mit Nutztieren Ponyhof spielen kann.

Mit zwei schnellen Schritten hat er das Kalb in einer Ecke eingekesselt und ihm eine Schlaufe um den Hals gezogen. *Jonny* versucht wegzurennen, die Schlaufe zieht sich fest, und er bleibt stehen. Ich eile zu ihm und ziehe *Jonny* das Halfter über den Kopf. Der Bauer gibt den Würgestrick frei und lässt uns allein.

Zu dritt reden wir auf *Jonny* ein und streicheln ihn von allen Seiten, bis die Spannung in seinen Muskeln nachlässt. Vorsichtig bugsieren wir ihn aus der Stalltür und lassen ihn auf dem Hof verschnaufen. Das grelle Sonnenlicht muss ihn blenden, so hell hatte er es noch nie in seinem Leben. Auch harten Asphalt kennt er nicht. Ich drücke ihn ganz an mich heran, seine Schulter an meinem Oberschenkel, die linke Hand an seinem Hals und die rechte an den Hinterbeinen, und so versuche ich ihn vorsichtig dorfabwärts zu dirigieren. Dieter und Nanja halten die Stricke für den Fall, dass er sich losreißt. Aber das tut er nicht. Sehr langsam ziehen wir so durch das Dorf – eine seltsame Prozession von beseelten Tierbefreiern, die an einem kleinen schwarz-weißen Bullenkalb mit weißer Schnute herumtüdeln, das nicht recht weiß, wie ihm geschieht. Hoffentlich sieht uns keiner, denke ich, und beginne am Sinn dieser Rettungsaktion zu zweifeln. Was sollen wir mit einem Kalb, das wir schon im Alter von drei Monaten nicht führen können? Und dient dieser Stress jetzt dem Tierwohl? Normalerweise werden junge Kälber für solche kurzen Strecken in Schubkarren transportiert, wobei die Landwirte ihnen ein Hinterbein so über den Kopf ziehen, dass sie sich nicht selbst befreien können und deshalb ruhig liegen bleiben, bis sie abgeladen werden. Oder man lässt sie selbst laufen und zieht dabei ihren Schwanz hoch, bis sie dem Druck ausweichen und vorwärtsgehen. Das ist bäuerlich pragmatisch und ziemlich grob, für das Kalb sicher nicht angenehm, aber vermutlich wären wir längst am Ziel, wenn wir so zugepackt hätten.

Kurz hinter der Kirche hat die Frau des Fotografen die rettende Idee: Sie hält ihre ausgestreckten Finger vor *Jonnys* Nase. Der beginnt sofort zu saugen und folgt ihr willig. So erreichen wir die Scheune des Biobauern am anderen Ende des Dorfes und weisen Jonny den Weg in seinen großen Laufstall mit einer dicken Schicht von frischem Stroh.

Das Kalb hat gerade ein Bein in das weiche Stroh gesetzt, als ich eine riesige Kraft unter meinen Händen explodieren spüre. Dämmrige Scheune und weicher Boden, das kennt *Jonny,* dahin will er sich retten vor all dem Unbekannten, Neuen. Wir schaffen es gerade noch, ihm das Halfter vom Kopf zu ziehen, und dann ist er frei und springt mit großen Sätzen durchs tiefe Stroh.

Sobald es warm wird, darf er mit den anderen Kälbern auf die Weide hinter der Scheune. Die älteren Tiere können auch im Winter raus und rein, ganz nach Belieben. Jetzt im Frühjahrssonnenschein sind alle auf der Weide. *Jonny* guckt und riecht und leckt an den Eisenstangen, er schnuppert am Heu und muht einmal den anderen Kälbern zu, schaut sich die Wände an und starrt lange unter die Decke, wo wir nicht entdecken können, was er dort so interessant findet. Schließlich kommt er zu uns zurück, riecht an unseren Händen, lässt sich ein bisschen streicheln und versucht dann, unsere Schuhe anzuknabbern. Er ist so neugierig, dass es eine Freude ist. Nach ein paar Minuten bemerkt *Jonny,* wie groß sein neuer Stall ist und beginnt, übermütig im Kreis zu rennen und zu springen. Wir schauen uns an und freuen uns, dass sich da einer freut, und denken, dass es doch eine gute Idee war, das Wegwerfkalb zu retten.

Jonny ist raus aus der Verschwendungslandwirtschaft, die aus Effizienzgründen ineffizient mit Kühen und ihren Kälbern umgeht. Hätten wir ihn nicht gekauft, wäre er vielleicht an Durchfall gestorben oder in die Kälbermast geschickt worden. Dann stünde er jetzt mit Hunderten anderer Kälber dicht an dicht auf Bongossiholz-Spaltenböden und hätte noch drei Monate zu leben. Wäre er in Australien geboren, befände er sich längst in Einzelteile zerlegt in Hundefutterdosen (oder was immer die Australier aus den mageren Neugeborenen machen, von denen die Schlachter in Deutschland sagen, man könne sie gar nicht schlachten, weil nichts dran ist, was sich verwerten ließe). Aber er ist dem System entkommen, und nun ist er ein Aussteiger. Ein Öko.

Kapitel 3

Der Kuhzauberer

»Klar wirtschaften die meisten ineffizient«, sagte mir ein landwirtschaftlicher Berater aus der Milchproduktion, den ich auf die vielen toten Kälber und die früh ausrangierten Milchkühe angesprochen hatte. Es ist ein Praktiker mit dem branchentypischen Misstrauen gegenüber Journalisten und vor allem gegenüber emotionalen Stadtfrauen, die wollen, dass die kleinen Kälbchen recht glücklich werden. Aber dieser landwirtschaftliche Berater gehört nicht zu denen, die kritische Fragen als Unsinn abtun, sondern er setzt sich mit den Entwicklungen seiner Branche auseinander und ist bereit, darüber zu sprechen (auch wenn er seinen Namen lieber nicht nennen will, um keinen Ärger mit seiner Behörde zu riskieren). Seiner Einschätzung nach arbeitet die Hälfte aller Betriebe ineffizient, während ein Viertel alles im Griff habe. Er nennt sie die Toplandwirte, die so gut wirtschaften, dass sie ihre ineffizienten Kollegen aufkauften. »So ist unser Wirtschaftssystem«, sagt er.

»Ja, ich kenne so einen erfolgreichen Milchbauern«, antwortete ich ihm.

»Wie viele Kühe hat der denn?«, fragt er mich.

»Über hundert«, sage ich.

»Nein«, sagt der Berater, »dann kann er nicht effizient sein. Die Betriebe, die ich meine, haben vierhundert bis achthundert Kühe. Darunter geht es nicht mehr.«

Da ist sie wieder, die Geschichte von der Unausweichlichkeit der darwinistischen Verdrängung in der Landwirtschaft, die Gewissheit, dass nur die schiere Größe effizient sein kann.

Der Könner hingegen, der erfolgreiche Milchbauer, den ich kennengelernt habe, fürchtet sich nicht vor der Konkurrenz der Riesenbetriebe. Denn er ist sich sicher, dass er einen Vorteil gegenüber den ganz großen hat, nämlich dass er seine Kühe kennt. Alle hundertsechzig, alle mit Namen. Wenn er Auszubildende oder Hilfskräfte einstellt, die sich nicht die Mühe machen, die Namen seiner Kühe zu lernen, die sich also nicht für die einzelne Kuh als Individuum interessieren, lässt er sie am liebsten gar nicht in den Stall. Selbst das morgendliche Gummimattenreinigen erledigt er am liebsten selbst. Genauso wenig hält er von Melkrobotern, die bisweilen sogar Biobauern benutzen. Die sparen viel Arbeit und gefallen sogar manchen Kühen, weil sie selbst bestimmen können, wann sie gemolken werden. Jaacks will das nicht, weil es ihn seiner Arbeit mit den Tieren entfremden würde. Er hält nicht auch nichts von Hunden, die abends die Kühe von der Weide in den Stall treiben. Klar, dass würde Arbeit einsparen, doch ein Hund hat kein Auge dafür, wenn es einer Kuh schlecht geht. Wenn sie zu lahmen beginnt. Wenn ihr Fell struppig wird.

Als kleiner Junge hat er seiner Großmutter erzählt, dass er einmal hundert Kühe melken werde, da habe sie ihn für verrückt erklärt. Damals standen sechzehn Milchkühe im Stall der Familie Jaacks, neben fünfundzwanzig Sauen und dreihundert Hühnern. Dann kam die Zeit, als es als traumhaft sicher galt, achtzig Milchkühe im Stall zu haben. Heute, glaubt er, liegt die betriebliche Überlebensgrenze bei hundert bis hundertfünfzig. Alle, die weniger haben, würden aufgeben.

Wer aber mehr als zweihundertfünfzig Kühe melke, der sei nur noch Betriebsmanager. Der sitze vor allem im Büro, um die Technik zu überwachen, und der müsse einen Herdenmanager einstellen, der sich um die Kühe kümmert. Das wäre nichts für ihn. Er möchte immer im Kuhstall bleiben. Das ist die Arbeit, die er liebt.

Klingt sehr romantisch, doch belegen Statistiken, dass er recht hat: Der Deutsche Holstein Verband hat die Leistungen aller im Jahr 2013 geschlachteten Milchkühe verglichen und nach Herdengrößen aufgeschlüsselt.[46] Das Ergebnis: Kleine Betriebe lassen ihre Rinder später zum ersten Mal kalben, sie nutzen ihre Kühe länger und erzielen mehr Milch pro Kuh. Die besten fünfzig Höfe mit 20 bis 39 Kühen weisen eine Lebenstagsleistung von 19,8 Kilogramm auf (Milchleistung umgerechnet auf Lebenstage), die besten fünfzig Höfe mit mehr als 500 Tieren bringen es nur auf 17,3 Kilogramm pro Kuh. Bei der Nutzungsdauer ist der Unterschied noch größer: In den kleinsten Betrieben lag sie bei 59,5 Monaten, in den Riesenherden nur bei 39,1. Ein Unterschied von mehr als zwanzig Monaten! Solche Ergebnisse stellen die herrschende Lehre von den effizient wirtschaftenden Großbetrieben und den kleinen antiquierten Auslaufmodellen auf den Kopf.

Es war ein lustiges Erlebnis, wie ich auf diesen Kuhflüsterer gestoßen bin: Ich war auf der Suche nach einer Kuh, an deren kurzem Leben und Sterben ich das Schicksal der vielen Wegwerfkühe zeigen wollte. Das ist natürlich eine schwierige Frage für eine Journalistin: »Guten Tag, dürfte ich Ihre Wegwerfkühe kennenlernen und sie zum Schlachter begleiten? Um damit zu zeigen, wie ineffizient sie ihre Kühe ausbeuten?« So würde das nicht gehen. Also hatte ich mir eine Liste mit Namen und Telefonnummern von größeren Milchbauern in der Nähe von Hamburg besorgt und den angerufen, zu dem ich die kürzeste Anfahrt hatte, und das war Hauke Jaacks im Klövensteen, dem Waldgebiet am westlichen Stadtrand von Hamburg. Ob ich mit ihm über die moderne Hochleistungsmilchproduktion sprechen dürfe, über die erschreckend kurze Nutzungsdauer und ob er mir seine Kühe zeigen würde.

»Ja, kommen Sie vorbei«, sagte er. »Gerade hat meine älteste Kuh ein Kalb bekommen, ihr fünfzehntes.«

Da war ich baff. Wie geht denn das? Ein Hochleistungsbetrieb mit hundertsechzig Deutschen Holsteins, also genau der Rasse, bei der die negative Energiebilanz züchterisch so verstärkt ist, dass die Kühe nicht anders können, als sich zu verausgaben? Was macht der anders als die anderen?

Swantje und Hauke Jaacks' Hof liegt mitten im Wald: ein hallenartiger Stall, in dem die Kühe frei herumlaufen können, davor wuchtige Traktoren und Maschinen, dahinter Weiden bis zum Waldrand mit grasenden Rindern und Kühen. Wie eine Oase aus Gras im dunklen Wald liegt der Hof da, eine Naturidylle.

Sonntags ziehen hier die Hamburger Spaziergänger und Radfahrer vorbei, und ich stelle mir vor, wie sie ihren Kindern die Kühe zeigen und sagen: »Guckt mal, so leben die Tiere, deren Milch wir trinken!« Wahrscheinlich wissen sie nicht, dass nur wenige Herden so oft auf die Weide dürfen wie die von Jaacks. Und vermutlich ahnen sie ebenso wenig, dass hinter diesen so gewöhnlich aussehenden Stallmauern Hightechrinder gezüchtet werden, von denen einige zu den besten Deutschlands gehören und deren Nachwuchs gelegentlich bis nach Kuwait und Aserbaidschan verkauft wird. Vor einigen Jahren, als Tierfotos noch nicht im Computer nachbearbeitet wurden, hat eine Hamburger Agentur eine Kuh gesucht, um sie für eine Werbekampagne lila anzumalen. »Sie haben sich meine Kuba ausgesucht, weil sie einen ganz weißen Kopf hatte«, erzählt Jaacks. Kuba muss gedacht haben, dass Menschen manchmal merkwürdige Ideen haben, als die Maskenbildner mit ihren Farbtöpfen an ihr herumpinselten. Doch auf dem Foto, das sie in ihrer neuen Farbpracht und mit Glocke um den Hals vor Jaacks' Wohnhaus zeigt, sieht sie sehr geduldig aus.

Das wäre ein hübsches Infoschild vor dem Moorhof von Swantje und Hauke Jaacks: »Heimat der lila Kuh.« Doch Angeben und Zurschaustellen allerdings liegt den beiden nicht. Stattdessen haben sie ein anderes Schild aufgestellt: »Milch und Eier, wie die Tiere sie geben.« Das hört sich natürlich an und lässt nicht vermuten, dass hier Kühe Kälber austragen, deren Väter kanadische Superbullen sind und deren Sperma tiefgefroren über den Atlantik geflogen wurde. Und dass wieder andere Kühe Kälber im Bauch tragen, die schon vor ihrer Geburt als zukünftige Zuchtbullen an eine Besamungsstation versprochen wurden. Ob sich die Spaziergänger beim Anblick der friedlich grasenden rotbunten Kühe vorstellen, dass im Stall ein Computer aufs Gramm genau ausrechnet, wie viel Kraftfutter sie noch fressen dürfen – in Abhängigkeit von ihrer Milchleistung am Vortag? Aber das ist längst Standard auf den modernen Höfen.

»Ich finde das schlimm«, sagt Hauke Jaacks, Anfang fünfzig und Rinderzüchter seit seinem vierzehnten Lebensjahr, als ich ihn auf das kurze Leben der deutschen Durchschnittskuh anspreche. »Das hängt damit zusammen, dass viele Höfe reine Milchproduktionsbetriebe sind, die keine enge Bindung zu ihren Kühen haben.« Für ihn als Züchter gelten andere Regeln, er lebt nicht nur vom Verkauf der Milch, sondern auch von der Zucht, von den wertvollen Bullen und Kühen, für die andere Betriebe sehr viel Geld ausgeben.

»Ich habe einmal eine Kuh verkauft«, erzählt er, »wenige Tage später rief der Landwirt an und beschwerte sich. Die Kuh habe eine Entzündung am Euter. Bei mir war sie gesund, habe ich gesagt, aber okay, bringen Sie sie zurück! Ne, geht nicht, die ist schon beim Schlachter!« Verrückt nennt Hauke Jaacks ein solches Denken: Die Kuh ist krank, und bevor ich eine hohe Tierarztrechnung bezahle, lass ich sie lieber gleich schlachten und kauf eine neue! Auch er kennt Betriebe, die es für ökonomisch halten, nach zwei erfolglosen Besamungsversuchen aufzugeben, die Kuh schlachten zu lassen und auf den Zuchtfortschritt der nächsten Generation zu warten.

»Wir geben uns mehr Mühe, wenn eine Kuh Probleme macht«, sagt Haacks. »Bis zu sieben, acht Besamungen versuchen wir, und wenn das nicht klappt, kommt der Bulle.«

Durch natürliche Befruchtung werden die Kühe leichter tragend, denn aus einem »Sprung«, wie die Züchter die Ejakulation des Bullen nennen, gewinnen die Zuchtstationen vierhundert Spermaportionen. »Wenn beim Natursprung die volle Ladung in die Kuh kommt, klappt das einfach besser.« Er gibt die Kuh also nicht auf, wenn sie nicht gleich fruchtbar ist, sondern er lässt ihr Zeit. Auch wenn sie krank ist. Wenn es sein muss, fährt er mit einer kranken Kuh sogar zur Rinderklinik der Tierärztlichen Hochschule in Hannover. Das kostet viel Zeit und Geld: Zuerst muss er der kranken Kuh Blut abnehmen und damit einmal quer durch Hamburg ins Labor fahren, wo das Blut auf Krankheitserreger untersucht wird. Denn ohne eine Seuchenbescheinigung darf keine Kuh in die Klinik. Dann lädt er die Kuh abends nach dem Melken auf den Hänger und fährt nach Hannover, drei Stunden hin, drei zurück. Und fürs Abholen hängt er noch einmal eine Sechs-Stunden-Autotour an seinen Zehn-Stunden-Arbeitstag. »Ich meine, diese Kuh wird mir das irgendwann zurückgeben«, sagt Hauke Jaacks. »Natürlich liege ich manchmal daneben, aber dann habe ich es wenigstens versucht.«

Das heißt nun nicht, dass Jaacks alle seine Kühe im Stall behält, bis sie Ururgroßmütter sind. »Bestimmt ist bei uns das Risiko größer, dass eine Kuh im Stall stirbt, eben weil wir uns nicht so schnell für den Schlachter entscheiden, sondern der Kuh eine Chance geben«, bekennt er. Es sei bestimmt nicht perfekt, was er mache, aber das sei sein Weg. Manchmal, erzählt er, schimpfen er und seine Frau mit den Kühen. »Wenn du so weitermachst, kommst du nach Husum!«, drohen sie dann, denn in Husum liegt der Schlachthof. Aber das sei meist zehn Minuten später schon wieder vergessen. Seine durchschnittliche Nutzungsdauer liegt bei fünf Jahren – das ist auch noch jung für Kühe im Vergleich zu ihrer natürlichen Lebenserwartung von zwanzig Jahren, jedoch eben viel älter als der Durchschnitt.

»Wenn ich mich entscheide, eine Kuh abzugeben, schicke ich sie nicht am Ende der Laktation völlig abgemagert zum Schlachter, sondern erst auf die Weide.« Zum Auffleischen, so nennt das der Landwirt, und Tierrechtler würden das vermutlich zynisch finden, wie eine Henkersmahlzeit: Die todgeweihte Kuh bekommt noch eine Gnadenfrist, ein paar schöne Tage, bevor sie getötet wird. Aber so wie ich Hauke Jaacks verstanden habe, hat das für ihn nicht nur mit dem höheren Schlachtgewicht zu tun (für das er mehr Geld bekommt, hingegen ebenfalls mehr Futter bezahlt hat), sondern auch mit Würde. Etwas Ähnliches habe ich von vielen Bäuerinnen und Bauern gehört, die sich nicht allein als landwirtschaftliche Unternehmer verstehen, sondern sich in einer engen Beziehung zu ihren Tieren sehen, über deren Leben und Sterben sie entscheiden. Viele verbinden das Töten und Schlachten mit Ritualen. »Nutzen und hegen« nennt Hauke Jaacks das.

Dass Swantje und Hauke Jaacks' Kühe älter werden als die Milchkühe auf den meisten anderen Höfen, hat nicht zuletzt damit zu tun, dass die beiden viel für ihre Kühe tun: Sie schlafen auf weichen Gummimatratzen und dürfen jeden Tag auf die Weide. Sie bekommen keine fertigen Futtermischungen, weil darin oft Stoffe enthalten sind, die Kühe nicht gut vertragen, Citrustrester zum Beispiel. Darin könnten Pampelmusenreste enthalten sein, die die Futteraufnahme um 5 Prozent reduzieren würden. »Futtermittel sind Abfallprodukte, die über die Kuh veredelt werden«, bringt Jaacks das auf den Punkt: Kartoffelschalen zum Beispiel aus einer Pommes-Frites-Fabrik, Weizenschlempe aus der Schnapsproduktion oder Treber aus der Brauerei. Das kann sinnvolles Recycling sein, aber man muss eben genau aufpassen, ob die Reste wirklich gut für die Tiere sind. Deshalb macht Jaacks seinem Landhändler genaue Angaben, welche Bestandteile er für seine Kühe zusammenmischen soll.

Dazu lässt Jaacks seine selbst geernteten Gras- und Maissilagen auf ihren Mineralstoffgehalt untersuchen und rechnet aus, wie viele Mineralien das zugekaufte Futter noch enthalten muss. Und er wählt zum Beispiel Rohprotein aus Maisschrot, was die Kuh erst im Dünndarm verdaut, sodass im Pansen mehr Platz für das Raufutter bleibt. Die Fütterungslehre für Hochleistungsmilchkühe ist eine komplexe Wissenschaft mit vielen Parametern, und Jaacks hat sich über alle seine Gedanken gemacht.

Er hat zudem die nassen Weiden rund um seinen Hof drainieren lassen, damit die Kühe, auch wenn es lange geregnet hat, nach draußen können, ohne im Schlamm zu versinken und die Grasnarbe zu zertrampeln. Am Ende der Laktationsperiode schickt er jede Kuh für sechs Wochen »auf Urlaub« auf eine Weide, wo sie Tag und Nacht draußen bleiben darf. Die Kälber sind ebenfalls draußen an der frischen Luft, und wenn es zu kalt wird, bekommen sie Decken angezogen wie Sportpferde. Zweihundert Kälber werden jedes

Jahr auf seinem Hof geboren, und Hauke und Swantje Jaacks haben jede einzelne Geburt im Blick, egal ob die Wehen tagsüber oder nachts einsetzen. Im Sommer blickt er durchs Fenster seines Büros auf die Weide, wo die Kühe stehen, wenn sie auf die Geburt warten. Und für den Winter hat er eine Kamera installiert.

Hauke Jaacks tut alles, was Forscher wie Anke Römer für die Gesunderhaltung einer Hochleistungsherde fordern. Doch bei entscheidenden Fragen hat er seine eigene Meinung, da können ihm die Optimierer der Rinderspezialberatung sagen, was sie wollen. Er züchtet Kühe, die Milch mit hohen Inhaltsstoffen geben, 4,5 Prozent Fett und 3,6 Prozent Eiweiß. Das hat er schon in Zeiten der Butterberge und Überschussproduktion so gemacht, als die Molkereien Milch mit wenig Fett nachgefragt haben, und das hat sich als richtig erwiesen. Denn die Nachfrage hat sich umgedreht: »Es gibt jetzt wieder einen Markt, von dem wir alle nicht einmal geträumt haben.« Europäische Milchprodukte werden bis nach Asien verkauft, und die Butter hat sich deshalb zum Preistreiber entwickelt. Für Jaacks ist das gut: Zurzeit bekommt er für seine eiweiß- und fettreiche Milch 2 Cent mehr als der Durchschnitt der anderen Milchlieferanten. 7000 Liter Milch hat der Tankwagen heute Abend abgeholt, die Leistung der hundertvierzig Moorhof-Kühe von zwei Tagen.[47]

Eine Kuh soll kein Hungerhaken sein

Auch bei kuhästhetischen Fragen hat Hauke Jaacks seinen eigenen Geschmack. »Ich möchte eine produktive und schöne Kuh, das sagt mein Züchterherz«, sagt er und versucht ganz sachlich und nüchtern zu klingen, doch ein bisschen Begeisterung schwingt mit. Man spürt seine Leidenschaft, auch wenn er sie nicht zeigen will. »Eine solche Kuh darf kein Hungerhaken sein«, sagt er und vergleicht Frauen und Kühe. Bei den internationalen Kuhschauen seien lange Zeit sehr magere Kühe in Mode gewesen, ebenso wie bei den Models auf Laufstegen, wo magersüchtige Frauen das Schönheitsideal geprägt hätten. Aber das habe ihm nie gefallen, weder bei den Frauen noch bei den Kühen. Seine Kühe sollen nicht dick sein, natürlich nicht, nur eben auch keine Hungerhaken. »Dafür verzichte ich vielleicht auf tausend Liter Milch pro Kuh und Jahr, aber das ist es mir wert.«

Jaacks weiß, dass manche seiner Kollegen das für unsinnig halten. Sie glauben, dass hundert Kilo mehr Muskeln nur unnützes Fleisch sei, das die Kuh mit sich herumtragen müsse, wo sie die Energie genauso gut in ihre Milch stecken könnte. Doch Jaacks ist das egal, er will, dass seine Kühe gut aussehen, selbst wenn sie deswegen weniger Milch geben sollten. »Und manche meiner Kühe haben es trotzdem unter die Top Ten der rotbunten Holsteins gebracht, was die Milchleistung angeht, Goldrose und Helvetia zum Beispiel.«

Vermutlich ist die vermeintlich unökonomische Entscheidung, schwerere Kühe zu züchten, in Wirklichkeit sehr ökonomisch: Denn die Analysen des Physiologen Holger Martens zeigen, dass eine etwas kräftigere Kuh die enormen Stoffwechselherausforderungen in der Melkzeit besser bewältigen kann als die ganz mageren. Eine Kuh mit mehr Gewicht hat mehr Reserven. Was das angeht, sind sich der Züchter Hauke Jaackse und der Tiermediziner Holger Martens einig, auch wenn die Gurus der Futtermittelberatung das Gegenteil behaupten.

Über dem Esstisch in der Küche des Moorhofs hängen gerahmte Fotos von zwei rot-weiß-gescheckten Kühen, die für mich ganz ähnlich aussehen. Hauke Jaacks zeigt auf das ältere Bild: »Das ist Cherly! Sie war ein Star damals, eine ganz tolle Kuh von der Leistung und vom Exterieur. Aber das ist dreißig Jahre her, und mit einer solchen Kuh könnte ich heute nicht mehr leben!«

Warum nicht, frage ich erstaunt.

»Sie war extrem schwer zu melken, weil sie zu klein war und dadurch das Euter zu tief hing.«

Hauke Jaacks zeigt auf das zweite Foto: »Das ist die neue Traumfrau, wenn ich das so vergleichen darf. Sie ist mit 92 von 100 Punkten beim Deutschen Holstein Verband bewertet worden – und 94 Punkte waren das Höchste, was je eine rotbunte Kuh bekommen hat!« Die Traumfrau hieß Zellersee, war 1,55 Meter groß, 20 Zentimeter größer als Cherly, hat 12000 Liter Milch im Jahr gegeben, 1000 mehr als Cherly, und sie ist achtzehn Jahre alt geworden. »Als sie ging, hatte sie eine Lebenstagesleistung von 21 Litern.« Das bedeutet: An jedem Tag ihres Lebens hat sie durchschnitt-lich 21 Liter Milch gegeben, die Aufzucht und den

Urlaub auf der Weide, die sogenannte Trockenstehzeit, mit eingerechnet.

Jaacks hält beide Fotos nebeneinander und zeigt mir so den Fortschritt auf einen Blick: das Ergebnis seiner züchterischen Arbeit der letzten dreißig Jahre, links Cherly, kleiner und runder, rechts Zellersee, größer und schlanker, aber lange nicht so knochig wie Marianne, die Mutter von *Jonny Roastbeef*.

»Diese Kuh denkt nur an sich«, sagt er und zeigt auf Cherly. »Erst mal muss ich fett werden, dann gebe ich Milch!« Dann blickt er auf das andere Foto, und dabei wird sein nüchterner Blick schwärmerisch. »Diese Kuh dagegen hat an uns beide gedacht.« Ich freue mich über seinen Züchterstolz, auch wenn ich es ein bisschen unfair finde, der alten Dame Cherly Gefräßigkeit und Egoismus zu unterstellen.

Am Beispiel von Zellersee erklärt mir Jaacks seine Zuchtziele: nicht die Rekordmarke eines Jahres interessiert ihn, sondern die Lebensleistung. Je älter die Kühe werden, desto mehr Kälber bekommen sie, mit denen er weiterzüchten oder die er an andere Milchbauern verkaufen kann. »Doch in diese Richtung – Lebensleistung statt Jahreshöchstleistung – gehen die Zuchtverbände inzwischen ebenfalls.«

Die Rinderzucht hat sich in den letzten Jahren extrem beschleunigt. Früher haben die Züchter die Pedigrees der Kälber, also ihre Stammbäume, verglichen und die erfolgversprechenden von ihnen als Testbullen eingesetzt. Wenn deren Töchter dann »in Milch waren«, wie die Bauern sagen, wurden ihre Leistungen gemessen, und danach wurde entschieden, ob der Bulle auf der Besamungsstation blieb. Darüber vergingen einige Jahre – und diese Zeit sparen die Züchter heute ein durch die genomische Zuchtwertanalyse. Dazu lassen sie das Erbgut ihrer Kälber aufschlüsseln und vergleichen es mit dem von erfolgreichen Besamungsbullen. »Mit einer Wahrscheinlichkeit von 70 Prozent kann man mit diesen Daten vorhersagen, ob ein wenige Tage altes Kalb als Bulle Töchter zeugen wird, die eine gute Milchleistung bringen. Und die ersten Töchter der Bullen, die so verglichen wurden, sind jetzt in Milch. Und sie sind wirklich besser.«

Über vierzig Parameter werden dabei untersucht, Daten aus dem Genom des Kälbchens, die vorhersagen sollen, welche Euterform, Größe, Milchleistung, Zellzahlen, Hinterbeinwinkelung und so weiter es als Bulle einmal seinen Töchtern vererben wird. Das ist, als wolle man bei einem Baby errechnen, welche beruflichen Leistungen seine Kinder später bringen werden. »Als es losging mit solchen Dingen, hat man gemeint, man könne die Vererbung eines Bullen ganz entschlüsseln«, sagt Hauke Jaacks leicht spöttisch. »Auf diesem Gen steckt die Milchleistung, auf diesem das Alter ... Aber das hat man noch nicht geschafft.« Natürlich nicht, denn heute weiß man, dass das Wechselspiel zwischen Genen und Umwelt und Vererbung viel komplexer ist als ursprünglich angenommen. Einen Wert, wie gut die Kuh mit der negativen Energiebilanz umgehen kann, gibt es nicht unter den über vierzig Parametern. Die Futteraufnahmefähigkeit nach der Geburt lasse sich nicht objektiv messen, sagt Jaacks dazu. Das heißt, die Besamungsstationen wählen einen Bullen aus, der viele tausend Töchter haben wird. Ob diese Töchter allerdings mit der negativen Energiebilanz umgehen können oder sich beim Milchgeben so verausgaben, dass sie unfruchtbar werden – das weiß man noch nicht. Trotzdem werden bis dahin Zehntausende von Spermaportionen verkauft werden.

Der genomische Zuchtwert hat sich als so verlässlich erwiesen, dass er die Testbullen ersetzt hat. Hauke Jaacks lässt fünfzehn bis zwanzig seiner Bullenkälber im Jahr untersuchen, für 250 Euro pro Kalb. Wenn er Glück hat und eine gute Zahl dabei herauskommt, zahlt ihm die Besamungsstation viel Geld für ein solches Tier.

Im Stall zeigt mir Jaacks zwei Kälber, ein für meine Augen gewöhnliches rotbuntes und daneben ein wunderschönes rehartiges Wesen mit ganz dunklen Augen unter hellen Augenlidern, die aussehen wie geschminkt. »Das ist ein Jersey-Kalb«, erklärt Jaacks. »Die Kühe geben die Milch mit den höchsten Inhaltsstoffen, aber sie sind so klein, dass die Bullenkälber für die Mast nichts taugen.«

»Was bekommen Sie dann für so ein Kalb?«, frage ich und denke an *Jonny Roastbeef*.

»Nichts«, sagt Jaacks. »Jersey-Bullenkälber haben keinen Wert.«

Das kleine Reh in Hauke Jaacks Stall hat jedoch Glück gehabt: Ein befreundeter Tierarzt will es ihm abkaufen, um mit ihm Kutsche zu fahren.

»Was machen Sie mit den anderen Jersey-Bullenkälbern? Der Tierarzt wird ja nicht achtspännig fahren?«

»Ich setze gesextes Sperma ein, wenn eine Kuh kein Bullenkalb bekommen soll. Bei Jersey-Kühen mache ich das häufig.«

Beim gesexten Sperma werden die männlichen Spermien vor der Besamung herausgefiltert. Das ist teurer, die Befruchtung damit gilt als schwieriger, deshalb sind viele Landwirte, so auch der Besitzer von Marianne und Züchter von *Jonny Roastbeef*, eher skeptisch.

Hauke Jaacks geht einen Schritt weiter zur Box mit dem kleinen rotbunten Kalb.

»Der geht an die Besamungsstation.«

»Für wie viel?«

Den genauen Preis, den der Züchter dafür ausgehandelt hat, will er nicht verraten, aber es sei eine ordentliche vierstellige Summe. »Wir müssen mit den Besamungsstationen verhandeln und lassen uns dabei nicht gerne in die Karten gucken.«

Nur so viel kann er sagen: In Süddeutschland, wo Fleckviehbullen auf Auktionen versteigert werden, habe ein Züchter schon hunderttausend Euro für einen Besamungsbullen erhalten.

»Doch so etwas ist wie ein Sechser im Lotto. Denn die Besamungsstationen brauchen ja nur vierzig bis fünfzig rotbunte Holstein-Bullen.«

Er macht eine Pause. »Bloß würde ich es nicht machen, wenn es nicht lukrativ wäre.«

Belohnung für die Superkuh

»Ich kann mir das heute leisten, ein paar Kühe aufs Altenteil zu schicken«, sagt Hauke Jaacks. »Kühe, die etwas ganz Besonderes geleistet haben, die schlachte ich nicht, die bleiben bis an ihr Lebensende auf dem Hof.« Die Kühe Laus und Nagasaki, die an einer Bundesschau des Deutschen Holstein Verbands teilgenommen haben, oder Zyntja, Canada, Vancouver und Helvetia, die in ihrem Leben mehr als hunderttausend Liter gegeben haben. Zellersee gehörte auch zu ihnen, obwohl ihr dreißig Liter an den hunderttausend fehlten. »Das letzte Dreivierteljahr hat sie keine Milch mehr gegeben und lief nur noch so in der Herde herum, dann lag sie eines Tages in der Box, und zwei Tage später ist sie gestorben. Mit achtzehn.

Ich finde es rührend, wie sich dieser Geschäftsmann und Züchter über die ökonomischen und bäuerlichen Regeln hinwegsetzt. Sobald eine Kuh zu alt ist, um Milch zu geben, lässt der Bauer sie schlachten, um ihr Fleisch zu essen oder zu verkaufen – so ist das, seit die Menschen Rinder halten. Hauke Jaacks hat entschieden, dass die alte Regel für seine allerbesten Kühe nicht gelten soll. Aus Anerkennung für ihre Leistung.

Ich freue mich darüber, dass in diesem Fall Dankbarkeit wichtiger ist als Ökonomie, und doch folgt Jaacks' Entscheidung gleichzeitig auch dem kapitalistischen Leistungsgedanken: Nur wer ganz besonders viel geleistet hat, wird verschont und nicht geschlachtet. Das ist Gnade und kein Recht, aber das ist eine andere Debatte.

Ich traue mich deshalb nicht, Jaacks darauf anzusprechen. Wie könnte ich ihm vorwerfen, dass er nicht alle Kühe leben lässt, wenn die meisten Milchbauern gar nicht auf die Idee kommen, auch nur eine zu retten? Es vielleicht sogar für verschwenderisch halten, ihr Fleisch nicht zu nutzen? Und wäre ich überhaupt berechtigt, die Landwirte zu kritisieren – als Milchkonsumentin? Für die vielen, vielen Milchtüten, die ich in den letzten fünfundzwanzig Jahren gekauft habe, habe ich einen Preis gezahlt, in den der Erlös aus dem Schlachtkörper der ausgedienten Milchkuh als Betriebsgewinn eingerechnet war. Wollte ich, dass alle Milchkühe nach ihrem anstrengenden Arbeitsleben im Dienste der menschlichen Versorgung ein Recht auf einen angenehmen Lebensabend auf der Weide haben, müsste ich als Konsumentin dafür zahlen. Oder direkt zu einem Milchbauern gehen und mit ihm aushandeln, wie das gehen könnte. In der solidarischen Landwirtschaft läuft das so: Konsumentinnen und Konsumenten finanzieren einen Bauernhof und besprechen gemeinsam mit den Landwirtinnen und Landwirten, wie gewirtschaftet werden soll. In solchen direkten Verbindungen zwischen Verbrauchern und Erzeugern wäre es vielleicht möglich, einen neuen Umgang mit Tieren auszuhandeln.

Für Hauke Jaacks, der froh ist, dass er auf seinem Hof das Sagen hat und sich nicht mit neugierigen Städtern abstimmen muss, wäre das jedenfalls gar nichts. Selbst Hofläden und Direktvermarktung hält er für eine Nische, die ihn nicht interessiert. »Da könnte ich ja gleich einen Pferdehof aufmachen!« Er möchte für den Markt produzieren, und zwar so gut, dass er auch unter den schwierigen Rahmenbedingungen und bei niedrigen Erzeugerpreisen bestehen kann. »Die Globalisierung ist Fakt«, das war sein erster Satz in unserem Gespräch. »Wir können die Uhr nicht zurückdrehen. Milch ist austauschbar, wir produzieren für den Weltmarkt, und das muss sich rechnen.«

»Der Anlass für mein Buch«, erkläre ich ihm zu Anfang unseres ersten Gesprächs, »war die unglaubliche Verschwendung in der modernen Landwirtschaft, die von sich behauptet, wahnsinnig effizient zu sein. Es ist doch Verschwendung, wenn Hochleistungskühe nach zwei Jahren ausrangiert werden?«

»Da stimme ich Ihnen zu«, sagt Hauke Jaacks. »Deswegen müssen wir die Kuh ja optimieren.«

Also sieht er seine Aufgabe als Züchter darin, Kühe zu züchten, die ihren Besitzern dabei helfen, auf dem Markt zu bestehen. »Die Kühe werden durch unsere Vorgaben immer weiter optimiert, sodass sie in diese Betriebe passen und dort leben können.«

»Das hört sich technisch an«, werfe ich ein.

»Für mich ist das ein ethischer Gedanke, dass sich die Kuh der Sache anpassen muss. Wir müssen uns ebenfalls dem Leben anpassen.«

Er wirft einen Blick auf mein aufgeschlagenes Notebook und fügt hinzu: »Sie schreiben auch nicht mehr mit dem Bleistift!«

Unwillkürlich blicke ich nach unten, wo meine Finger eifrig mittippen, was er sagt, aber meine Hoffnung erfüllt sich nicht, dort ein Heft und einen Bleistift zu finden, mit dem ich sein Argument widerlegen könnte. Doch trotz Notebook bleibt für mich ein Widerspruch: Hauke Jaacks behandelt seine Kühe wie Individuen, wie Mitarbeiter in einer Firma, so sagt er selbst, obwohl er sie für das industrialisierte System züchtet, sozusagen in die Massenproduktion hinein und sie an Großbetriebe verkauft, deren namenlosen Umgang mit Kühen als Produktionsmitteln er eigentlich kritisiert.

»Unsere züchterische Leistung hilft den Kühen, unter den gegenwärtigen ökonomischen Bedingungen zu bestehen. Es ist nicht mehr die Kuh gefragt, die Gras frisst und 4000 Liter im Jahr gibt. Es ist die Kuh gefragt, die 10000 Liter Milch gibt, und das nicht nur drei Jahre, sondern zehn Jahre lang. Für die breite Masse ist das noch Wunschdenken, aber ich habe Kühe, die das seit fünfzehn Jahren leisten!«

Da ist sie wieder, die 100000-Liter-Kuh, die Siegerin über die Wegwerfkuh, die nach zwei Laktationen schwächelt und sich der Reproduktion verweigert! Aber was heißt das mit Blick auf die Statistiken, die zeigen, dass diese Superkuh superselten ist und dass die Durchschnittskuh auf dem Durchschnittshof nach zwei Jahren wegen Leistungsverweigerung zum Schlachter geschickt wird? Müssen die Züchter schneller züchten, damit sich das ändert? Wird die Superkuh bald die Wegwerfkuh ersetzen, weil die pränatale Genomanalyse von potenziellen Zuchtrinderembryonen hilft, den züchterischen Fortschritt zu beschleunigen?

Die Fachzeitschrift für Milcherzeuger *Elite* hat sich in ihrer Jubiläumsausgabe zum zehnjährigen Bestehen mit diesen Fragen beschäftigt und acht Betriebe besichtigt, denen ebenfalls gelingt, was Hauke Jaacks vormacht: Hochleistungskühe lange zu nutzen. Wie schaffen die das, wollten die Agrarjournalisten wissen, und ihr Fazit lautet: »Die Betriebsleiter sind absolute Kuhversteher, sie haben ein Gespür für die Bedürfnisse ihrer Kühe und beschäftigen sich intensiv mit diesen.«[48] Als weitere Faktoren für ein langes Milchkuhleben nennen sie Stroh, Gummimatten, Weide, eine ruhige, stressfreie Umgebung – Hauke Jaacks würde zustimmen, und viele Tierschützer wären zufrieden. Man könnte vermuten, die Fachzeitschrift *Elite* empfiehlt ihren Lesern, diesen Kuhverstehern nachzueifern. Schließlich hatten die Agrarjournalisten eine lange Nutzungsdauer auch aus ökonomischen Gründen gefordert: »Eine Kuh in Deutschland steht im Schnitt 2,3 Laktationen im Stall, Geld verdient sie aber frühestens zu Beginn der dritten Laktation. Aus ökonomischer Sicht braucht es also robuste, leistungsstarke Kühe, die über mehrere Laktationen hinweg im Stall anzutreffen sind. Doch die Praxis sieht leider anders aus.« Im Kommentar nach den Porträts der Höfe, die aus ökonomischer Sicht vernünftig handeln, steht dann allerdings: »Auf allen Betrieben war die Betreuungsintensität mit zweieinhalb bis drei Arbeitskräften pro hundert Kühe sehr hoch. Diese Intensivbetreuung ist oftmals nur im Familienbetrieb möglich, wenn mehrere Generationen im Stall mitarbeiten (ohne Lohnanspruch). Fraglich ist, ob sich bei weiteren Wachstumsschritten die intensive Betreuungsintensität der Tiere aufrechterhalten lässt und wenn ja, zu welchen Kosten.«[49]

Ja, was denn nun? Die real existierende kurze Nutzungsdauer ist unökonomisch, aber Höfe mit längerer Nutzungsdauer arbeiten so personalintensiv, dass es sich auch wieder nicht rechnet. Was soll ich als Leser des *Elite*-Magazins damit anfangen? Das eine geht nur, wenn ich bereit bin, umsonst zu arbeiten, das andere ist unökonomisch? *Elite* lässt die Frage offen, und vielleicht ist das ein Hinweis auf die generelle Ratlosigkeit der Branche. Sie hat sich der Massenproduktion und dem weltweiten Wettbewerb verschrieben und mag sich nicht eingestehen, dass der Weg vielleicht doch der falsche war. Wegen der hohen Investitionen ist eine Umkehr nicht möglich, außerdem glaubt keiner an Alternativen, schon gar nicht an die romantischen Ideen von landwirtschaftsfremden Besserwissern, und deshalb rufen die Steuermänner umso lauter: Augen zu und volle Kraft voraus! Mehr Milch durch besseres Management und mehr Technik.[50]

So wundert es nicht, dass die EFSA-Studie und die Aufsätze von Holger Martens, die zeigen, dass es genau die selektive Zucht auf Hochleistung ist, die viele Kühe krank macht, nicht breit diskutiert wurden. Grundsatzfragen werden vermieden, solange es Hoffnung auf technische Lösungen gibt.

Auch Hauke Jaacks sagt, er teile nicht Martens' Einschätzung, dass die Zucht auf Hochleistung die Milchkühe krank mache.

»Wie gehen Sie dann mit der negativen Energiebilanz um?«, will ich wissen.

»Mir ist das Problem bewusst, wir müssen da extrem gegensteuern.«

Ob er die Mittel aus der Werbung kenne, *Pink* von Bayer zum Beispiel.

»Nein, das kenne ich nicht, aber es gibt viele Dinge, die man tun kann. Das Entscheidende ist: Wir müssen Energie in die Kuh bringen.«

Sein Rezept: Er flößt den Kühen Propylenglykol ein. Das ist ein Erdölderivat mit vielfältigen Einsatzmöglichkeiten: In Diskotheken wird damit künstlicher Nebel erzeugt, und man kann es auch als Frostschutzmittel verwenden.[51] Propylenglykol findet sich in Zigaretten, Kosmetik und im Katzenfutter. Als Lebensmittelzusatzstoff ist es für Kaugummis und Aromen zugelassen. Für Kleintiere ist es giftig, ein halbes

Trinkglas kann ein Kaninchen töten.[52] Das Bundesinstitut für Risikobewertung warnt vor möglichen gesundheitlichen Gefahren durch Propylenglykol in E-Zigaretten, die Deutsche Landwirtschafts-Gesellschaft DLG empfiehlt es als sinnvolles Mittel zur Ketosevorbeugung.[53]

Was für Stoffe die Petrochemie hervorbringt! Ein Zaubermittel, das Aromen extrahiert, Nebelschwaden wabern lässt und Kühe vor Ketosen rettet. Vor dem die einen warnen und das die anderen für unbedenklich erklären. Auch Holger Martens: »Es wird abgebaut und ist unproblematisch«, schreibt er. »Eine zusätzliche Hilfe, die durch die moderne Tierzucht bedingt ist.« Eine Zucht, die Tiere hervorbringt, die Erstaunliches leisten, die viel Output bringen, wenn sie viel Input bekommen. Und die diese Höchstleistung sogar viele Jahre durchhalten können, wenn sie von Könnern versorgt werden. Aber wollen wir Kühe, denen man ein Mittel einflößen muss, damit sie mehr fressen, als sie eigentlich wollen, damit sie mehr Milch geben, als sie eigentlich können? Wollen wir Milch von Kühen, die Propylenglykol trinken müssen, um nicht krank zu werden?

Warum denn nicht, werden manche Konsumenten fragen. Wir kauen das Zeug doch auch im Kaugummi.

Was bleibt mir als Resümee? Auf der Suche nach der Wegwerfkuh bin ich auf einen leidenschaftlichen Züchter gestoßen, der sich aus ästhetischen und gesundheitlichen Gründen weigert, aus seinen Kühen den letzten Tropfen Milch herauszupressen, und der zugleich Kühe für Betriebe züchtet, die aus ökonomischen Gründen so viel Milch wie möglich aus ihren Kühen herausholen. Ich habe einen Landwirt kennengelernt, dessen Tiere länger leben als andere, weil er es gut mit ihnen meint und sie gut versorgt – aber auch, weil sie Zusatzstoffe aus dem Chemielabor bekommen, ohne die ihr Stoffwechsel den Belastungen vermutlich nicht standhielte.

»Propylenglykol schmeckt bitter, die meisten Kühe mögen es nicht«, sagt Hauke Jaacks. »Aber weil meine Tiere sehr ruhig sind, kann ich es ihnen mit einer Weinflasche einflößen. Manche trinken es auch so.«

Kapitel 4

Der Risikolandwirt

»Alle Zuchtprogramme für Milchrinder sind letztendlich darauf ausgelegt, die Effizienz der Milcherzeugung zu steigern«, schreibt die *Neue Landwirtschaft*.[54] Das klingt in unserer durchökonomisierten Leistungsgesellschaft so selbstverständlich, dass wir gar nicht auf die Idee kommen, die Richtigkeit dieser Aussage zu hinterfragen. Wer Kühe melkt, um mit ihrer Milch Geld zu verdienen, wird das wohl so wirtschaftlich wie möglich machen – wie denn sonst? Und dass ein landwirtschaftliches Unternehmen ein Streichelzoo ist, dürfte nicht einmal der naivste Großstadtbewohner annehmen.

Doch meine Recherchen in Kuhställen und Universitäten, in Fachzeitschriften und Statistiken haben ergeben, dass es nicht weit her ist mit dieser Effizienz. Die moderne Milchwirtschaft zeigt sich als ein System, in dem Kälber strukturell vernachlässigt und viele Kühe über ihre Leistungsgrenzen hinaus ausgebeutet werden – das alles aber unter dem Vorzeichen der angeblichen Effizienz: Ausgerechnet im Bestreben nach effizienterer Milchproduktion werden ganz ineffiziente Wegwerfkühe produziert, während ihre Kälber durch die industrielle Mast ziemlich effizient krank gemacht werden.

Sind das die unvermeidbaren Kollateralschäden eines ansonsten erfolgreichen und wirtschaftlichen Systems? Sind die Ineffizienzen zu vernachlässigen, weil der Rest so gut läuft? Müssen die Landwirte so wirtschaften, um finanziell über die Runden zu kommen: die Verluste in Kauf nehmen, um an anderer Stelle Gewinne einzufahren?

50 Cent pro Tag und Kalb

Ich habe diese Fragen einem Aussteiger aus der Hochleistungslandwirtschaft gestellt, der sich heute beim Verein gegen tierquälerische Massentierhaltung ProVieh engagiert. Als Antwort schickt er mir einen Bericht über die Kälbermast aus einer landwirtschaftlichen Fachzeitschrift. Schlachtunternehmen seien derzeit auf der Suche nach Kälbermästern, schrieb das *dlz Agrarmagazin* Ende 2010. »Man könnte meinen, dass sie auch lukrative Preise bieten, doch die Margen in der Mast sind eng. (...) Kein Wunder, dass investitionswillige Kälbermäster eher darüber nachdenken, in einem festen Vertrag oder gar im Lohn zu arbeiten.«

Integratoren werden diese Unternehmen genannt, weil sie den Landwirten erst Tiere, Futtermittel und Medikamente verkaufen und ihnen am Ende der Mast die schlachtreifen Tiere abnehmen. Diese Art der Vertragslandwirtschaft gibt es in verschiedenen Ausgestaltungen, vor allem in der Geflügel- und Kälbermast ist sie sehr verbreitet. Das *dlz Agrarmagazin* beschreibt das so: »Alle integrierten Kälbermastunternehmen wie van Drie, Bahlmann, Brünninghoff und Mitwick bieten ein solches ›Rundum-sorglos-Paket‹ und das Versprechen: ›Du baust und finanzierst, und wir garantieren dir die Abnahme und einen bestimmten Preis.‹ Allerdings hoffen die Vermarkter gleichzeitig auf weitere zusätzliche Geschäfte mit dem Mäster, zum Beispiel beim Verkauf der Einstallkälber und der Futtermittel.« Einen Teil der Kälber mästen diese Unternehmen in betriebseigenen Mastanlagen, aber sie suchen auch nach Vertragsmästern, die »für einen festen Betrag, in aller Regel etwa 50 Cent pro Tag und Kalb, die Kälbermast betreiben«. Das *dlz Agrarmagazin* warnt vor den Risiken: Selbst wenn alles gut gehe, bleiben dem Kälbermäster pro Jahr am Ende gerade einmal 20 000 Euro für seine Arbeit. Das sei ein Stundenlohn von zehn Euro. »Das meiste Geld muss der Landwirt für Zinsen, Tilgung und die laufenden Festkosten wie Strom, Wasser etc. ausgeben. Wer neu baut, muss heute einen Standardstall mit 500 Mastplätzen planen. Allerdings ist die Kalkulation dann noch enger als im laufenden Betrieb. Für den neuen Stall muss man etwa 600 000 Euro oder 1300 Euro/Platz und als Umlaufkapital (für Kälber und Futter) weitere 200 000 Euro kalkulieren. Selbst wer 30 Prozent Eigenkapital einsetzt und das fehlende Geld über die Bank preiswert finanziert, muss auch bei guten produktionstechnischen Leistungen mindestens 4,50 Euro/kg Schlachtgewicht als Verkaufspreis erzielen. Und das ist langfristig keinesfalls sicher.«[55]

Ich war sprachlos, als ich diesen Text gelesen hatte: Natürlich arbeiten viele Menschen in Deutschland für zehn Euro die Stunde, das ist immerhin mehr als der Mindestlohn. Doch ich kenne niemanden, der mehr als eine halbe Million Euro investieren würde, um so wenig zu verdienen, wenn nicht noch weniger. Denn die zehn Euro pro Stunde sind ja keineswegs sicher: Die Marktpreise lagen im Durchschnitt laut *Agrarmagazin* bei knapp vier Euro pro Kilogramm Schlachtgewicht, manchmal sogar noch darunter und nur an den Feiertagen um Ostern und Weihnachten bei 6,50 Euro. Und über diese ernüchternden Zahlen hatte der Autor die Überschrift gesetzt: »Könner können es packen.« Seine Empfehlung: Trotz enger Margen könne die Kälbermast für Spezialisten »eine Alternative auch für die Zukunft« sein.

Wer einmal in das System der spezialisierten Mast (von Kälbern, aber für Geflügel gilt das Gleiche) investiert hat, ist zum Erfolg verdammt. Denn er muss seine Schulden für den Stallbau auch dann abbezahlen, wenn ihm die wenigen Unternehmen, die den Markt kontrollieren, keine kostendeckenden Preise mehr zahlen. Es muss ein trauriges Berufsleben sein für jemanden, der einst einen landwirtschaftlichen Betrieb von seinen Eltern übernommen hat, um als eigener Herr auf dem eigenen Hof zu wirtschaften und mit seiner Hände Arbeit eine Familie zu versorgen. Nun schuftet er unter der Last einer großen Investition im ständigen Bangen, dass die Marktpreise für Kalbfleisch noch weiter sinken und das Milchpulver noch teurer wird, und er macht trotz langer Arbeitstage nur selten Gewinn. Und worin besteht seine Arbeit? Er päppelt kleine Kälber auf, bis sie wachsen und gedeihen. Und wenn sie groß und stark sind, schickt er sie zum Schlachter. Gesellschaftliches Ansehen? Gering. Die wirtschaftliche Abhängigkeit? Groß.

Wie muss die wirtschaftliche Lage der Landwirtschaft sein, um einen solchen Schritt ernsthaft zu erwägen? Eine Investition von 800 000 Euro, um – wenn alles gut geht – bei zehn Euro Stundenlohn langsam die Schulden zu tilgen, immer in der Hoffnung, dass nicht der nächste Lebensmittelskandal die Preise verdirbt? Dass nicht wieder Tierschützer eine Kampagne gegen das Schlachten von Kälbern starten? Dass nicht ein Landwirtschaftsminister die Antibiotikagesetzgebung verschärft? Wenn die Preise für Kalbfleisch sinken, muss ich meinen Stall trotzdem abbezahlen, und das bedeutet, dass ich für weniger als den Mindestlohn morgens in den Stall gehen werde – bei vollem Risiko natürlich. Und was heißt dabei überhaupt Könnerschaft? Die jungen Kälber bekomme ich bunt zusammengewürfelt von vielen verschiedenen Milchviehbetrieben, die ebenso wie die Kälbermäster mit schlechten Erzeugerpreisen auskommen müssen. Dass die ihren Kälbern genug Biestmilch gegeben haben, kann ich nur hoffen.

Ich verstehe nicht, wie man so viel Geld investieren kann – bei so schlechten Aussichten und vor allem bei einem so hohen Risiko – und frage in der Redaktion des *dlz Agrarmagazins* nach, die schließlich den ernüchternden Bericht mit den Mut machenden Worten »Könner können es packen« betitelt hat. Wer schon Ställe habe und Erfahrung in der Kälbermast, mache das lieber weiter, antwortet mir der Redakteur, bevor er gar nichts mache oder etwas Neues versuche, wo das Risiko noch größer sei. Und dann sagt er einen traurigen Satz: »Die Frage ist: Welche Alternativen haben die?«

Ein landwirtschaftlicher Berater redet Klartext über die Kälbermast: »Hier sucht sich die Ernährungsindustrie einen Dummen, der für sie die Kälber mästet und das Risiko trägt!« Wenn es so lukrativ wäre, wie die integrierten Unternehmen den Landwirten weismachen, würden sie die Kälber selbst kaufen und für einen ordentlichen Stundenlohn mästen lassen – statt sich jemanden zu suchen, der das Risiko der Vermarktung und die Kosten des Stallbaus auf sich nimmt. Im Übrigen sei das Milchpulver für die Kälber so teuer geworden, dass sich die Mast nie wieder rechnen werde.

Das sagt er einfach so dahin, der Berater: »Die Mast wird sich nie wieder rechnen.« Und es klingt wie: »Ja, Pech gehabt!« Dabei bedeutet dieser Satz den wirtschaftlichen Ruin für ein paar hundert Bauernfamilien, die vor Jahren den Empfehlungen der Berater gefolgt sind und sich im Vertrauen auf ihre gute Hand mit kleinen Kälbern («Könner können es packen») auf die Mast spezialisiert haben. Aber warum haben sich diese Familien überhaupt darauf eingelassen?

Wachsen oder weichen und immer so weiter

Seit Jahrzehnten hören die Landwirte, dass es für sie nur eine Alternative gibt: wachsen oder weichen. Die Landwirtschaft in Deutschland müsse moderner und effizienter werden, um auf dem Weltmarkt mithalten zu können, und dazu brauche man größere Betriebe, stärkere Maschinen, mehr Tiere und mehr Land und vor allem Spezialisierung. So lernen es die Bauernsöhne und -töchter in den Landwirtschaftsschulen, so steht es in den Agrarzeitschriften, und so fordern es die Politiker: »Zum Strukturwandel gibt es keine Alternative.« So oft haben das die Landwirte gehört, dass ihnen das große Höfesterben wie ein unabwendbares, naturgegebenes Schicksal erscheint. Längst haben sie die scheinbare Notwendigkeit des Strukturwandels so sehr verinnerlicht, dass sie sich andere Entwicklungsmöglichkeiten gar nicht vorstellen können. Ein Landwirt im Münsterland hat das so erklärt: »Die Margen in der Landwirtschaft nehmen natürlich aufgrund des technischen Fortschritts immer weiter ab. Weil die Technik da ist, kann man mehr Tiere betreuen, in dem Umfang sinkt natürlich auch die Möglichkeit, Geld damit zu verdienen.«

Natürlich nehmen die Margen ab, *natürlich* sinkt die Möglichkeit, Geld zu verdienen: Viele Landwirte stehen wie dieser Münsterländer Tiermäster so sehr unter Druck, dass sie gar nicht mehr merken, dass der Zwang zum Wachstum natürlich gar nicht *natürlich* ist, sondern die Folge eines ökonomischen Systems mit ungleicher Machtverteilung. Er hatte mit seiner Frau einen Stall für 1500 Mastschweine gebaut, aber ausgerechnet, dass er damit auf Dauer wirtschaftlich nicht über die Runden kommen werde. Und deshalb weiter investiert und einen Maststall für 40 000 Hühner hingestellt. »Das ist dem technischen Fortschritt geschuldet, dass wir mehr Tiere betreuen können, und dementsprechend müssen wir mehr wachsen, um ein vergleichbares Einkommen zu erzielen«, sagt er, ohne zu klagen, und ist eher stolz, dass er einer von denen ist, die es geschafft haben. Große Investitionen sind in der Landwirtschaft selbstverständlich geworden: Wer weitermacht, muss eben investieren – und wenn schon, dann richtig. »Das ist Wahnsinn«, so kommentiert das Heinrich Strohsahl, ein junger Milchbauer aus Schleswig-Holstein.

»Wenn Opa im Sarg hören würde, dass der Hof zwei Millionen Euro investiert hat, obwohl der nur noch 500 000 wert ist! Man sieht gar nicht, wie viele Jahre das dauert, bis das reingeholt ist. Der Junior, der noch gar nicht geboren ist, der ist zum Teil bereits mitverkauft.«

Jahr für Jahr geben drei Prozent der landwirtschaftlichen Betriebe auf, die Weichenden verkaufen oder verpachten ihr Land an die Wachsenden, und dieser Trend – der berühmte Strukturwandel – hält unverändert.

Das Tragische an dieser Entwicklung ist: Das Wachsen hilft nicht. Wer gewachsen ist, muss sofort weiterwachsen. So wie der Hochleistungsmilchbauer Hauke Jaacks das formuliert hat: Erst dachte man, mit 80 Kühen sei man auf der sicheren Seite, dann mit 100, und dann kommen die Berater und sagen, Effizienz beginne bei 400 Kühen. Oder wie der Schweinemäster aus dem Münsterland: Erst 1500 Schweine, dann noch 40 000 Hühner. Oder so wie sein Kollege aus dem Emsland, der erst zwei Ställe mit 40 000 Mastplätzen baute und ein paar Jahre später gleich noch zwei dazu: 160 000 Küken. Bei acht Mastdurchgängen pro Jahr sind das also 1 280 000 Hähnchen, produziert von einer einzigen Bauernfamilie – und selbst das war nicht genug.

Freiheit zur Selbstausbeutung

Der koreanisch-deutsche Philosoph Byung-Chul Han, einer der klügsten Beobachter unserer Gesellschaft, hat in einem seiner letzten Bücher beschrieben, wie sich die Erscheinungsformen der Gewalt verändert haben.[56] In der vormodernen Gesellschaft der souveränen Herrscher war Gewalt martialisch und blutig: Der König bestrafte seine Gegner, indem er sie köpfen ließ. In der modernen Disziplinargesellschaft trat die Gewalt, so Byung-Chul Han, als Deformation auf: Der Staat disziplinierte seine Bürger – die Gegner wurden nicht mehr getötet, sondern zur Anpassung gezwungen. Heute, in der spätmodernen Leistungsgesellschaft, diszipliniert uns niemand. Wir sind frei und können nach Selbstverwirklichung streben. Doch die Gewalt ist nicht verschwunden, sie hat sich nur verändert. Wir haben sie verinnerlicht.[57]

Byung-Chul Han beschreibt das so: »Der Imperativ der Leistung lässt die Freiheit in einen Zwang umschlagen. An die Stelle der Fremdausbeutung tritt die Selbstausbeutung. Das Leistungssubjekt beutet sich selbst aus, bis es ganz zusammenbricht. Hier fallen Gewalt und Freiheit in eins. Der Ausbeutende ist der Ausgebeutete. Der Täter ist gleichzeitig das Opfer. Das Burnout ist die pathologische Erscheinung dieser paradoxen Freiheit.«[58]

Vermutlich hatte Byung-Chul Han die urbanen Büromenschen im Kopf, als er diese Zeilen schrieb, die Manager und Freiberufler mit ihrer freien Arbeitszeiteinteilung, die stolz sind, wenn sie von einem Meeting zum anderen hetzen und E-Mails grundsätzlich auch nach Mitternacht beantworten, weil es ihnen das Gefühl gibt, wichtig zu sein und gebraucht zu werden. Und doch passt Byung-Chul Hans Beschreibung von der verinnerlichten Gewalt exakt auf das Leben der modernen Landwirte. Während meiner Gespräche mit dem Milchbauern Hauke Jaacks und mit den Geflügelmästern musste ich an seine Thesen von der Selbstausbeutung denken: Wie sie von ihren überlangen Arbeitstagen berichten, von ihrer Leistungsbereitschaft, ihrem Vergrößerungsdrang. Wie sie mit größter Selbstverständlichkeit von dem finanziellen Druck berichten, dem sie bei größter wirtschaftlicher Unsicherheit standhalten, und wie sie sich mutig auf das Spiel mit dem Risiko einlassen. »Ab einem bestimmten Produktionsniveau ist die Selbstausbeutung wesentlich effizienter, viel leistungsstärker als die Fremdausbeutung, weil sie mit dem Gefühl der Freiheit einhergeht. Die Leistungsgesellschaft ist eine Gesellschaft der Selbstausbeutung«, schreibt Byung-Chul Han dazu.[59]

Ein paar Tage nach der Lektüre seiner kritischen Thesen war ich zu einer Podiumsdiskussion über Tierethik in Münster eingeladen. Das Institut für theologische Zoologie von Rainer Hagencord feierte die ersten fünf Jahre seines Bestehens – eine Institution, die von den Großlandwirten des Münsterlands seit ihrer Gründung misstrauisch beäugt wird. Ein katholischer Priester, der sich in die Tierhaltung einmischt und sogar in den Landwirtschaftsschulen über Tierethik referiert? Ist die Kirche jetzt auch gegen uns? So etwa denken die meisten Landwirte – und ignorieren Hagencords Versuche, aus biblischen Quellen ein neues Verständnis für Tiere als Mitgeschöpfe zu entwickeln[60], und den Erfolg, den er damit in den Medien hat. Mir gefiel seine Idee sehr gut, Biologie und Theologie zusammenzudenken, und ich war deshalb seiner Einladung ins Kuratorium seines Instituts nachgekommen. Auf der Podiumsdiskussion hatte ich gefragt, warum ausgerechnet im katholisch geprägten Oldenburger

Münsterland die Industrialisierung der Tierhaltung so erfolgreich sei, und zugleich beschrieben, dass die Landwirte unter großen wirtschaftlichen Zwängen stehen und dass sie sich nicht ganz freiwillig auf das System der industriellen Zucht und Mast einlassen.

Nach der Veranstaltung kam ein Mann auf mich zu und sagte: »Sie haben eben die Bauern als Opfer bezeichnet, aber ich sehe das anders: Es ist das Wachstumsdenken, das sie antreibt, immer größere Ställe zu bauen, die Gier.«

Jetzt bloß kein Bauern-Bashing, dachte ich – es ist immer so leicht, andere zu verurteilen, wenn man nicht selbst beteiligt ist. Doch der Mann sprach aus eigener Erfahrung von Landwirten, die sich von Beratern und Banken zum Stallbauen verführen ließen und immer weiter investierten, obwohl keine wirtschaftliche Notwendigkeit dazu bestand.

Er brachte die Zweifel auf den Punkt, die ich von vielen Landwirten gehört hatte: Bauern sind traditionell keine Geldverschwender, es liegt ihnen nicht, viel für Konsum auszugeben. Und für Urlaub haben sie ohnehin keine Zeit. So geraten sie in die Wachstumsfalle: Sobald sie in guten Jahren Gewinne gemacht haben, raten ihnen der Steuerberater, die Kammer, der Verband unisono: Da musst du was machen, sonst kriegt der Staat das Geld! Deshalb bauen viele weitere Ställe, als wollten sie dem Strukturwandel nach vorne entkommen, obwohl sie sich dafür gleich wieder verschulden müssen. Einige Betriebsleiter investieren mehr, als sie in ihrem eigenen Berufsleben jemals abarbeiten können. Dann gibt es kein Zurück mehr. Spätestens in diesem Moment sind sie nicht mehr bereit, mit Kritikern über alternative

Haltungsformen zu diskutieren. Stattdessen stürzen sie sich in die Arbeit, genauso, wie Byung-Chul Han das beschrieben hat: Leistungsbereitschaft, Selbstausbeutung, verinnerlichte Gewalt.

Die Risikogesellschaft der Landwirte

Auch Hauke Jaacks, der Hochleistungstrainer mit seinen Hochleistungskühen, verlangt sich selbst eine 70- bis 80-Stunden-Woche ab und verzichtet über Jahre auf Familienurlaub, damit immer einer bei den Kühen ist. Um seine Zucht zu verbessern, kauft er jedes Jahr fünfzehn bis zwanzig teure Embryonen von Hochleistungskühen aus anderen Ländern, von denen nur die Hälfte in seinen Leihmüttern heranwächst. Und lediglich die Hälfte dieser Kälber ist weiblich. »Das ist ein Risiko, das ist wie Lotto«, sagt er dazu. Ihm scheint das Lottospiel Spaß zu machen, doch es findet unter wirtschaftlichem Dauerdruck statt. »Wenn die Preise bleiben wie momentan, wäre es traumhaft. Wenn nicht, können wir ein Tal durchleben. Es gibt Jahre, da machen wir 50 000 Euro Miese, da braucht man drei Jahre, um das wieder reinzuholen. Aber bei unserem Umsatz ist das kein Problem.« Solange alles gut geht.

Auch die Schweine- und Geflügelmäster leben mit diesem Risiko. Der Mäster aus dem Münsterland sagte: Wenn er mit seiner neu gebauten Hühnermastanlage über seinen Stundenlohn von 12 bis 13 Euro hinaus einen Gewinn erwirtschafte, werde er ihn zurücklegen – als Rücklage für zu erwartende Verluste. Denn in der Schweinemast könne es vorkommen, dass man Verluste von 50 000 Euro pro Jahr verkraften müsse.[61] Beide haben das nicht klagend erzählt, sondern sachlich und fast ein bisschen stolz wie Männer, die sich mutig einer Gefahr aussetzen und ihren Bewunderern zu verstehen geben, dass so etwas für sie selbstverständlich sei.

Sie haben sich frei für ein Leben als Landwirte entschieden (vermutlich auch durch die gefühlte Erwartung ihrer Eltern, den Betrieb zu übernehmen), und sie haben sich innerhalb der Landwirtschaft den Betriebszweig ausgesucht, der ihnen am besten liegt. Das waren ihre eigenen, freien Entscheidungen, die sie im Vertrauen auf ihre Leistungsfähigkeit als Landwirte und Unternehmer getroffen haben. Doch sobald sie ihre Ställe gebaut haben, gibt es kein Zurück: Die Tiere müssen versorgt und die Kredite bedient werden – egal, wie sich der Markt entwickelt, ganz unabhängig von ihrer eigenen Leistung. In den letzten Jahren ist der Einfluss der Kapitalmärkte auf die Landwirtschaft gestiegen: Immer mehr Anleger investieren in Agrargüter, dadurch steigt die Volatilität der Preise, wie es die Ökonomen ausdrücken. Für die Landwirte heißt das, sie müssen künftig mit immer stärker schwankenden Preisen rechnen – auf beiden Seiten: bei den Kosten, zum Beispiel für Futtermittel, wie auch bei den Einnahmen. Die Energiewende wiederum fördert den Anbau von Biogasanlagen, mit denen sich zurzeit mehr Geld verdienen lässt als mit der Milch- oder Fleischproduktion. Deshalb sind die Preise für Land in den letzten Jahren gestiegen. Für die Landwirte bedeutet das alles ein

Risiko, das umso größer wird, je mehr sie von einem einzigen Produkt abhängen und je weniger mögliche Abnehmer es für dieses Produkt gibt.

Keiner gibt sich gern die Blöße …

Die Geflügelmast ist solch eine Branche mit hohem Risiko: Wenige große Konzerne wie die PHW-Gruppe (»Wiesenhof«) oder Plukon (»Friki«) dominieren den Markt. Sie verkaufen Küken, Futter und Medikamente an die Landwirte und nehmen ihnen nach der Mast die schlachtreifen Hühner ab. Die Preise bestimmen die Unternehmen – die Stallkosten und das Risiko für die Aufzucht tragen die Landwirte. Die meisten Geflügelmäster sind keine unabhängigen Landwirte wie die Milchbauern, sondern ähnlich wie die Kälbermäster durch Verträge an die Unternehmen gebunden.

Trotzdem galt die intensive Geflügelmast in den letzten Jahrzehnten als Chance für Landwirte, einerseits weil die deutschen Mäster lange Zeit weniger Geflügelfleisch produzierten, als im eigenen Land verzehrt wurde, und andererseits weil die großen Verarbeiter immer mehr auf den Export setzten. In der Hoffnung auf diesen Wachstumsmarkt haben viele Landwirte in die Puten- oder Hähnchenmast investiert und millionenschwere Kredite für die großen hallenähnlichen Hightechställe aufgenommen. Einen von ihnen, den oben erwähnten Landwirt aus dem Emsland mit den 160 000 Küken –, habe ich im Jahr 2011 besucht, etwa ein Jahr bevor er seinen Betrieb aufgegeben hat.

»Wer technisch ein gutes Know-how und hervorragendes Futter und Tiermaterial hat, der kann, wenn die geografische Lage günstig ist, mit Hähnchenmast durchaus gutes Geld verdienen«, erklärte er mir damals. »Wenn man aber Durchschnittsdaten fährt, ist keine Rendite mehr da. Und wer unterdurchschnittliche Daten fährt, wer nicht wenigstens diese 50-Prozent-Marke der erfolgreichen Mäster fährt, der verbrät seinen Hof.« Er hatte erst zwei 40 000er-Ställe gebaut und wenig später noch einmal zwei und sich vertraglich an Wiesenhof gebunden. In den ersten Jahren, erzählte er, kam er gut zurecht, doch dann wurden die Küken, die er geliefert bekam, immer öfter krank. Schließlich kündigte er den Vertrag mit Wiesenhof, versuchte es ein paar Jahre mit anderen Abnehmern und gab schließlich auf. Nachdem er mir seine riesigen Hallen mit zigtausenden piepsenden Küken gezeigt hatte, führte er mich in sein Arbeitszimmer und schlug Aktenordner auf: Tierarztrechnungen, lange Listen von Antibiotika und Abrechnungen von Wiesenhof. Seine Offenheit hat mich beeindruckt, und ich glaube, es war seine Wut auf das System, auf die Integrationsmast, wie er es nennt, die ihn dazu brachte, mir so viel zu erzählen. Vielleicht war es auch die Wut auf sich selbst, dass er so naiv gewesen war, sich darauf einzulassen.

Lange habe er geglaubt, dass er der Einzige mit wirtschaftlichen Schwierigkeiten sei. »Keiner gibt sich ja gerne die Blöße, dass er es nicht geschafft hat. Wenn man aber mit den Mästern selber spricht und die Leute mal aus dem Nähkästchen plaudern, stellt man fest: Oh, die haben auch kein Geld verdient, du bist ja kein Einzelfall!«

Grundsätzlich, sagt er, sei die Idee der Integration nicht fatal, solange eine Win-win-Situation für alle entstehe. Es seien auch nicht alle Unternehmen gleich, das müsse er fairerweise sagen. »Aber es gibt Integratoren, bei denen die Gier so groß ist, dass die Mäster regelrecht ausgeblutet werden.« Er zieht Bilanz: »Ein Drittel der Betriebe verdient Geld, ein Drittel schreibt maximal eine schwarze Null – und ein Drittel der Betriebe wird damit ruiniert, so einfach funktioniert das Spiel.«

Eckehard Niemann, Sprecher der Arbeitsgemeinschaft bäuerliche Landwirtschaft und Gründer des Netzwerks Bauernhöfe statt Agrarfabriken, der die Geflügelbranche seit vielen Jahren beobachtet, teilt die Einschätzung des Landwirtes aus dem Emsland und stellt fest: »Einige der Mäster werden gerade so bei Laune gehalten, und die anderen werden in die Selbstausbeutung getrieben«.[62]

Lohnt es sich überhaupt noch?

Der Deutsche Bauernverband gibt jedes Jahr einen Situationsbericht über die Entwicklung der Landwirtschaft heraus, und darin stehen auch Angaben zum Einkommen der Bauern. Die Einkommen variieren stark von Jahr zu Jahr, sie sind abhängig von den schwankenden Erzeugerpreisen und von den ebenso wenig stabilen Kosten für Futtermittel und Pacht. Am meisten verdienen ausgerechnet die Ackerbauern, die im Vergleich zu den Tierhaltern weniger Arbeit haben: im sehr guten Wirtschaftsjahr 2012/13 knapp 74 800 Euro brutto pro Familienarbeitskraft, in den Jahren zuvor um die

50 000 Euro. Den Milchbauern geht es schlechter: Sie verdienten im Jahr 2012/13 durchschnittlich nur 34 700 Euro, zuvor um die 40 000 Euro. Die Fleischerzeuger dagegen nahmen im Jahr 2010/11 gerade einmal 25 000 Euro ein, danach 38 000 und zuletzt 44 000 Euro. Das sind Durchschnittswerte, die nichts über die Unterschiede zwischen Rinder-, Kälber-, Schweine- und Geflügelmästern sagen und auch nichts darüber, wie groß die Einkommensunterschiede innerhalb der einzelnen Bereiche waren. Sie bestätigen nur, dass die Fleischproduzenten mit schwankenden Einnahmen auf niedrigem Niveau ihre hohen Kredite abzahlen müssen.

Wissenschaftler der Hochschule Vechta im Oldenburger Münsterland, der Hochburg der Intensivtierhaltung, haben Mitte der 2000er-Jahre ökonomische Daten zur Hähnchenmast zusammengetragen. Ihre Ergebnisse für Niedersachsen:
Erlös pro Tier: 1,38 Euro
Kosten: 1,33 Euro
Gewinn pro Tier: 0,05 Euro[63]

Fünf Cent verdiente ein Hühnermäster pro Tier im Wirtschaftsjahr 2005/06.[64] Und in den Jahren danach stiegen die Getreidepreise und damit die Futterkosten – und die Erlöse sanken noch weiter.

Im Mai 2014 stellte *Agrarheute*, das Onlineportal des Deutschen Landwirtschaftsverlags, die skeptische Frage: »Geflügelmast: Lohnt es sich überhaupt noch?«[65] Anlass für die Zweifel war eine Auswertung der Landwirtschaftskammer

Niedersachsen, die schlechte Zahlen für das Wirtschaftsjahr 2012/13 ans Licht gebracht hatte. »Nicht alle Hähnchenmäster in Niedersachsen konnten im abgelaufenen Wirtschaftsjahr kostendeckend arbeiten«, berichtete *Agrarheute*, »einige konnten weder ihre Festkosten noch die ihrer Arbeitskraft decken«. Das war sogar noch euphemistisch ausgedrückt, denn ein Blick auf die Internetseite der Landwirtschaftskammer zeigt, dass nicht nur »einige«, sondern sogar jeder vierte Hähnchenmäster rote Zahlen geschrieben hatte. »Zum Teil war die Mobilisierung von Betriebsreserven gefordert«, schrieb die Kammer im Betriebswirtschaftsjargon – was nichts anderes bedeutet, als Geld vom Sparbuch in den laufenden Betrieb zu stecken, Schulden zu machen oder – schlimmer noch – Land zu verkaufen. Die Kammer warnte: »Daher kann nicht eindringlich genug gesagt werden, dass der Einstieg in den Betriebszweig Hähnchenmast mit allen Vor- und Nachteilen genauso ausführlich überlegt sein will, wie der Einstieg oder die Ausweitung anderer Betriebszweige.«[66]

Das ist etwas verklausuliert ausgedrückt, denn es versteht sich von selbst, dass eine Investition von mehr als einer halben Million Euro gut überlegt sein sollte. Doch wer den optimistischen Ton der Berater aus den letzten Jahren im Ohr hat, der ahnt, dass dieser Satz nichts anderes heißt als: Lasst die Finger davon!

Mich hat das erstaunt, denn wirtschaftliche Schwierigkeiten sind ja für viele Hähnchenmäster nichts Neues. Schon 2011 haben die Berater der Landwirtschaftskammer herausgefunden, dass ein Viertel der Hähnchenmäster in zehn von zwölf Jahren ihre Kosten nicht decken konnte. Dennoch stellte die Kammer die Ergebnisse als positiv dar. »Dreiviertel der Betriebe erreichen eine Vollkostenrechnung«, antwortete einer der Berater auf meine Anfrage im Jahr 2011. Die intensive Geflügelhaltung sei »insgesamt also wirtschaftlich nachhaltend.« Im Kleingedruckten finde ich eine interessante Veränderung: 2011 hatte die Kammer noch 15 Euro pro Arbeitskraft und Stunde angesetzt, 2014 nur noch 13 Euro – und trotzdem bleibt ein Viertel der Betriebe im Minus.

Ein Viertel der Hähnchenmäster macht über Jahre hinweg Schulden: Diese Ergebnisse habe ich beim Zukunftsdialog der Geflügelwirtschaft in Berlin vorgetragen, zu dem mich der Zentralverband der Geflügelwirtschaft zu meiner Überraschung eingeladen hatte. Sie wollten auch kritische Stimmen hören, sagten die Leute aus der Geflügelwirtschaft. »Als Bauerntochter kann ich mit diesen Landwirten mitfühlen«, sagte ich. »Sie wollen ihren Hof an die nächste Generation übergeben – und schaffen es doch nicht, kostendeckend zu arbeiten. Dieser Preisdruck auf die Landwirte ist nicht in Ordnung.« Im Halbdunkeln sah ich das Publikum vor mir: Die Vertreter des Bauernverbands und der Geflügelverbände machten zwar ernste Gesichter, aber ich entdeckte kein einziges zustimmendes Nicken. Später meldete sich der Vorsitzende des Bundesverbands der bäuerlichen Geflügelmäster zu Wort, Rainer Wendt: Das sei sei eben Unternehmertum, das wolle er zu meinen Zahlen noch sagen. In anderen Branchen sei das nicht anders, es gebe eben gute und schlechter Unternehmer.

Ich hatte schon viel zu lange geredet und konnte nicht noch einmal weit ausholen, aber diesen Einwand wurde ich doch noch los: »Ich glaube nicht, dass jeder vierte Mäster zu schlecht oder zu dumm ist, seine Arbeit zu machen.«

Stellen Sie sich mal eine Klasse vor, in der jeder vierte Schüler sitzen bleibt, das hätte ich gerne vor den versammelten Vertretern der Geflügelwirtschaft geantwortet. Würde man dazu sagen, das ist eben Leistungsgesellschaft? Oder würde man versuchen, den Unterricht und die Arbeitsbedingungen zu verbessern? Und sind die Mäster nicht wenigen Anbietern von Küken und Tieren und Abnehmern, also Schlachtereien, ausgeliefert? Haben Sie eine Wahl, wenn sie mit dem einen Unternehmen nicht gut auskommen?

Die enge Verknüpfung der Hähnchenmäster zur Vermarktung sei von Vorteil, so hatte mir der Berater der Landwirtschaftskammer Niedersachsen im Jahr 2011 erklärt, aber er hatte auch eingestanden: »Leider können hohe Futterpreise oder ansteigende Energiekosten nicht vollständig an den Lebensmitteleinzelhandel weitergeben werden, da hier möglichst kostengünstig eingekauft werden soll. Schließlich werden in Deutschland nur 11 Prozent des Einkommens für die Lebensmittel ausgegeben.«[67] Die Leute wollen billiges Fleisch, also müssen wir billig produzieren – das ist die traurige Einsicht, der sich die Landwirte unterwerfen. Selbst beim Zukunftsdialog dominierte diese Haltung – und die Überzeugung, dass man dagegen nichts ausrichten könne oder gar solle. »Wir produzieren, was die Verbraucher wollen«, das hört man von Landwirten und Funktionären an dieser Stelle immer wieder. »Und die Leute wollen billiges Fleisch.«

Im schlechten Wirtschaftsjahr 2012/13 allerdings gab es damit ein Problem, das die Experten offensichtlich überraschte:

»Der Hähnchenmastverbrauch stagnierte in 2012. Eine Situation, die bisher so nicht bekannt war. Das jährliche Wachstum von 300–400 g mehr an Fleischverbrauch fand 2012 nicht statt,« schrieb die Landwirtschaftskammer Niedersachsen in ihrer Betriebszweigauswertung.[68]

Bislang war es »so nicht bekannt«, dass die Leute auch aufhören könnten, immer *mehr* Fleisch zu essen? Die Möglichkeit, dass die Konsumenten bloß genauso viel Hühnerfleisch wollen würden wie im Jahr zuvor, war unbekannt? Es scheint, als seien die Landwirtschaftsexperten davon ausgegangen, dass der Konsum von Hühnchenfleisch automatisch immer weiter steigen werde – nur weil er in den vergangenen Jahren gestiegen war (als die Konsumenten nach der BSE-Krise weniger Rindfleisch kauften). Man könnte meinen, die Agrarexperten hätten die Wachstums- und Fortschrittserwartung ihrer eigenen Branche gleich auf alle anderen nachgelagerten Bereiche ausgeweitet: Die Mäster bringen ihre Hähnchen in immer kürzerer Zeit zum Schlachtgewicht, und die Konsumenten futtern in immer kürzeren Abständen immer mehr Hähnchenschenkel. So geht Fortschritt, und der moderne Landwirt ist schließlich fortschrittsorientiert.

Aufgrund dieser naiven Zuwachserwartung haben viele Landwirte in die risikoreiche Hähnchenmast investiert – und plötzlich tritt völlig überraschend der unbekannte Zustand Konsumstagnation ein und noch mehr Mäster geraten in Schwierigkeiten.

Vor dieser Situation haben die Kritiker der Intensivtierhaltung jahrelang gewarnt, so zum Beispiel Eckehard Niemann vom Netzwerk Bauernhöfe statt Agrarfabriken. Vor einigen Jahren hat er eine Werbeveranstaltung für potentielle Vertragsmäster für den Geflügelkonzern Wiesenhof in Niedersachsen besucht. Eingeladen waren investitionswillige Landwirte, die überlegten, in die Geflügelmast einzusteigen. Niemann wies in dieser Runde darauf hin, dass eine Überproduktion drohe: 600 neue Ställe waren damals in Planung, jeder einzelne ausgelegt für 40 000 Hähnchen, die in gut einem Monat zur Schlachtreife gemästet werden. Niemann warnte: »Dafür wäre eine absolut unrealistische Steigerung des Jahresverbrauchs um mindestens 3 kg Hähnchenfleisch nötig.« Den kommenden Preisverfall würden die Schlachtereien auf die Landwirte abwälzen. Wiesenhof-Chef Peter Wesjohann gab daraufhin zu, so erinnert sich Niemann, dass in Krisenzeiten die Ställe der Vertragsmäster auch einmal länger leer stehen könnten. Doch kritische Anmerkungen waren auf der Werbeveranstaltung nicht erwünscht. Der Leiter der Veranstaltung, berichtet Niemann, habe Fragen von »Nicht-Unternehmern«, die gar nicht in die Hähnchenmast investieren wollten, kurzerhand untersagt. »Was mich freut: Nur ein Drittel der Anwesenden klopft ihm hierfür Beifall – offenbar finden viele solch kritische Fragen wichtig. Leider stellt kaum ein Landwirt eigene Fragen.«[69]

Dabei wäre genau darüber eine Debatte sehr wichtig gewesen: Wenn die Märkte im Inland gesättigt sind, sollen die deutschen Landwirte dann Fleisch für den Export produzieren? Längst werden in Deutschland nämlich mehr Hühner produziert als gegessen, für 2013 meldete die Landwirtschaftskammer Niedersachsen einen Selbstversorgungsgrad von 115 %. Die Hoffnung der Branche liegt jetzt im Export, und die Politik unterstützt sie dabei. Das Bundeslandwirtschaftsministerium hat dazu ein eigenes »Programm zur Förderung der Exportaktivitäten der deutschen Agrar- und Ernährungswirtschaft« aufgelegt.[70] Dessen Ziel beschrieb Gerd Müller, 2009 noch Parlamentarischer Staatssekretär und Exportbeauftragter des Bundeslandwirtschaftsministeriums, heute Minister für wirtschaftliche Zusammenarbeit und Entwicklung, so: »Angesichts stagnierender traditioneller Märkte im Inland braucht die deutsche Agrar- und Ernährungswirtschaft weiteres Wachstum im weltweiten Export zur Steigerung von Wertschöpfung und Wohlstand in Deutschland.«[71] Das Programm hatte Erfolg: Im Sommer 2014 meldete die *German Association for Food and Agriproducts* (GEFA), dass die Einnahmen aus deutschen Lebensmittelexporten weiter gestiegen seien und Deutschland im Ranking der Exportnationen weiterhin auf Platz drei läge (hinter den USA und den Niederlanden) und den Abstand zum Verfolger Brasilien ausgebaut habe.[72] Deutsche Hühner – oder eher das, was davon übrig bleibt, wenn sich die deutschen Konsumenten das begehrte Brustfilet herausgeschnitten haben – werden auf die Weltmärkte exportiert, nach Osteuropa, Saudi-Arabien, Asien und Afrika, wo sie unschlagbar günstig angeboten werden und die lokalen Preise verderben. Entwicklungsorganisationen beklagen diese Exportpraktiken seit Jahren: Das tiefgefrorene Billigfleisch aus Europa birgt in heißen Ländern ohne funktionierende Kühlkette ein großes Gesundheitsrisiko, und es gefährdet oder vernichtet die wirtschaftlichen Existenzen kleiner afrikanischer Geflügelmäster.[73]

Die Milchbranche setzt ebenfalls auf den Export: Noch im Mai 2014 verkündete der neue Staatssekretär im Bundesagrarministerium Peter Bleser, Deutschland exportiere Milchprodukte im Wert von 11,4 Milliarden Euro und trage so zur Deckung der weltweiten Nachfrage bei. Auch in diesem Jahr könne »unter der Annahme stabiler Rahmenbedingungen« mit einem guten Ergebnis gerechnet werden.[74] Wenig später eskalierte der Konflikt um die Ukraine, Russland verhängte einen Importstopp für Agrarprodukte aus der EU, und die Erzeugerpreise fielen. Die EU entschädigt die Landwirte und zahlt dafür mehrere hundert Millionen Euro. Die Risiken der Exportlandwirtschaft zahlen in diesem Fall die Steuerzahler.

Dennoch wird weiter exportiert, und der Plan – mehr Fleischproduktion, mehr Export, mehr Einnahmen für die Landwirte – ist zumindest im Wirtschaftsjahr 2013/14 aufgegangen. Die Landwirtschaftskammer Niedersachsen meldet »erfreuliche Ergebnisse«: Der Markt sei derzeit sehr aufnahmefähig, die Ware ganzjährig zügig abgeflossen. Auch das untere Viertel der Betriebe habe eine vollständige Kostendeckung erreicht.[75] Die skeptische Haltung der letzten Auswertung scheint verflogen. Man dürfe die schlechten Ergebnisse der vergangenen Wirtschaftsjahre nicht isoliert betrachten, schrieben die Geflügelexperten der Kammer jetzt, das ergäbe ein verfälschtes Bild. In den letzten sechzehn Jahren hätte das obere Viertel und der Durchschnitt aller Betriebe eine »Vollkostenrechnung zuzüglich eines Unternehmergewinnes« erzielt, nur das untere Viertel erreiche dieses nicht. »Insgesamt ist eine Gesamtrentabilität der Hähnchenmast deutlich zu erkennen«, schließt die Kammer und warnt nicht länger vor neuen Investitionen.

Was für ein Fazit: Drei schaffen es und einer nicht – das gilt in der modernen Landwirtschaft offenbar als rentabel. Die Landwirte, die sich mit einer halben Million Euro verschuldet haben, um beim großen Hähnchenintensivmästen mitzumachen in der Hoffnung auf die wachsenden Exportmärkte, und die dabei trotzdem nicht nicht über die Runden kommen, sehen das vermutlich etwas anders.

Aus der großen Spanne zwischen den Einkommen der Gewinner und Verlierer in der Hähnchenmast schließt die Landwirtschaftskammer Niedersachsen, dass in der Geflügelmast eine »Unternehmerpersönlichkeit« gefragt sei. Wer gut ist, kann es schaffen, diese Botschaft steckt dahinter, und das klingt genau wie der Appell an die Kälbermäster: »Könner können es packen.« Einerseits ist das natürlich richtig – eine Binsenweisheit geradezu: Wer gut wirtschaftet, ist erfolgreicher als einer, der falsche Entscheidungen trifft. Doch das Beschwören von Könnerschaft und Unternehmerpersönlichkeit lenkt von der sehr risikoreichen wirtschaftlichen Situation der Vertragsmäster ab: Ihre Investitionen sind hoch, ihr unternehmerischer und landwirtschaftlicher Spielraum in der Vertragsmast hingegen ist gering.

Die enge Verknüpfung der Hähnchenmäster mit der Vermarktung sei von Vorteil, hatte mir der Berater der Landwirtschaftskammer Niedersachsen geschrieben. Aber um erfolgreich zu sein, müsse man über eine Unternehmerpersönlichkeit verfügen. Ich kann dem nicht folgen: Der Geflügelmäster drückt die Last millionenschwerer Kredite, für die sie Zinsen zahlen müssen, bei schwankenden, niedrigen Einkommen. Sie haben aber Ställe gebaut, in denen sich nur Geflügel mästen lässt, für andere Nutzungen sind sie nicht zu gebrauchen. Den Landwirten bleibt also keine andere Wahl, als weiter Geflügel zu mästen, bis sie ihre Ställe abgezahlt haben. Den wenigen Abnehmern sind sie so auf Gedeih und Verderb ausgeliefert. Es fällt mir schwer, in dieser Konstellation wirtschaftliche Nachhaltigkeit zu erkennen. Die einzige Effizienz, die ich erkennen kann, ist die der großen Konzerne: Ihnen ist es durch das System der Vertragsmast ziemlich effizient gelungen, die Mäster von sich abhängig zu machen.

Der Geschäftsführer des Zentralverbands der Deutschen Geflügelwirtschaft, Dr. Thomas Janning, sieht das anders. In einem Interview hat er mir seine Sicht auf die wirtschaftliche Konstellation in seiner Branche erklärt: »Die Geflügelwirtschaft ist dadurch ausgezeichnet, dass sie einen ganz engen Meinungs-, Informations-, Erfahrungsaustausch pflegt zwischen allen Stufen, Brütereien, Aufzuchtbetrieben, Schlachtereien, das ist verkörpert auch in meiner Person als Geschäftsführer des Zentralverbands und als Geschäftsführer der angeschlossenen Bundesverbände der Schlachtereien, der Hähnchenerzeuger, der Putenerzeuger und auch der Zuchtorganisationen.«

Ich war verblüfft: Wie kann ein einziger Mensch gleichzeitig als Geschäftsführer des Geflügelwirtschaftsverbands die Interessen der Geflügel- und Schlachtkonzerne vertreten und als Geschäftsführer der Erzeugerverbände zugleich die Landwirte?

Wie muss man sich das vorstellen, fragte ich ihn: Ob er an einem Tisch sitze und mit sich selbst rede?

Nein, sie redeten alle miteinander, sagte er, sie hätten schließlich ein gemeinsames Ziel: »ein Produkt dem Verbraucher anzubieten, das wirklich einfach toll ist!«

Immerhin: Dass es für die Landwirte nicht immer leicht ist, gibt er zu: »Wenn die Futterpreise hoch sind und der Landwirt zusätzlich einen hohen Kapitaldienst leisten muss, wird es schwer.« Und dann sagt er in seiner freundlichen Art einen Satz, der aufgeschrieben und gelesen ziemlich zynisch klingt: »Es gibt gute Zeiten und schlechte Zeiten, und ich betone: Man muss in einer Partnerschaft die guten wie die schlechten Zeiten gemeinsam durchstehen.«

Es ist eine ungleiche Partnerschaft: Auf der einen Seite stehen die Geflügelvermarkter, eine Handvoll großer Konzerne wie die niedersächsische PHW-Gruppe (»Wiesenhof«) mit einem Jahresumsatz von 2,4 Milliarden Euro[76] oder der niederländische Konzern Plukon (»Friki«) mit 1,2 Milliarden Euro Umsatz.[77] Und auf der anderen Seite: viele einzelne Landwirtsfamilien mit einem Einkommen um die 30000 Euro. Die haben sich, um ihre Interessen gegenüber ihren Abnehmern zu vertreten, im Bundesverband bäuerlicher Hähnchenerzeuger zusammengeschlossen. Wer aber dessen Geschäfte führt, wissen Sie ja schon.

»Aufgrund ihrer Invisibilität sind sich die Opfer der Gewalt des Herrschaftszusammenhanges nicht unmittelbar bewusst«, schreibt Byung-Chul Han. »Das macht ihre Effizienz aus.«[78]

»Bauer sein heißt, einen erfüllenden Beruf in selbstständiger Entscheidung und Verantwortung gegenüber Mensch,

Tier und Natur auszuüben«, so steht es in der Präambel des Leitbilds des Deutschen Bauernverbands. Und ja, ich kenne so einen Bauern. Der hat die ganz und gar ineffiziente Entscheidung getroffen, mein Kälbchen *Jonny Roastbeef* in seine Fleischrinderherde aufzunehmen. Wie seine Arbeit ihn erfüllt, sieht jeder, der ihn mit seinen Tieren beobachtet. Am ersten Abend, als *Jonny* in seinen Stall gekommen ist, kam auch sein Bruder vorbei, um das neue Kalb anzuschauen. »Oh, der ist aber noch scheu«, sagte der Bruder und versuchte, Jonny zu streicheln. So was machen Ponymädchen auf dem Reiterhof, aber nicht die Landwirte in Ostwestfalen. Die stehen eher auf großer Schlepper und sind ansonsten nicht gefühlsduselig, schon gar nicht bei Tieren. Wenn sich da also einer traut, ein Kälbchen zu streicheln, während sich draußen vor der Scheune die Dorfjugend zum Biertrinken versammelt hat, will das was heißen.

Der Bruder hat keine Rinder, sondern Schafe, und als ich ihn das nächste Mal treffe, erzählt er mir, dass zwei seiner Mutterschafe Drillinge bekommen haben. Ach du je, sage ich, denn kurz zuvor hatte mir eine Bioschäferin erzählt, dass Schafsmütter keine drei Lämmer aufziehen könnten und dass immer eines von den dreien zu wenig Milch bekomme und verkümmere. Und deshalb töte sie das Schwächste lieber gleich nach der Geburt.

Nein, sagt der Bruder unseres Ökobauern, ich krieg die alle drei groß. Die Kleinsten bekommen die Flasche, und es geht ihnen bestens.

So stelle ich mir das vor mit der Verantwortung gegenüber dem Tier, die der Bauernverband so schön in seine Präambel geschrieben hat. Wirtschaftlich ist das natürlich überhaupt nicht, ein Lämmchen mit der Flasche aufzuziehen. Und die beiden Brüder, der Rinderhalter und der Schäfer, sind eben auch keine modernen Haupterwerbslandwirte, sondern sie haben noch einen anderen Beruf und kümmern sich im Nebenerwerb um ihre Tiere und Weiden.

Man kann sich leicht vorstellen, dass ihr Umgang mit Tieren im Arbeitsalltag eines intensiv wirtschaftenden Spezialbetriebs nicht vorgesehen ist.

Kapitel 5

Die Effizienzweltmeister

»Landwirtschaft ist eine Zukunftsbranche. Die deutsche Agrarwirtschaft agiert in Märkten, bei denen die wesentlichen Impulse zu einem erheblichen Teil von globalen Entwicklungen ausgehen. Weitere zwei Milliarden Menschen werden in den kommenden dreißig Jahren nach Arbeit, Wohlstand und guter Ernährung streben, vor allem in den asiatischen Schwellenländern und in Afrika. Aus dieser Dynamik ergeben sich neue Chancen für die deutsche und europäische Landwirtschaft, die heute weltweit führend in Bezug auf eine effiziente und nachhaltige Landwirtschaft ist. Erfolgsfaktoren sind der hohe Bildungsstand der Landwirte, ihr Zugang zu modernen Produktionsverfahren, zur Finanzierung und zu den Märkten. Bei der Sicherheit der Nahrungsmittel wird Europa um sein hohes Niveau beneidet.«[79]

Schon klar, wir sind mal wieder Weltmeister, und die Welt beneidet uns. So sieht es der Deutsche Bauernverband, und so steht es im Vorwort seines Situationsberichts aus dem Jahr 2013/14: Deutschland und Europa führen weltweit in Effizienz und Nachhaltigkeit. Das klingt für mich ziemlich vermessen nach allem, was ich von den Landwirten bei meinen Recherchen gehört habe. Andererseits: Im Vergleich zu anderen Ländern mit industrialisierter Landwirtschaft wie den USA oder Brasilien steht die Europäische Union tatsächlich nicht schlecht da. Wer jemals über das Mündungsgebiet des Neuse River im US-amerikanischen Bundesstaat North Carolina geflogen ist, versteht, warum die Selbstdarstellung des Deutschen Bauernverbands als Nachhaltigkeits- und Effizienzweltmeister nicht einfach eine Werbelüge aus der PR-Abteilung ist, sondern Teil seines Selbstverständnisses. Und ich glaube, das erklärt auch, warum so viele Landwirte mit blanker Empörung und Zurückweisung auf Kritik an ihrer Wirtschaftsweise reagieren. Mir jedenfalls hat der Flug über den gülleverseuchten Fluss vor der Atlantikmündung geholfen, das Selbstbild der deutschen Landwirte besser zu verstehen. Im Vergleich zu amerikanischen Fleischproduzenten, mit denen sie auf dem Weltmarkt ja konkurrieren, arbeiten die deutschen Landwirte tatsächlich unter hohen Umweltstandards.

Güllelagunen in den USA

Im Januar 2011 hatte ich über einen der weltgrößten Schweinefleischproduzenten, den amerikanischen Konzern Smithfield recherchiert (der inzwischen von einer chinesischen Holding übernommen wurde). Auf meine Bitten um ein Interview bekam ich keine Antwort, aber eine Tierschutzorganisation vermittelte mir den Kontakt zu einem Aktivisten in North Carolina. Wenn ich etwas über Schweineproduktion in den USA erfahren wolle, sollte ich mich an Rick Dove wenden. Und der sagt sofort zu, er will mir sogar aus der Luft zeigen, was in North Carolina los ist.

Eigentlich ist er Angler und Wasserschützer. Zum Treffpunkt kommt er in einem riesigen Geländewagen. Ich hatte einen langhaarigen Öko erwartet mit Rauschebart und Latzhosen, doch vor mir steht ein Hüne mit gewaltigen Pranken, ein Vietnamveteran, dem ich dem Aussehen nach alles zugetraut hätte, bloß kein ehrenamtliches Engagement für kranke Flussfische oder kleine rosa Ferkel.

Rick Doves Geschichte geht so: In den späten Achtzigern, nach seiner Zeit als Jurist beim Militär, wird er Fischer am Neuse River, macht prächtige Fänge, der Laden läuft. Nach einigen Jahren wird er Zeuge eines Fischsterbens in gigantischem Ausmaß. Seine Haut bekommt viele kleine Wunden, die nicht verheilen, kein Antibiotikum hilft. Er heuert bei der Naturschutzorganisation Neuse River Foundation als Riverkeeper an, als Flusswart, der herausfinden soll, warum die Fische sterben. Wissenschaftler entdecken Pfiesteria piscida im Flusswasser, einen bis dahin unbekannten Einzeller, der ein Gift bildet, das Fische tötet und bei Menschen Verwirrung, Gedächtnisverlust und schwärende Wunden verursacht. Aber wo kommen diese Pfiesteria piscida plötzlich her? Rick Dove chartert ein Flugzeug, fliegt über die Neuse und sieht, was er mir Jahre später auf der gleichen Flugroute zeigen wird: Wunderschön geschwungene Flussläufe, mäandernde Bäche, sumpfige Wälder (wo sogar Krokodile leben) und darin, tief im Wald versteckt: Tausende von Schweineställen, Geflügelställen und wieder Schweinställen. Und neben diesen langen, schmalen Hallen, in denen die Tiere eingesperrt sind, etwas, das die Farmer als *lagoons* bezeichnen, was aber das Gegenteil ist von dem, was ich mir unter einer Lagune vorstelle: riesige Güllebecken. Die *hog factories,* wie die Leute in der Gegend sagen, produzieren mehr Fäkalien, als das Land um sie herum aufnehmen kann. Deshalb legen die Schweinefarmer – Vertragslandwirte im Auftrag großer Unternehmen ähnlich wie die deutschen Geflügelmäster – offene Becken an, etwa so groß wie die Fläche, die die Stallgebäude einnehmen. Dorthinein pumpen sie die Gülle und verteilen sie, wenn die Lagunen voll sind, über Leitungen auf die angrenzenden Felder, die wiederum kaum größer sind als Stall und »Lagune« zusammen. Aus der Luft schimmert die Gülle blaugrün oder lila.

Fast zwei Stunden fliegt das kleine Sportflugzeug über die Felder und Wälder entlang der Ncuse, und immer wieder sehen wir das gleiche traurige Bild: fünf bis zwanzig lang gestreckte Stallgebäude nebeneinander, ein bis zwei Lagunen, ein paar kleine Felder, oft schwarz verfärbt, mit Fließspuren zu den Flüssen hin, dann wieder Wälder mit Wasseradern, und schon kommt die nächste Stallanlage und die nächste und die nächste.

Ich weiß: In den Ställen unter mir liegen Tausende von Schweinen eng beieinander ohne Tageslicht, ohne frische Luft, ohne Möglichkeit, auch nur einmal im Leben mit dem Rüssel in der Erde zu suhlen, doch was mich während des Fluges über den Neuse River am meisten schockiert, ist der Zustand der Äcker um die Anlagen herum.

Ich bin keine Gärtnerin und auch keine Bodenzauberin, wie manche Biolandwirte, die von ihrer feinkrümeligen regenwurmdurchsetzten Erde schwärmen, aber ich habe oft genug als Kind mit meinem Vater vor einem unserer Felder gestanden und geguckt, wie der Weizen wächst, um zu wissen oder eher: zu fühlen, dass man so mit Boden nicht umgehen darf.

Was müssen das für Farmer sein, die ihre Felder so verseuchen, frage ich. Können wir zu einem solchen Stall fahren und fragen?

»Nein«, sagt Rick, der für Journalisten sonst alles möglich macht, damit die Öffentlichkeit erfährt, was in den Wäldern North Carolinas passiert. »Nein, wir fahren da nicht hin. Die sind bewaffnet.«

Dafür kennt Rick einen Aussteiger, und der sagt, er habe als Landwirt aufgegeben, weil er es nicht mehr aushielt, den Leuten in der Nachbarschaft die Luft zu verderben. Dass sie sich immer wieder über den Gestank und Kopfschmerzen bei ihm beklagt hätten. Es sind vor allem arme Leute, die in der Nähe der Stallungen wohnen.

Die Schweinemäster bräuchten Rick Doves Besuch eigentlich nicht zu fürchten, denn ihre Güllelagunen sind ebenso legal wie die dicht belegten Mastanlagen. Als diese Ställe in den Achtzigerjahren gebaut wurden, gab es »virtually no regulation«, so gut wie keine Regulierung, wie es David Kirby lapidar auf den Punkt bringt. Er ist ein preisgekrönter investigativer Reporter und hat in seinem Buch *Animal Factory* über den Schweineboom in North Carolina geschrieben und über Rick Doves Kampf dagegen.[80] Verboten ist dort nur, die Gülle direkt in die Flüsse zu leiten. Aber genau das passiert immer wieder, sagt Rick Dove während unseres Fluges: Schaut her, wie nah die Ställe am Wasser gebaut sind! Wenn es dann noch stark regnet, laufen manche Lagunen über, und die braune Brühe gelangt beinahe unverdünnt in die Creeks und Flüsse. Von oben können wir sehen, wie der Regen die güllegetränkten Felder ausgewaschen und das Regen-Gülle-Gemisch in die Gewässer geschwemmt hat.

In diesem Wasser also starben die Fische. Und in diesem Wasser angelten die Menschen und paddelten und schwammen. David Kirbys Buch endet mit einem Zitat von Rick Dove: »Weißt du was, Joanne«, fragt er seine Frau. »Ich habe keine Ahnung, wie diese Geschichte ausgeht. Und das ist es, was mir am meisten Angst macht.«[81]

Vier Jahre später weiß er es: »Es ist noch viel schlimmer geworden«, schreibt mir Rick Dove im Sommer 2014. »Die konservative Regierung unseres Bundesstaates ist dabei, alle Regulierungen, die die Gegner in den letzten Jahren erkämpft haben, zurückzunehmen. Es werden immer mehr Geflügelställe neben die Schweinemastanlagen gebaut, bald werden wir in North Carolina die Nummer eins in den USA sein mit einer Milliarde produzierter Hühner. Und es gibt ein unkontrollierbares Virus, das Millionen von Ferkeln getötet hat.«[82] Erst lässt ein rätselhafter Einzeller die Fische sterben (und vieles spricht dafür, dass die *Pfiesteria*-Plage durch die Überdüngung der Gewässer ausgelöst wurde)[83], und dann verenden die Ferkel im Stall.

In Deutschland wird Gülle in abgedeckten, oft unterirdischen Becken gesammelt. Während der Wintermonate darf sie nicht aufs Feld gebracht werden, und in der Vegetationsperiode nur in solchen Mengen, dass die wachsenden Pflanzen den Dünger aufnehmen können. Das heißt nicht, dass es bei uns keine Probleme mit Nitrat im Trinkwasser gäbe, doch eine systematische Güllevergiftung wie Rick Dove sie mir aus der Luft zeigt, ist in Deutschland undenkbar.

Im Mai 2014 habe ich eine Diskussion zur Zukunft der Welternährung in Berlin moderiert, zu der auch der Generalsekretär des Deutschen Bauernverbands als Gast auf dem Podium eingeladen war. Bernhard Krüsken sprach vom Fortschritt in der deutschen Landwirtschaft und lobte unsere hohen Umweltstandards. Wäre ich nicht mit Rick Dove über den Neuse River geflogen, hätte ich das für reine PR gehalten. Und vermutlich hätte ich ihm auch nicht geglaubt, was er nach der Veranstaltung noch erzählte: Nämlich dass ihm seine Kollegen in den USA neulich ganz empört berichtet hätten, dass schon wieder eine neue Regulierung auf sie zukäme. Sie müssten jetzt sogar verhindern, dass Gülle ins Grundwasser gelangt! Falls Krüsken sich auch mit australischen Farmern ausgetauscht hat, wird er wissen, dass dort die Bullenkälber der Milchkühe ganz legal erschlagen werden dürfen, wenn gerade kein Schlachthof in der Nähe ist. Vor diesem Hintergrund kann ich das Selbstverständnis der deutschen Landwirte als fortschrittliche, nachhaltige und effizient wirtschaftende Unternehmer besser verstehen, und ebenso das völlige Unverständnis, mit dem viele von ihnen auf die Kritik von Tierschützern und Ökologen reagieren. Dass sie ihre Gülle einfach in einen künstlichen See pumpen und aus ihrem Land eine Fäkalienmüllhalde machen, ist jedenfalls undenkbar. Obwohl die meisten Landwirte viel über die Reglementierung und den Vorschriftenwahn aus Brüssel und Berlin klagen, ist es für sie selbstverständlich, dass Gülle als Dünger verwendet wird und nicht als Bodenkiller. Auch in Deutschland werden in Regionen mit hoher Tierkonzentration immer wieder zu hohe Nitratwerte im Grundwasser gemessen, das beklagen Wissenschaftler, Umweltschützer und Wasserwerke völlig zurecht – doch von Zuständen wie in North Carolina sind wir weit entfernt. Es ist schlicht und einfach verboten.

Das Selbstbild der deutschen Landwirte als Effizienz- und Nachhaltigkeitsweltmeister kann sich mit Recht auf höhere Umwelt- und Tierschutzstandards als in vergleichbaren außereuropäischen Agrarländern berufen. Die deutschen Landwirte vergleichen die gesetzlichen Anforderungen, denen sie entsprechen müssen, mit denen ihrer Weltmarktkonkurrenten in Thailand, Brasilien oder den USA, und können zu dem Schluss gelangen, dass sie gar nicht schlecht dastehen. Das wiederum verleitet sie zu dem Schluss, dass Kritik nicht berechtigt sei.

Fortschritt durch Technik

Noch etwas anderes ist sehr wichtig für das Selbstverständnis der Landwirte, und das ist die Technik. In der Fachpresse haben technische Neuerungen einen hohen Stellenwert, und wenn dort von Fortschritt die Rede ist, ist damit fast immer der technische Fortschritt gemeint. Diese Technikbegeisterung hat historische Wurzeln: Wer sein Leben lang den Stall jeden Morgen, Sommer wie Winter, an Wochen- und Feiertagen, mit der Mistgabel gesäubert hat, der weiß es sehr zu schätzen, wenn er sich heute auf einen Hoflader setzen kann und mit einer Schaufelladung die ganze Arbeit erledigt – während der vorbeikommende Städter nur die verloren gegangene Idylle bemerkt. Vermutlich hat die Begeisterung für die Neuheiten der Landmaschinenbauer auch eine psychologische Komponente: Wer oft als dumm und rückständig beschimpft wurde, der wird es vermutlich genießen, auf einem vier Meter hohen Superschlepper an seinen Kritikern vorbeizudröhnen und dabei flüchtig aus drei Metern Höhe zu grüßen.

In unserem Dorf wird erzählt, dass ein Landwirt, der zugleich ein wichtiger Spieler der örtlichen Fußballmannschaft war, immer wenn ihn ein Gegner als *Bauer* beschimpfte, zu einem kräftigen Schuss angesetzt habe und dabei wie aus Versehen mit den Stollen das Schienbein seines Kritikers getroffen habe. Die anderen Bauernsöhne waren beeindruckt über diese wirkungsvolle Art, sich gegen den Ruf des Bauerntölpels zur Wehr zu setzen. Die wenigsten haben das nachgemacht, aber *Bauer* als Schimpfwort, das kannten sie alle. Wenn also der Hightechschlepper mit GPS-Steuerung den Ackergaul ersetzt hat, der Mähdrescher die staubige Dreschmaschine, der verschlossene Güllebehälter den stinkenden Misthaufen, dann ist das für den Landwirt nicht nur Arbeitserleichterung, sondern zugleich eine Befreiung vom tatsächlichen oder gefühlten Image des rückständigen Bauerndeppen.

Auch die Verbände verweisen immer wieder auf die wichtige Rolle der Technik in der modernen Landwirtschaft. Innovation und Fortschritt gehören inzwischen zu den Schlüsselbegriffen, wie etwa im Situationsbericht der Landwirtschaft aus dem Jahr 2013:

»Präzisionslandwirtschaft, computergesteuerte Produktionsprozesse, integrierte Nahrungsmittelketten und Melkroboter stehen für die moderne Landwirtschaft von heute. Der Einsatz dieser kapital- und wissensintensiven Produktionsmittel gilt als eine wichtige Ursache für den rasanten Strukturwandel in der Landwirtschaft. Bessere Fleischqualität, qualitätsgesicherte Ackerkulturen oder neue Produkte aus nachwachsenden Rohstoffen markieren den Fortschritt.«[84]

Über das Verhältnis der Landwirte zu ihren Tieren oder über neue ökologische Erkenntnisse, zum Beispiel wie Pflanzen untereinander kommunizieren, darüber habe ich in solchen Selbstbeschreibungen wenig gefunden. Wichtig sind stattdessen Computer und Roboter, Prozesskette und Präzision. Das sind unter anderem GPS-gesteuerte Traktoren und Mähdrescher (mit deren Hilfe der Landbesitzer in London die Arbeitszeiten seiner ukrainischen Angestellten kontrollieren kann, wie ich einmal einen Fahrzeughersteller auf einer Tagung habe schwärmen hören), Transponder an den Halsbändern der Kühe, die Kraftfutter je nach Milchleistung zuteilen, und computergesteuerte Lüftungsanlagen, die Störungen per SMS an den Stallbesitzer melden. Daraus scheint sich die Effizienz ganz von selbst zu ergeben, quasi als logische Folge des technischen Fortschritts. Wenn heute immer weniger Landwirte immer mehr produzieren, dann muss das wohl effizient sein. So legt es eine Broschüre der Fördergemeinschaft Nachhaltige Landwirtschaft zum Thema Ressourceneffizienz nahe:

»Ein Landwirt erzeugte 1900 genug Nahrung, um etwa vier Personen ernähren zu können, 1950 genug für zehn und im Jahr 2004 bereits genug für 143 Menschen. Diese Entwicklung war nur dank enormer Effizienzsteigerungen möglich.«[85]

In der Fördergemeinschaft Nachhaltige Landwirtschaft haben sich landwirtschaftliche Verbände und Unternehmen zusammengeschlossen. Der Bauernverband ist dabei, die Arbeitsgemeinschaft Deutscher Rinderzüchter, der Zentralverband der Deutschen Geflügelwirtschaft und viele Industrieunternehmen: BASF, K & S, Monsanto, Dow Agroscience, Südzucker, sogar der Verband der Chemischen Industrie. (Kein Bioverband und auch nicht die Arbeitsgemeinschaft bäuerliche Landwirtschaft, denn die haben ein anderes Verständnis von Nachhaltigkeit. Ihr gemeinsames Ziel: Imagepflege und die Vermittlung ihrer Überzeugung, dass Produktionssteigerungen und Nachhaltigkeit sehr wohl zusammengehen. Ihr Credo: »Je effizienter die Landwirte produzieren, desto preiswerter können die Erzeugnisse hergestellt werden. Das hat zusammen mit anderen Faktoren dazu geführt, dass die Lebensmittel in den letzten 50 Jahren im Vergleich zu den übrigen Lebenshaltungskosten immer günstiger geworden sind.«[86]

Zur Effizienz gibt es keine Alternative!

In der Broschüre zur Ressourceneffizienz der Fördergemeinschaft Nachhaltige Landwirtschaft erfahre ich, dass die Landwirte zwar heute schon effizient seien, aber in Zukunft noch effizienter wirtschaften müssen: »Heute wollen ca. 6,6 Milliarden Menschen (2007) satt werden und ihre Bedürfnisse erfüllen, 2050 werden es nach Schätzung der UN bereits 9,2 Milliarden Menschen sein. Es besteht also Handlungsbedarf!« Und weiter: »Jeder Hektar Land muss zukünftig also deutlich mehr Menschen versorgen. Dies ist nur möglich, wenn Bäuerinnen und Bauern die verfügbaren Nutzflächen noch besser und sparsamer, d.h. effzienter nutzen als bisher.«[87]

Klar, als Weltmeister muss man die Welt ernähren. Das klingt sinnvoll und verantwortungsbewusst. Auch der Deutsche Bauernverband teilt diese Position und sieht die Landwirte in der Pflicht. Bei der Vorstellung des Situationsberichts 2013/14 im Dezember 2013 in Berlin sagte der Präsident des Bauernverbands, Joachim Rukwied: »Um die globalen Herausforderungen bewältigen zu können, benötigen die deutschen Bauern jeden produktiven Hektar.« Sein bayrischer Kollege Walter Heidl hat es so auf den Punkt gebracht: »Es gibt keine Alternative zu einer Steigerung der Effizienz. Die Landwirtschaft muss für die Zukunft mehr und effektiver produzieren.«

Es gibt keine Alternative: Das hört sich verdächtig nach Margaret Thatchers »There is no alternative« an, dem berühmten TINA-Prinzip, mit dem die ehemalige britische Premierministerin ihren wirtschaftsliberalen Reformkurs durchgepeitscht hat. Wenn es ohnehin keine Alternativen gibt, dann muss auch gar nicht diskutiert werden. Dann muss gemacht werden, was gemacht werden muss. In diesem Fall also: die Effizienz noch weiter steigern. Durch »nachhaltige Intensivierung« (Deutscher Bauernverband) oder »nachhaltige Produktionssteigerung« als »unabdingbares Mittel zur Verminderung des Hungers in der Welt« (FNL).[88]

Doch ein wichtiges Detail wird dabei selten erwähnt: Deutschland liegt nicht nur auf Platz drei der Exporteure von Agrarprodukten und Lebensmitteln, sondern auch auf dem dritten Platz der Importeure. Waren im Wert von 85,5 Milliarden US-Dollar verkauften die deutschen Unternehmen aus der Agrarbranche ins Ausland, während sie gleichzeitig für 96,9 Milliarden US-Dollar Futter- und Lebensmittel aus dem Ausland einkauften. Diese Zahlen zeigen: Deutschland ist ein Netto-Importeur von Agrarprodukten und Lebensmitteln, das passt nicht gut zur Idee vom Wir-müssen-die-Welt-ernähren. Aber das wird gerne verschwiegen. Denn Kritik an dieser wunderbaren Welt der Effizienz ist unerwünscht.

Effizienz kommt vor Hofladenromantik

Als Joachim Rukwied im Sommer 2012 zum neuen Präsidenten des Bauernverbands gewählt wurde, stellte er klar: Bei ihm komme Ökonomie vor Ökologie und Effizienz vor Hofladenromantik.[89] Damit positionierte er sich als marktorientiert und realistisch, als standfester Bauer, der vor der ewigen Kritik der naiven Großstädter nicht in die Knie geht (für seine Anhänger) beziehungsweise als Hardliner (für Umwelt- und Tierschützer). Warum er den Hofladenbetreibern unter den Landwirten implizit Ineffizienz unterstellt, hat er nicht weiter erläutert. Klar wird, dass Romantik für ihn nichts Erstrebenswertes ist.

Es gibt einen rhetorischen Dreiklang, mit dem die fortschritts- und technikorientierten Anhänger der modernen Landwirtschaft alle kritischen Bemerkungen geradezu reflexhaft abwehren.

Erstens: Der Landwirt ist realistisch und sachlich.

Zweitens: Der Kritiker ist emotional, unsachlich und hat keine Ahnung.

Drittens: Er urteilt aufgrund von romantischen Vorstellungen und/oder Ideologien, die nichts mit der echten Welt zu tun haben.

Zuletzt habe ich das auf der Podiumsdiskussion über die Welternährung in Berlin erlebt, zu der die Vereinigung Deutscher Wissenschaftler und Brot für die Welt eingeladen hatten und bei der der Generalsekretär des Bauernverbands von den Farmern in den USA berichtete. Diskutiert wurde dabei die Frage, welche Art von Landwirtschaft zehn Milliarden Menschen ernähren kann, die moderne, großstrukturierte Hightechlandwirtschaft (die der Stargast des Abends, der Schweizer Wissenschaftler Hans Rudolf Herren als ineffizient kritisierte) oder eher die kleinstrukturierte, naturnahe und regional angepasste Wirtschaft der Kleinbauern (von denen der Weltagrarbericht sagt, sie seien das Rückgrat der Welternährung).

In meiner Anmoderation hatte ich den Strukturwandel in meinem Dorf beschrieben: dass ich in den Siebzigerjahren in einer kleinbäuerlichen Landwirtschaft aufgewachsen bin und seitdem den Strukturwandel erlebt habe. Dass viele Bauern und mit ihnen die Bauerngärten verschwunden seien, wodurch viele traditionelle Kenntnisse über Lebensmittel verloren gingen, während gleichzeitig die Produktivität stieg. Im Schlusswort sagte Bernhard Krüsken vom Bauernverband, er müsse noch einmal auf meine Eingangsworte zurückkommen, auf »meine romantisierenden Vorstellungen«. Wenn sich mein Dorf nicht weiterentwickelt hätte, so Krüsken, dann wären die verbliebenen Höfe so klein, dass die Einkommen vermutlich nicht mal mehr auf Hartz IV-Niveau liegen würden.

Ja, wenn es mal so wäre, dachte ich. Der Hof, auf dem *Jonny Roastbeef* gelandet ist, gehört der Größe nach sicher zu den Betrieben, die sich nicht weiterentwickelt haben. Ob der Nebenerwerbslandwirt zusammen mit seinem Hauptberuf mehr Geld einnimmt als die weiterentwickelten Großbetriebe, weiß ich nicht. Zumindest überzeugt mich die Arbeitszufriedenheit des Nebenerwerbslandwirts, wenn ich ihn beobachte, wie er mit Jonny und seinen Kumpels umgeht. Aber das ist aus agrarökonomischer Perspektive nur romantisierender Kitsch.

Für sie ist das Bild klar: Hier die kleinen, süßen Bilderbuchbauernhöfe, die leider kein Geld einnehmen, dort die großen, effizienten Betriebe, die von ihrer Arbeit gut leben. Leider war an diesem Abend in Berlin-Mitte kein verschuldeter Kälbermäster anwesend, auch keiner der unter Druck geratenen Hähnchenmäster und auch kein Milchbauer, der sich nach den guten Preisen der letzten Monate gerade so von den Verlusten der letzten Jahre erholt.

Aus den Texten der Fördergemeinschaft Nachhaltige Landwirtschaft spricht Misstrauen gegenüber den emotionalen und ahnungslosen Kritikern der modernen Landwirtschaft: »Die FNL informiert sachlich und anschaulich über Vorgänge im Prozess der Erzeugung und Verarbeitung und achtet hierbei streng darauf, die Ausgewogenheit des wichtigen Dreiecks der Nachhaltigkeit ›sozial verantwortlich – ökologisch ausgewogen – wirtschaftlich effizient‹ nicht einseitig und tendenziös in Richtung einer der drei Komponenten zu verzerren.«[90] Einseitige und tendenziöse Verzerrung – damit dürfte die FNL auf Ökologen und Tierschützer zielen, die Landwirte für ihren Umgang mit dem Vieh und der Natur kritisieren.

Die Broschüre *Bauern unter Beobachtung – wie man uns sieht und was wir tun können* vom schleswig-holsteinischen Bauernverband wird viel deutlicher. Der Autor spricht vom »fanatischen Eifer« der NGOs und wirft ihnen unlautere Emotionalisierung vor – sie würden »mit Kulleraugen Spenden ziehen«. Wie Greenpeace mit den Robben: »Dann fällt beim Betrachter jede emotionale Hemmschwelle, und er zückt fast ferngesteuert sein Portemonnaie.«[91]

Wenn das so einfach ist, warum nutzt der Bauernverband diese emotionale Fernsteuerung dann nicht selbst, frage ich mich. Kleine Ferkel im Stroh sind ebenso zuckersüß wie Robbenbabys. Die Landwirte könnten sie also samt ihrer Mütter ins kuschelige Stroh setzen und einen angemessenen Preis für Fleisch aus einer Haltung verlangen, die Tieren dieses Mutterglück ermöglicht. Das Geld müsste ja per Fernsteuerung zu ziehen sein. Aber solche Gedanken sind vermutlich zu viel Hofladenromantik und zu wenig effizient.

Der Präsident des schleswig-holsteinischen Bauernverbands Werner Schwarz hat unter dem Druck der andauernden Kritik an der Intensivtierhaltung eine Webcam in seinem Sauenstall aufgestellt, was ich sehr mutig finde, und die Bilder kommentieren lassen. Er schreibt dazu: »Realitätsfremde Tierrechtler versuchen jetzt, die Distanz zu nutzen, um mit missionarischem Eifer einen Keil zwischen Verbraucher und Landwirte zu treiben.«[92]

Da mag etwas daran sein: Die Leute auf dem Land wissen, wie Landwirtschaft heute aussieht. Viele Konsumenten hingegen haben nur Bilder aus ihrer Kindheit im Kopf oder Erinnerungen an den Ferienbauernhof. Oder sie schauen mit ihren Kindern Bilderbücher von idyllischen Fantasiebauernhöfen an – und erschrecken natürlich, wenn sie im Fernsehen ungeschönte Bilder aus modernen Mastanlagen sehen. Wenn diese Konsumenten dann einen Landwirt, dem das Wasser – vor Arbeit, Schuldendruck und schlechten Preisen – bis zum Hals steht, fragen, warum um alles in der Welt seine Ferkelchen nicht auf die Weide dürfen, hat der vermutlich wenig Verständnis für solch naive Grundsatzfragen. Und auch das stimmt: Bei den jetzigen Erzeugerpreisen ist kaum mehr Freiheit für Tiere möglich. Und solange die Kunden der Discounter Fleisch, Wurst, Milch, Butter und Eier zu Super-Sonder-Extra-Billigpreisen kaufen, glaubt kein Landwirt, dass der Kundenwunsch nach mehr Tierschutz den

Konsumenten einen müden Cent mehr wert ist. Was das angeht, haben Landwirte ein sehr düsteres Menschenbild.

Wenn der kritisierte Landwirt noch einen Biobauern kennt, der Schwierigkeiten hat, seine Stroh- und Suhlschweine zu einem besseren Preis zu vermarkten, wird er die Kritik des Städters für komplett naiv und weltfremd halten. Er muss sehen, wie er mit den niedrigen Preisen klarkommt, und dazu muss er immer mehr produzieren, da bleibt nicht viel Spielraum für Sonderwünsche.

Das ist verständlich.

Bloß folgt daraus nicht automatisch im Umkehrschluss, dass die Landwirtschaft, so wie sie heute läuft, richtig und gut ist. Und schon gar nicht, dass sie so effizient ist, wie ihre Vertreter behaupten. Das trotzige Beharren, nicht alles falsch zu machen, darf nicht dazu führen, die Augen davor zu verschließen, dass womöglich wirklich etwas falsch läuft.

Meinem Eindruck nach sind die Verbände und viele Landwirte so sehr damit beschäftigt, Kritik aus den Medien und der Öffentlichkeit abzuwehren, dass sie darüber den kritischen Blick auf ihre Branche völlig verloren haben. Sie halten sich lieber an das, was sie kennen und was ihnen verlässlich Erfolg meldet: wie viel Doppelzentner Weizen pro Hektar sie benötigt haben, wie viel Kilogramm Milch sie pro Kuh und Jahr erwarten dürfen und welches Schlachtgewicht von Schwein und Huhn. Das sind messbare, genaue Zahlen, mit denen jeder etwas anfangen kann, der morgens ein Brötchen mit Ei und mittags ein Schnitzel auf dem Tisch haben will. Den Rest sollen die Leute ihnen überlassen, den Experten, die wissen, wie man's macht mit den Treckern und den Tieren.

Diese Gefühlslage ist verständlich – aber sie führt nicht weiter. Wenn Kritiker der modernen, als effizient und nachhaltig ausgelobten Lebensmittelerzeugung von vornherein Unrecht haben, einfach weil sie Kritik üben, ohne Landwirte zu sein, dann führt die störrische Selbstgewissheit, recht zu haben, in eine Sackgasse. Immerhin: Die Schrift des schleswig-holsteinischen Bauernverbands *Bauern unter Beobachtung* endet nicht mit dem Satz: Wir haben recht! Sondern mit der Empfehlung an die Landwirte, sich den Kritikern zu stellen, ihre Ställe zu zeigen und an Verbesserungen zu arbeiten: »Die Botschaft lautet nicht: »Wir sind perfekt.« Sie lautet: »Wir sind schon gut, aber wir werden noch besser – versprochen!«»[93]

Doch der entscheidenden Frage, ob die Entwicklung der modernen Landwirtschaft, mit immer mehr Input immer mehr Output zu generieren, wirklich effizient ist, der weichen sie aus. Wichtige Fragen bleiben unbeantwortet:

Wie lässt sich die Effizienzbehauptung mit der Produktion überflüssiger Tiere vereinbaren? Müsste zum Titel Effizienzweltmeister nicht dazugehören, dass alle Tiere, die produziert werden, auch genutzt werden? Und entferne ich mich mit dem züchterischen Verbessern von Einnutzungsrassen nicht von diesem Ziel?

Stimmen die Effizienzrechnungen überhaupt? Ist mehr Ertrag von einer Pflanze pro Flächeneinheit gleichbedeutend mit mehr Effizienz? Muss ich nicht noch weitere Faktoren einbeziehen wie Dünger und Pflanzenschutzmittel? Wie viel Dünger wurde mehr verwendet, und mit wie viel Energieinput wurde der hergestellt? Wie viel Pflanzenschutzmittel/

Pestizide wurden verwendet? Wie viel Biodiversität ging dabei möglicherweise verloren? Wie viel Ernteverluste haben sie verhindert?

Und wenn die multifaktoriellen Effizienzrechnungen kein eindeutiges Ergebnis mehr bringen: Welche Form von Landwirtschaft wäre dann effizient? Und warum wird darüber nicht diskutiert?

Kapitel 6

Verschwendungslandwirtschaft

Irgendwann in den Achtzigerjahren stoppte mein Vater unser Auto vor einem Feld. »Guckt euch das an«, sagte er. »Das ist ein Biobauer, der hier Weizen anbaut. Mehr Unkraut als Getreide. So wie die sich das denken, geht das einfach nicht.«

Schade, dachte ich damals. Denn ich fand die Idee eigentlich gut. In der Schule hatte ich davon gehört: Es gab Bauern, die versuchten, ihre Felder ohne Spritzmittel und Kunstdünger zu bestellen.

Mein Vater beendete unsere Familienfortbildung in alternativer Landwirtschaft schon nach der ersten Feldbeschau. So verpassten wir den Fortschritt, den die Ökobauern machten, die neuen Geräte, die sie entwickelten, die erweiterten Fruchtfolgen und ihre Ernteerfolge. Als wir Jahre später zusammen vor einem Biomöhrenfeld standen, sagte mein Vater: »Das muss ein konventionelles sein«. »Nein«, sagte der Landwirt und lächelte nachsichtig. »Das ist bio.« Die Ignoranz der anderen Landwirte war für den Biobauern nichts Neues.[94]

In den Anfangsjahren war Biolandwirtschaft schlicht und einfach kein Thema für den Mainstream der Landwirte. Die Fachpresse berichtete so gut wie nie darüber, und wann immer ich mit einem konventionellen Bauern über Ökolandbau sprach, sagte er als Erstes: »Bio ist eine Nische. Und das wird auch so bleiben.« Das habe ich so oft vernommen, dass ich glaube, diese beiden Begriffe sind im kollektiven Bewusstsein der Fortschrittsbauern zusammengeschweißt worden: Bio = Nische. Als habe es eine Dienstanweisung in allen Bauernblättern gegeben, den Begriff Bio nur im Zusammenhang mit Nische zu benutzen.

Die Pioniere des ökologischen Landbaus erzählen allesamt, wie viel Spott sie von ihren Kollegen aushalten mussten, nachdem sie die Umstellung gewagt hatten. Keinen kumpelhaft-neckenden, sondern hämischen, oft sogar bösartigen. So heftig, dass Psychologen dahinter vielleicht den Versuch vermuten würden, von eigener Unsicherheit abzulenken. Wer sich seiner Sache ganz sicher ist, der wehrt jemanden, der etwas anderes ausprobiert, nicht so vehement ab, lässt ihn vielmehr probieren und schaut neugierig zu, wie es läuft. Nicht so in der traditionellen Landwirtschaft.

Da war gleich zu Anfang klar: Bio ist eine Nische und funktioniert nicht richtig, das sieht man an den niedrigen Erträgen, und deshalb ist das nichts für uns. Wir sind nämlich innovativ, fortschrittlich und erfolgreich. Bei dieser Argumentation war die Effizienz immer das stärkste Argument: Unsere Erträge sind höher. Also tun wir das Richtige.

Später kam der gesellschaftliche Wandel und brachte grüne Landwirtschaftsministerinnen in Ämter, die zuvor fest in konservativ-fortschrittlicher Hand gewesen waren. Die Agrarlobby büßte ihre alleinige Definitionsmacht ein, der Biogedanke breitete sich aus, Supermärkte und sogar Discounter nahmen Produkte mit Ökosiegel ins Sortiment. Was rechtschaffene Landwirte bislang getan hatten, um die Bevölkerung preiswert mit wertvollem Fleisch zu versorgen, wurde als Massentierhaltung beschimpft, während Bio als wichtiger Baustein der Weltverbesserung galt. Die Leute glaubten den Landwirten nicht mehr, und die großen Wir-haben-es-satt-Demonstrationen[95] gegen Intensivtierhaltung und Exportsubventionen während der Grünen Woche im Januar in Berlin verzeichneten Jahr für Jahr mehr Teilnehmer. Plötzlich ging es für die Landwirte nicht mehr nur um Effizienz, sondern auch um die Ehre.

Im September 2013 trafen sich hessische Biobauern und Tierschützer in Karben, einer Kleinstadt vor den Toren Frankfurts, um über die Zukunft der Landwirtschaft zu diskutieren. Es war Wahlkampf in Hessen, und in Brüssel wurde über die neue europäische Agrarpolitik verhandelt. Der EU-Agrarkommissar Dacian Cioloş hatte die Schlagwörter Greening und ökologische Vorrangflächen in die Debatte geworfen, und seitdem schöpften die Biobauern neue Hoffnung: Würde es endlich eine grüne Wende in der Landwirtschaft geben? Eine Politik, die gute, artgerechte Tierhaltung und nachhaltiges Wirtschaften belohnte? Die nicht mehr allein Masse und maximale Erträge honorierte, sondern Wirtschaften im Einklang mit der Natur? Die etwas weniger Effizienz und etwas mehr Bodenhaftung ermöglichte? Die Hoffnung war in Karben zu spüren.

Eingeladen hatte das Bündnis Agrarzukunft Hessen, in dem sich Tier- und Umweltschutzorganisationen und die Bioanbauverbände zusammengeschlossen hatten. Sie alle forderten, dass sich endlich etwas ändern müsse. Als Redner hatten sie Thomas Griese eingeladen, seit 2011 Staatssekretär im grün regierten Landwirtschaftsministerium von Rheinland-Pfalz und promovierter Jurist. Einen alten Hasen, der schon unter der ersten grünen Agrarministerin Bärbel Höhn in Nordrhein-Westfalen als Staatssekretär gewirkt hatte. Griese sollte berichten, was in seinem Bundesland unternommen wurde, um kleine Höfe und Biobetriebe zu unterstützen. Doch bevor er loslegte, fällte er ein vernichtendes Urteil über die herrschende Landwirtschaft. »Das ist eine Verschwendungslandwirtschaft«, sagte Griese, und alle im Saal horchten auf. Die moderne, wachstumsorientierte, fortschrittliche Landwirtschaft – eine Verschwendung? Bisher waren es immer die Biobauern gewesen, die sich Verschwendung und Ineffizienz vorwerfen lassen mussten: weil ihre Erträge niedriger sind als die der Intensivlandwirte. Weil ihre Tiere langsamer wachsen und weniger Milch und Fleisch bringen. Dass ein hochrangiger Ministerialbeamter ausgerechnet die produktive Intensivlandwirtschaft als Verschwendung kritisiert, überraschte selbst die Biobauern: »Wir haben es in der Land- und Ernährungswirtschaft mit einer Verschwendungswirtschaft zu tun, die nur sehr schlechte Effizienzgrade erreicht«, sagte Griese. Er verglich die Branche mit der atomaren und fossilen Energiewirtschaft, also mit Atomkraftwerken und Ölheizungen. »Auch dort wird mit geringen Wirkungsgraden von kaum 30 Prozent eine hohe Menge an Rohstoffen verbraucht, ein hohes und unverantwortliches Müllproblem produziert, um am Ende eine bescheidene Energieausbeute zu erreichen.«[96]

Effizienzweltmeister und Verschwendungswirtschaft: Wie geht das zusammen?

Thomas Griese stellt die Fleischproduktion in den großen Kontext der globalen Futtermittelströme, der ökologischen Auswirkungen und der Folgen für die Konsumenten. Das sind Faktoren, die in den Berechnungen der Agrarlobby oft unterschlagen werden. Im Gegensatz zu den Landwirten, die sich auf ihre innerbetrieblichen Bilanzen konzentrieren, öffnet Griese die Hoftore und schaut, wo die Futtermittel herkommen und wo die Erzeugnisse hingehen: »Die intensive Tierhaltung auf der Nordhalbkugel unseres Planeten ist zudem nur durch erhebliche Futtermittelimporte, insbesondere aus den Regionen der Südhalbkugel möglich. Damit verbunden sind gravierende negative Umweltauswirkungen, insbesondere Monokulturen (Soja), ein hoher Einsatz von Pestiziden und Mineraldünger und nicht zuletzt großflächige Rodungen von Urwäldern, um diese Futtermittel herzustellen. Die regionale Konzentration der Tierhaltung in verschiedenen Regionen der Bundesrepublik schafft zudem zusätzliche Probleme insbesondere in Bezug auf die Belastung des Grund- und Trinkwassers und die gesundheitlichen Auswirkungen durch Keime und Gerüche.«[97]

Und noch einen weiteren Faktor bezieht Griese in die landwirtschaftliche Produktivitätsrechnung ein: den Einsatz von Antibiotika in den Intensivställen. »Weil die Tiere auf so engem Raum gehalten werden und daher der Infektionsdruck immer weiter angestiegen ist, müssen, um dieses System der Tierhaltung aufrechtzuerhalten, in großem Umfang Antibiotika eingesetzt werden. In Deutschland heißt dies, dass insgesamt jedes Jahr ca. 1 700 Tonnen Antibiotika eingesetzt werden, damit wesentlich mehr als in der Humanmedizin. Durch die dadurch bedingte Entwicklung von antibiotikaresistenten Keimen kommt es inzwischen zu erheblichen Auswirkungen. Schätzungen gehen davon aus, dass auf die Entwicklung antibiotikaresistenter Keime inzwischen in Deutschland pro Jahr 15 000 Todesfälle zurückzuführen sind.«[98]

Der Preis für die hohe Produktivität im Stall ist ein hoher Ressourceneinsatz, so viel ist klar. Aber es ist eine Frage des Blickwinkels, ob jemand die moderne Intensivtierhaltung als effizient oder verschwenderisch bezeichnet. Für den Landwirt zählt der Ertrag, für den Konsumenten der Preis, für den steuerzahlenden Bürger der Kostenaufwand für die Schäden, die diese Art von Landwirtschaft anrichtet, und für uns alle – für die Menschheit als Ganzes – geht es um die globalen Folgen der Art und Weise, wie wir Lebensmittel erzeugen und was wir essen. Ökologen warnen: Wir müssen anders produzieren, um die natürlichen Lebensgrundlagen zu erhalten, damit sich auch die Generationen nach uns noch ernähren können.

Thomas Griese hält den Anspruch der Agrarlobbyisten, mehr zu produzieren, um eine wachsende Weltbevölkerung zu versorgen, für falsch. »Die primär interessensgeleitete Argumentation ist immer gleich und der ideologische Überbau immer derselbe: Wir brauchen für die Nahrungsmittelerzeugung jeden Quadratmeter, wir müssen unsere Agrarproduktion weiter intensivieren und für alles andere ist keine Fläche da«, schreibt er in einem Grundsatzpapier über die Frage, wie Flächen in Zukunft zu nutzen seien. »Das gleiche Argumentationsmuster begegnet uns auch, wenn der Einsatz gentechnisch veränderter Pflanzen befördert oder die Ausdehnung des ökologischen Landbaus bekämpft werden soll.«[99]

Griese macht eine andere Effizienzrechnung auf: nicht mehr, sondern anders produzieren. Das bedeutet das Gegenteil von dem, was die Agrarbranche fordert: nämlich weniger Fleisch zu produzieren – und zu essen. Gerade das würde nach Thomas Griese die Verschwendung verringern und die Effizienz steigern. Denn um ein Kilo Fleisch zu produzieren, braucht man – je nach Tierart – drei bis sieben Kilo Getreide. Deshalb ist es ressourcenintensiver, Fleisch zu produzieren als Gemüse oder Getreide.

In seinem Grundsatzpapier, das er zusammen mit Lutz Ribbe für ihre Stiftung EuroNatur verfasst hat, erläutern die Autoren, dass der Flächenbedarf und damit die Auswirkung auf die Nahrungsmittelversorgung entscheidend von der Art unserer Ernährung abhängen. Die Fleischproduktion benötigt wesentlich mehr Boden als die Produktion pflanzlicher Produkte. »Von den 17 Millionen Hektar landwirtschaftlich genutzter Fläche in Deutschland werden etwa 10 Millionen Hektar für die Versorgung mit tierischen Lebensmitteln benötigt, hinzu kommen noch einmal rund 2,8 Millionen Hektar an Nettofläche für Importfuttermittel, z.B. aus Südamerika. Für die Erzeugung einer Menge an Kilokalorien basierend auf fleischlicher Ernährung wird 7–10-mal so viel Fläche benötigt, wie für die Erzeugung von entsprechend vielen Kilokalorien auf vorwiegend pflanzlicher Basis. Die für die Versorgung mit tierischen Lebensmitteln zurzeit genutzte

Fläche würde sich bei einer Reduzierung des Konsums tierischer Lebensmittel von 10 auf 6 Millionen Hektar verringern lassen. Das heißt, etwa ein Viertel der landwirtschaftlichen Nutzfläche in Deutschland wäre nicht erforderlich bzw. ein Großteil der Importfuttermittel würde wegfallen, wenn der Fleischkonsum auf das Maß zurückgeführt würde, das Ernährungswissenschaftler für sinnvoll halten.«[100]

Es ist der klassische Widerspruch zwischen Marktwirtschaft und Nachhaltigkeit: Auf der einen Seite stehen Landwirte, Futtermittelproduzenten, Pharmafirmen, Landtechnikhersteller, Fleischverarbeiter und Exporteure, die mit viel Input und einigen Kollateralschäden viel Output generieren, dadurch das Bruttosozialprodukt vergrößern, das Wirtschaftswachstum fördere und Deutschland zum Bronzegewinner der Exportweltmeisterschaft in der Disziplin Agrarprodukte machen.

Auf der anderen Seite finden wir eine gesamtgesellschaftliche und ökologische Betrachtung, die zu dem Ergebnis kommt: Weniger ist mehr, und anders wäre besser! Weniger Fleischproduktion bedeutet mehr Gesundheit, mehr Biodiversität heißt, mehr Regenwald und mehr Tierwohl. Doch diese Art von Wachstum fließt nicht in wirtschaftliche Bilanzen ein, sie lässt sich überhaupt nicht einfach in Kapital umrechnen.[101]

Das macht es für die biologische Landwirtschaft so schwer: Sie verursacht kaum externe Schäden – kein Nitrat im Grundwasser, keine Rückstände von bienengefährdenden Pflanzenschutzmitteln, weniger Tierleid –, aber sie kann diese Vorteile nicht in ihre ökonomische Rechnung einbeziehen. Solange die externen Kosten der Intensivlandwirtschaft nicht von ihren

Verursachern gezahlt werden müssen, solange werden konventionelle Lebensmittel günstiger als ökologisch erzeugte sein. Und solange all diese externen Faktoren nicht in den Gesamtrechnungen berücksichtigt werden, wird die Intensivlandwirtschaft als effizient gelten.

Der Biobauer, der unser Kälbchen *Jonny Roastbeef* beherbergt, hat in diesem Jahr ein paar seiner kleinen Ackerflächen mit Gras eingesät, um daraus Weiden für *Jonny* und seine Jungbullenfreunde zu machen. Dieses Grünland bringt mehr Artenvielfalt, mehr Lebensraum, weniger Erosion und Düngeüberschuss, für den Bauern aber bringt es mehr Arbeit und weniger Ertrag. Um *Jonny* und die anderen Kälber an die Weide zu gewöhnen, hat er sie ein paar Tage lang am Strick für eine halbe Stunde grasen lassen, so wie es Pferdebesitzer mit ihren Lieblingen machen.

Als wir *Jonny* im Frühsommer auf der Weide besuchten, sah er noch aus wie ein Kalb, doch sein Benehmen war längst das eines jungen Bullen. Erst untersuchte er unser Fahrrad, das am Zaun lehnte, und leckte so lange mit seiner langen, rauen Rinderzunge an Speichen und Pedalen herum, bis er sich wirklich sicher war, dass es nichts zu fressen war. Als ich zu ihm über den Zaun kletterte, sprang er so ungestüm und mit gesenktem Kopf auf mich zu, dass ich vorsichtshalber rückwärts auswich. Einen Schritt vor mir bremste er ab und blieb ruhig stehen, um sich streicheln zu lassen – als wollte er sagen, war ja nur Spaß! Es schien ihm ganz gut zu gefallen, neugierigen Zaungästen ein bisschen Angst zu machen. Dann angelte er mit seiner Zunge nach meinem Hosenbein. Ganz der Teenager, dachte ich.

Besucher wie mich sind er und die anderen jungen Kälber gewohnt. Jeden Morgen spazieren hier Großväter mit ihren Enkeln im Kinderwagen vorbei und zeigen Kälber und Kühe, Katzen, Spatzen und Schwalben. Eine wunderbare Dorfidylle, ein nicht ökonomisierter Zusatznutzen der extensiven Landwirtschaft, jenseits aller Effizienzrechnungen.

Zehn Kalorien Input für eine Kalorie Output

Außer Thomas Griese ist mir im letzten Jahr ein zweiter Kritiker begegnet, der die Intensivlandwirtschaft als ineffizient und verschwenderisch bezeichnet, und zwar der schon erwähnte preisgekrönte Schweizer Agrarforscher Hans Rudolf Herren, Präsident des *Millennium Institute* in Virginia/USA, dessen Stimme in der (alternativen) Agrarszene großes Gewicht hat, weil es ihm gelungen ist, eine Hungersnot zu verhindern. Herren begann 1979 als junger Wissenschaftler am International Institute of Tropical Agriculture in Nigeria zu forschen. Dort breiteten sich damals Schmierläuse aus, die die gesamte Maniokernte gefährdeten und damit das Grundnahrungsmittel für viele Millionen Menschen in Westafrika. Alle chemischen Bekämpfungsmittel hatten versagt, es drohte eine Hungersnot. Da hatte Herren die Idee, sich die Maniokpflanze in ihrer Heimat Südamerika genauer anzuschauen. Warum gedeiht Maniok dort, fragte er sich. Warum werden die Schmierläuse dort nicht zu einer Plage? Gibt es einen natürlichen Feind, der sie in Schach hält? Herren entdeckte eine Schlupfwespe, brachte riesige Mengen dieser Insekten nach

Afrika – und rettete die Maniokernte. Seitdem gilt er als Pionier der biologischen Schädlingsbekämpfung und als Lebensretter von Millionen Menschen. 2005 wurde er für seine Entdeckung mit dem World Food Prize ausgezeichnet – mit dem Preisgeld gründete er die Stiftung Biovision, die nachhaltige Landwirtschaft in Afrika fördert. Später war er einer der Vorsitzenden des Weltagrarrats, für den Hunderte von Wissenschaftlern aus der ganzen Welt ihr Wissen über Nachhaltigkeit in der Landwirtschaft zusammengetragen haben. Ihr Bericht, das *International Assessment of Agricultural Knowledge, Science & Technolgy* (IAASTD)[102], fordert eine weltweite Agrarwende, die Förderung von Kleinbauern und regionalen Kulturen. Die Vereinigung Deutscher Wissenschaftler und Brot für die Welt hatten ihn deshalb nach Berlin eingeladen zu ihrer Veranstaltung über die Zukunft der Welternährung – wo der Geschäftsführer des Bauernverbands die Effizienz der deutschen Landwirte gelobt und das Nachhaltigkeitsverständnis der US-Landwirte kritisiert hatte.

Hans Rudolf Herrens Rede in Berlin war ein leidenschaftliches Plädoyer gegen die Energieverschwendung in der intensiven Landwirtschaft, wenngleich sein Ton verriet, dass er es allmählich leid wird, immer und immer wieder die gleiche Klage zu erheben, ohne dass sich etwas ändert. Und obwohl die Beweislage so erdrückend ist. »Wenn man sich überlegt, dass die konventionelle Landwirtschaft in Amerika, aber auch wie sie hier produziert, zehn Kalorien verbraucht, um eine zu produzieren: Das ist ein bankrottes Geschäft, das würde kein Banker machen. Kein schlauer Businessman würde so etwas unternehmen! In der Landwirtschaft scheint das irgendwie doch möglich zu sein. Und das bringt uns ein Energieproblem, wenn man mehr Energie reinsteckt, als man rausnimmt, und das verstärkt den Klimawandel«, so Herren in Berlin. »Das industrielle Nahrungsmittelsystem, das man hier kennt oder in Amerika, produziert dreißig bis fünfzig Prozent aller Treibhausgase.«[103]

Die Welternährungsorganisation FAO, eine Tochter der Vereinten Nationen, habe erklärt, schon jetzt könnten zwölf Milliarden Menschen mit dem, was wir produzieren, ernährt werden. »Wenn einer kommt und sagt, wir müssen jetzt noch sechzig bis siebzig Prozent mehr produzieren, das ist total falsch! Und es ist auch falsch, wenn die Amerikaner sagen: Wir müssen die Welt ernähren!« Wäre *er* der Chef, so Herren, würde er sagen: Produziert weniger, aber dafür in besserer Qualität! Und helft denen in Afrika, mehr dort zu produzieren. Er verwies auf die traurige Tatsache, dass es auch in Ländern, die Agrarprodukte exportieren, hungernde Menschen gibt. Die Lösung könne also nicht sein, mehr zu produzieren – diese Rechnung stimme nicht. Man müsse vielmehr tun, was bereits der Weltagrarbericht fordert: Anders produzieren. »Wir brauchen eine radikale Umstellung, ein neues Paradigma«, forderte Herren. »Wir wollen eine multifunktionale Landwirtschaft, eine ökologische, eine Landwirtschaft, die in Harmonie ist mit der Umwelt, die nicht Krieg führt gegen die Umwelt, und wir wollen eine resiliente Landwirtschaft.« Resilienz ist der Fachbegriff für Widerstandsfähigkeit von Pflanzen und Ökosystemen, und genau die erreiche man durch mehr Biodiversität, nicht durch eine höhere Spezialisierung.

Resilienz, das Zauberwort der Nachhaltigkeitstheoretiker, bezeichnet ziemlich genau das Gegenteil von dem, was die Intensivlandwirtschaft mit ihren vielfältigen Risiken praktiziert. Ein Kalb, das im Alter von wenigen Wochen über Stunden und Tage transportiert wird, um dann mit vielen anderen Kälbern aus vielen anderen Ställen auf engem Raum eingepfercht zu werden, ist nicht resilient, sondern anfällig. Es braucht Antibiotika, um auf den Beinen zu bleiben. Und wenn die neue, schärfere Gesetzgebung die Antibiotikagaben einschränkt, hat die Branche ein Problem (das Kalb sowieso). Eine Kuh, die sehr jung ihr erstes Kalb bekommt, um als Hochleistungssportlerin in der Produktion zu gelten, ist Krankheiten gegenüber nicht widerstandsfähig.

Das Gleiche gilt für die Sauen in der Ferkelproduktion, für die Legehennen und die Masthühner und Puten. Sie alle sind anfällig und eben nicht resilient, so wie das System der leistungsoptimierten Einnutzungsrassen selbst nicht resilient ist, weil es sich auf lediglich sehr wenige Rassen beschränkt und damit die genetische Vielfalt der Nutztiere dramatisch reduziert.

Herren fordert, was alle Ökologen und Biobauern fordern, die externen Kosten der Landwirtschaft zu internalisieren. »Das ist der wunde Punkt«, sagte er in Berlin. »Wenn der Preis nicht stimmt, wenn der Preis nicht alles beinhaltet, also Umweltschäden, Gesundheitsfolgen und Biodiversitätsverluste, dann gibt es keine Änderung. Das muss alles im Preis vom Beefsteak enthalten sein.« Mit nur einem Drittel der weltweit gezahlten Subventionen für die Landwirtschaft könne eine Umstellung gelingen. »Wann das nicht eine Lösung ist, was ist eine Lösung? Und warum machen wir das nicht? Weil der Elefant da im Raum steht und sich nicht bewegen will.«

Als eine der großen Zukunftsaufgaben nannte er die Adaption der Landwirtschaft an den Klimawandel, dazu brauche man mehr Biodiversität. »Wir haben das Wissen. Es geht darum, dass wir das implementieren, was wir wissen.«

Im Veranstaltungsraum der Berliner Zentrale von Brot für die Welt saß einer von denen, die Hans Herren vermutlich zu den Elefanten zählen würde, nämlich der Generalsekretär des Deutschen Bauernverbands. Herren hat ihn, während er vom Elefanten sprach, nicht angeschaut, dazu ist er ein viel zu höflicher Mensch und Schweizer obendrein. Die Gegner in der Agrardebatte greifen sich ohnehin selten direkt an, selbst bei fundamental unterschiedlichen Positionen. Hans Herren und Bernhard Krüsken sind vermutlich einer Meinung, dass der US-amerikanische Umgang mit Schweinegülle ein Umweltfrevel ist, aber damit dürften ihre Übereinstimmungen enden. Höchstens einen Punkt gäbe es vielleicht noch, in dem sie sich einig wären: nämlich dass die Frage, auf welche Art und Weise unsere Lebensmittel erzeugt werden, nicht alleine von den Landwirten beantwortet werden muss, sondern dass sie uns alle angeht.

Immer wenn ich in den letzten Monaten über die Verschwendung in der Lebensmittelproduktion gesprochen habe, spannten die Kritiker der industrialisierten Landwirtschaft den Bogen vom Erzeuger bis zum Konsumenten. Hans Herren zeigte in Berlin ein Foto von einem 3D-Drucker, der Pasta druckte: So könnte die Zukunft der Ernährung aussehen, sagte er, einfach Maisstärke in die Druckerpatrone geben.

»Alles, was Sie dazu brauchen, ist Mais von Horizont zu Horizont! Dann sähe die Welt am Ende so aus!«, rief er und zeigte ein Bild einer gigantischen Maismonokultur. Sein Appell an die Zuhörer: »Es ist wichtig, dass die Leute sagen, ich will das nicht mehr! Dann muss der Bauer etwas anderes anbauen, und der Kreislauf wird sich schließen.«

Systematische Verschwendung

Die Verschwendung endet nicht bei den Erzeugern, der Schwarze Peter liegt keinesfalls allein bei den Landwirten, die zu viel Fleisch produzieren, sondern auch bei uns Konsumenten, die zu viel Fleisch kaufen und essen – oder noch weniger effizient: wegwerfen. »Mit den Produkten dieser Tierhaltung gehen wir verschwenderisch um«, schreibt der grüne Staatssekretär Thomas Griese. »Nach den bisher vorliegenden Daten muss man davon ausgehen, dass in den Industriestaaten etwa 30 bis 50 Prozent der produzierten Nahrungsmittel gar nicht auf dem Teller der Verbraucher landen, sondern vorher im Produktions- und Distributionsprozess vernichtet werden.« Man müsse von einer systematischen Verschwendung sprechen, meint der Staatssekretär.

In der Tat: Die Verschwendung findet sich überall im System der supereffizienten, produktiven Landwirtschaft: im Kuhstall, wo Milchkühe nach kürzester Zeit aussortiert werden, im Kälberstall, wo junge Kälber unter schwierigen Bedingungen um ihr Überleben kämpfen, in der Legehennenproduktion, wo Hennen so sehr auf Legeleistung gezüchtet werden, dass ihre Brüder für die Fleischproduktion völlig wertlos sind und gleich nach dem Schlüpfen getötet werden: Millionen männlicher Küken werden Jahr für Jahr vergast oder zerschreddert, sobald sie aus dem Ei gekommen sind.[104] Im Putenstall, wo jedes zehnte Küken stirbt, bevor es zum Schlachter kommt.[105] Im Sauenstall, wo überzüchtete Sauen mehr Ferkel auf die Welt bringen, als sie Zitzen haben und ernähren können. Im System der Einnutzungsrassen ist Verschwendung verankert: Die Spezialisierung der Muttertiere auf Milch oder Ei macht die Vatertiere überflüssig. Auch auf dem Acker gibt es Verschwendung: Ein großer Teil der Feldfrüchte gelangt nicht in den Handel, weil er nicht den genormten Größen oder den Erwartungen der Einkäufer der Supermärkte entspricht.

»Wir haben ein Lebensmittelsystem, das uns permanent überversorgt«, kritisiert die Slowfood-Vorsitzende Ursula Hudson. »Wir sind umgeben von einer unglaublichen Masse an Lebensmitteln, und wir wissen, dass niemand das alles verbrauchen kann.« Systemimmanente Überproduktion nennt Ursula Hudson diesen Zustand, der dazu führt, dass schon in den Supermärkten Lebensmittel weggeworfen werden – auch wenn sie einen Teil davon an die Tafeln weitergeben, die damit Bedürftige versorgen.[106] Ich empfehle jedem, der verstehen will, was Lebensmittelverschwendung bedeutet, nach jedem Einkauf einen Blick in die Abfalltonnen seines Supermarkts zu werfen.

Um gegen diese Wegwerfkultur anzugehen, hat Slowfood Deutschland die Aktion »Teller statt Tonne« ins Leben gerufen und sich später an der Kampagne »Zu gut für die Tonne« des Bundeslandwirtschaftsministeriums beteiligt. Als Verein zur Rettung der Esskultur, der sich für langsamen Genuss in Zeiten des Fastfood einsetzt, ist Slowfood Deutschland in den letzten Jahren immer politischer geworden, und deshalb gehört bei Slowfood jetzt auch das Wühlen in den Abfalltonnen zum Einsatz für gutes Essen.[107] Ursula Hudson, die Genießerin der feinen Küche und des guten Essens, erzählt sehr begeistert davon, wie Berliner Aktivisten sie mit zum Containern genommen haben, wie sie in den Hinterhöfen der Supermärkte Mülltonnen geöffnet und darin nach Essbarem gesucht und daraus leckeres Essen gekocht haben. Und sie sieht einen Zusammenhang zwischen der Wegwerfkuh im Stall und der Wegwerfmentalität der Supermärkte und ihrer Kunden: »Kühe könnten auf der Weide grasen, dann hätten wir bessere, gesündere Milch. Stattdessen züchten wir Hochleistungskühe und füttern sie mit Mais, damit sie mehr Milch geben. Mais aber laugt die Böden aus, die Biodiversität geht verloren, die Tiere werden krank, der Bauer bekommt einen schlechten Milchpreis, an dem er nichts verdient, und am Ende hat der Kunde ein Produkt, das er eigentlich nicht haben will«, klagt sie. »Wer hat jetzt irgendwas davon in der ganzen Kette? Warum hört das nicht auf, wenn man sehen kann, dass es nur zum Schaden aller Beteiligten ist?«[108]

Als Bauer im Leistungsprinzip gefangen – Ausweg über die Masse

Ich muss an Hans Herren und sein Bild vom unbeweglichen Elefanten denken, als Ursula Hudson das erzählt. Warum rührt sich das Tier nicht vom Fleck, wenn der Schaden doch so offensichtlich ist? Danach habe ich die Agrarwissenschaftlerin Andrea Beste gefragt, die nach einer Promotion über Bodenfruchtbarkeit als Beraterin für Bioverbände, den Deutschen Bundestag, das Europäische Parlament und viele andere Institutionen tätig ist.[109] Sie antwortet mit einer Gegenfrage: »Wer profitiert denn von diesem System? Die Kuh nicht, die wird degradiert zu einer Turbomaschine. Der Erzeuger selbst auch nicht. Wenn der sehr reich werden könnte, wäre es verständlich, dass er an der Hochleistungsproduktion festhält. Aber das ist nicht der Fall. Der Erzeuger leidet unter dem Zwang, viel Milch produzieren zu müssen. Er begibt sich in eine Leistungsspirale, weil er keinen auskömmlichen Preis für sein Produkt bekommt.« Es sind die Molkereien und die Supermärkte, die von niedrigen Milchpreisen profitieren. Die behaupten, sie müssten günstige Lebensmittel anbieten, das sei sozial. »Doch das ist Augenwischerei«, sagt Andrea Beste. »Lidl ist der Milchpreis egal, Hauptsache ist, Aldi macht es nicht billiger.« Und umgekehrt. Deshalb drücken sie die Preise und zwingen damit die Bauern zu weiteren Leistungssteigerungen, um über die Menge die schlechten Erzeugerpreise ausgleichen zu können. Damit aber erhöhen sie das Angebot an Milch – was wiederum zu sinkenden Preisen führt. Obwohl viele Molkereien der Form nach

Genossenschaften seien, hätten die Bauern dort kaum wirkliche Mitspracherechte, diese Erfahrung hat Andrea Beste immer wieder gemacht, und auch untereinander würden sie sich nur selten eingestehen, wenn sie Probleme mit der Kuhgesundheit hätten. Keiner wolle gerne vor dem anderen als jemand darstehen, der beim großen Leistungsmelken nicht mithalte. Nur solange die Bauern den Milchkäufern nicht mitteilten, was ihre Probleme sind und warum sie mehr Geld für die Milch brauchen, wenn sie gesunde, entspannte Kühe im Stall haben wollen und auf der Weide, werde sich das nicht ändern. »Es gibt viele, die Profiteinbußen haben, wenn man das System ändert«, sagt Andrea Beste. »Molkereien, die einen billigen Rohstoff wollen, Händler, die gerne zu billigen Weltmarktpreisen exportieren möchten, Futtermittelproduzenten, die an Weidehaltung nichts verdienen, Agrarchemieunternehmen, die an dem intensiven Anbau von Futtermitteln verdienen. Deshalb ändert sich das nicht.«

So viel ist klar: Wer landwirtschaftlichen Betrieben in Deutschland pro Jahr 46 000 Tonnen Pflanzenschutzmittel verkauft[110], will dieses Geschäftsfeld nicht ohne Weiteres aufgeben. Und wer jährlich knapp 1 500 Tonnen Antibiotika für Nutzvieh absetzt, wird das auch weiterhin tun wollen.[111] Und wer Tonnen von Desinfektionsmitteln verkauft, mit denen moderne Ställe zwischen zwei Mastgängen komplett desinfiziert werden müssen, wird diesen Markt nicht gerne verlieren. Das Gleiche gilt für Landmaschinenbauer, Getreidehändler, Futtermittelhersteller, Mineraldüngerproduzenten, Stallanlagenbauer und Melktechnikentwickler. Und ebenfalls für die Banken, die im großen Stil in die Landwirtschaft investieren.

Aber was ist mit den Landwirten, die das alles kaufen? Die ohne dieses kapitalstarke Input nicht in der Hochleistungsproduktion mithalten können. Die immer weiter aufrüsten, um gegen den Preisverfall anzuproduzieren. Die den Ausweg über die Masse versuchen. Sie sind es, die hochverschuldet ihre Höfe verlieren, wenn die Effizienzrechnung nicht aufgeht. Das Höfesterben jedoch hat weitreichende Auswirkungen: Wenn die Bauern gehen, verlieren die Dörfer ihren Charakter und ihren Charme. Österreich investiert auch deswegen mehr in die Landwirtschaft, weil die Verantwortlichen erkannt haben, dass die Urlauber ausbleiben, wenn Dörfer verwaisen und die landwirtschaftlichen Regionen ihre Besonderheiten verlieren.

Kapitel 7

Die Dialektik der Effizienz

Unsere Gesellschaft ist auf Effizienz und Optimierung ausgerichtet. Wir erwarten Effizienz von uns und anderen, und wir haben diese Erwartung so sehr verinnerlicht, dass viele gar nicht bemerken, wie das Bestreben, ihre Arbeitsleistung zu optimieren, zum Gegenteil führen kann, zur ineffizienten Zwangspause nämlich, zum Burn-out.

Byung-Chul Han hat das die »Effizienzlogik des Neoliberalimus« genannt. Wesentlich effizienter als die alte Machttechnik der Unterdrückung und des Zwangs sei, so meint er, die heute dominierende »Machttechnik, die dafür sorgt, dass sich Menschen von sich aus dem Herrschaftszusammenhang unterordnen. Ihre besondere Effizienz rührt daher, dass sie nicht durch Verbot und Entzug, sondern durch Gefallen und Erfüllen wirkt. Statt Menschen gefügig zu machen, versucht sie, sie abhängig zu machen.«[112] Wir unterstellen uns freiwillig dem Diktat der Selbstoptimierung: Wir arbeiten so effizient, wie es nur geht, verwandeln unsere Schwächen durch Coaching in Stärken, praktizieren abends effiziente Wellnessprogramme, um am nächsten Tag wieder Fitness zu zeigen. Und wenn das nicht zum Erfolg, sondern zum Burn-out führt, haben wir vermutlich zu effizient Effizienz angestrebt. Selbst schuld!

»Wer heute scheitert«, kommentiert Byung-Chul Han, »beschuldigt sich selbst und schämt sich. Man problematisiert sich selbst und nicht die Gesellschaft.« So kann keine Solidarität entstehen.

Was sagte der Verbandsvertreter zu den schlechten Bilanzen seiner Kollegen? »Wenn ein Viertel der Hähnchenmäster über Jahre keine schwarzen Zahlen schreibt, dann sind sie eben schlechte Unternehmer!« Und wenn ein erfolgreicher Landwirt und Agrarunternehmer sich zum Burn-out bekennt und aus dem Geschäft aussteigt, bekommt er kein Mitgefühl, sondern Spott. Es ist offensichtlich: Die Landwirte sind Teil der Effizienzgesellschaft. Und ihre Tiere auch.

Studenten der Betriebswirtschaftslehre wird an einem plakativen Beispiel erklärt, was Effizienz bedeutet und wie man sie von Effektivität unterscheidet. Effektiv ist es, so lernen sie, ein brennendes Haus mit Champagner zu löschen, wenn kein Wasser zur Verfügung steht. Denn Champagner bringt den gewünschten Effekt, nämlich die Rettung des Hauses, genauso. Effizienter allerdings wäre Wasser.

Ein Internetportal für Ökonomiestudenten definiert den Unterschied wie folgt: »Effektivität heißt: Die richtigen Dinge tun. Effizienz heißt: Die Dinge richtig tun.«[113] Effizienz sei oft gleichbedeutend mit Wirtschaftlichkeit, schreiben die Autoren – und warnen gleichzeitig vor Missverständnissen: »Effizienz ist ohne Frage sehr wichtig. Werden aber die falschen Dinge effizient getan, ist dies Verschwendung und eine Auftragsverletzung der öffentlichen Verwaltung. Dementsprechend hat die Effektivität einen höheren Stellenwert. Strategie geht vor Effizienz.«

Das zeigt: Die Effizienz von etwas zu berechnen oder anzustreben, ohne die übergeordneten Ziele und Strategien zu kennen oder zu berücksichtigen, ist kurzsichtig. Dann kann es passieren, dass sogar Verschwendung effizient erscheint.

Wenn man also über Effizienz in der Landwirtschaft reden will, muss man vorab klären, welches Ziel überhaupt möglichst effizient erreicht werden soll? Der maximale Output? Oder das wirtschaftlichste Verhältnis von Input und Output? Der langfristige Erhalt eines Hofes? Unter Berücksichtigung des Tierwohls? Des Erhalts der Bodenfruchtbarkeit? Der Biodiversität?

Und noch mehr Fragen: Geht es um ökonomische Effizienz oder Ressourceneffizienz? Und auf welcher Ebene? Betrachte ich die Effizienz eines einzelnen landwirtschaftlichen Betriebs, die der Branche insgesamt, oder sehe ich ihre Rolle in der Volkswirtschaft oder ihre Auswirkungen auf ein Ökosystem? Oder nehme ich die globalen Stoffströme und ihre Auswirkungen auf das Weltklima in den Blick?

Im September 2014 hatte mich der Zentralverband der Deutschen Geflügelwirtschaft zu seinem »Zukunftsdialog« ins schicke Berliner Humboldt-Carré eingeladen. Ob Fleisch zum Luxusgut werden darf, darüber sollte auf dem Podium diskutiert werden – offenbar als Zeichen für die Offenheit der Branche gegenüber ihren Kritikern. Ich war überrascht über die Einladung, aber ich wollte die Gelegenheit gerne nutzen, den Herren der Hühnerställe vorzutragen, was ich recherchiert hatte. Ganz vorne im Publikum saß Werner Hilse, Vizepräsident des Bauernverbands und Chef des niedersächsischen Landvolks – er verzog das Gesicht, als der Moderator nach vorn schritt, um die Diskussion zu eröffnen. Ich bemerkte seinen gequälten Blick und sagte, eher amüsiert als verärgert, er sähe nicht gerade aus, als hätte er Lust auf einen Dialog. Doch, antwortete er, nur müsse ich verstehen, dass die Landwirte langsam genug haben von der andauernden Kritik.

Verstehen die einflussreichen Lobbyisten der Agrarwirtschaft wirklich nicht, warum die Leute gegen Intensivtierhaltung und gegen neue Riesenställe in ihrer Nachbarschaft auf die Straße gehen?

Auf dem Podium versuchte ich es also anders, mit einem Lob auf die deutsche Landwirtschaft: Ich erzählte von der katastrophalen Schweinemast in North Carolina und sagte, ich sei mir sicher, kein Landwirt in Deutschland wolle so wirtschaften und seine Felder mit Gülle regelrecht vergiften. Es sei gut, dass in Europa geregelt sei, dass Gülle nur auf den Acker dürfe, wenn die Pflanzen sie aufnehmen könnten, und dass wir diesen Standard verteidigen sollten – und bekam dafür sogar Applaus. Doch die Geflügelmast, so wie sie heute praktiziert wird, sei trotzdem kritikabel, fügte ich hinzu, nicht nur wegen der Tiere, sondern auch wegen des ökologischen Schadens und der anderen externen Kosten, die sie anrichte, und weil viele Geflügelmäster finanziell so schlecht dastünden. Ich zitierte aus den Betriebszweigsauswertungen der Landwirtschaftskammern (keine 12 Euro Stundenlohn und eine halbe Million Euro Schulden) – und blickte in versteinerte Gesichter.

Aus dem Publikum meldete sich Werner Hilse. Ich hätte ja Steilvorlagen gegen die Geflügelwirtschaft geliefert, sagte er eher spöttisch als empört, aber ich müsse doch ebenfalls berücksichtigen, wie effizient die modernde Tierhaltung sei.

»Ja, genau«, sagte ich sehr erfreut über seine Vorlage. »Da muss man nämlich gut aufpassen: Wer die gestiegene Milchleistung pro Kuh und Jahr als Effizienzsteigerung bewertet, muss auch die geringe Nutzungsdauer der Kühe einrechnen. Ob ich das einmal mit ihm durchrechnen dürfe?«

Das dürfte ich, sagte er.

Leider fanden die Veranstalter keinen Gefallen an meinen Zweifeln: »Ja, Frau Dr. Busse, die externen Effekte«, sagte Bernd Kalvelage, der als Vertreter des Bundesverbands der Geflügelschlachtereien das Schlusswort übernommen hatte. »Ich habe ja nicht nur Betriebswirtschaft, sondern auch Volkswirtschaft studiert. Und schon da war das immer sehr kompliziert, externe Effekte zu kalkulieren. Viel Spaß bei Ihren Rechnungen!« Und dann wandte er sich meinem Nachbarn auf dem Podium zu, dem Publizisten Hugo Müller-Vogg, der als Verfechter einer liberalen Gesellschaft geladen war. Sein Argument war: Niemand solle ihm vorschreiben, was *er* zu essen habe. »Sie haben mir am Besten gefallen«, sagte Kalvelage. »Sie haben so schön einfach gesprochen, ganz im Bildzeitungsstil.« Ich fand das lustig, Hugo Müller-Vogg, glaube ich, nicht. Muss man aus dieser Bemerkung schließen, dass die Geflügelwirtschaft solche Effizienzrechnungen deshalb nicht anstellt, weil sie das zu kompliziert findet? Und stattdessen lieber Boulevardzeitungen liest?

Die Fördergemeinschaft Nachhaltige Landwirtschaft, ein Zusammenschluss von Verbänden und Unternehmen aus Landwirtschaft und Agroindustrie, die sich Ende 2014 in Forum Moderne Landwirtschaft umbenannte, hat es sich zur Aufgabe gemacht, »auf der Basis solider Fakten über die vielfältigen Leistungen der Landwirtschaft von heute zu informieren«.[114] Ressourceneffizienz ist eines ihrer Themen, und sie definiert es so: »Effizienter Umgang mit Ressourcen bedeutet, mit weniger Einsatz mehr zu produzieren. Bezogen auf die Landwirtschaft heißt das beispielsweise, je Hektar Ackerland, je Kilogramm Pflanzennährstoffe, je Liter Wasser oder je Gigajoule eingesetzter Energie einen höheren Ertrag zu erzielen. Gleiches gilt für die Verwertung von Futter in der Tierhaltung oder für den Einsatz menschlicher Arbeitskraft.«[115] Als Beispiele für die gestiegene Ressourceneffizienz der modernen Landwirtschaf nennt die Broschüre diese Zahlen:

Flächenbedarf für 10 Tonnen Weizen, jeweils im Mittel der Jahre:
1892–1902: 5,4 Hektar
1950–1954: 3,77 Hektar
2001–2005: 1,35 Hektar[116]

»Das bedeutet«, schlussfolgert die Fördergemeinschaft Nachhaltige Landwirtschaft, »die Effizienz der Flächennutzung konnte in rund hundert Jahren um den Faktor vier gesteigert werden.«

Zur Ressourceneffizienz der Milchproduktion schreibt die Fördergemeinschaft für Nachhaltige Landwirtschaft:

»Eine Kuh mit 10 Litern Tagesleistung scheidet natürlicherweise aus dem Verdauungstrakt ca. 40 Gramm Methan pro Liter Milch aus, während es bei einer Spitzenkuh mit 30 Litern Milch täglich weniger als 15 Gramm Methan pro Liter sind. Die Freisetzung resultiert zu ca. 70 Prozent aus dem sogenannten Erhaltungsumsatz. Das ist die Energiemenge, die das Rind zur Aufrechterhaltung seiner Körperfunktion benötigt. Mit steigender Leistung (z.B. Milchmenge) sinkt der Anteil des Erhaltungsumsatzes pro Liter Milch. Die Methanemission bei einer Hochleistungskuh ist also auf den Liter Milch bezogen um 60 Prozent niedriger.«[117]

Das hört sich sehr effizient an: Die Spitzenkuh gibt mehr Milch und produziert weniger Methan (relativ, bezogen auf die Milchmenge). Unweigerlich entsteht bei dieser Darstellung ein Bild vor Augen, das die traditionelle 10-Liter-Kuh dösend auf der Weide zeigt. Sie guckt in der Gegend herum und rülpst Methan in die Luft, während die fleißige Spitzenkuh im Stall Mais in sich hineinschlingt, die Energie daraus optimal nutzt, dreimal so viel Milch in die Melkmaschine strömen lässt – und das zudem klimaschonender. Und eine solche supereffiziente Spitzenkuh braucht auch noch weniger Futter als ihre ineffizienten Ururgroßmütter, um einen Liter Milch zu produzieren:

»Eine leistungsstarke Kuh benötigt für die vierfache Milchmenge nur die 2,8-fache Energiemenge und ist somit deutlich effizienter.«[118]

Gibt es eine solche effizienzfördernde Energiequelle auch für Journalisten und Autoren? Wenn ich mit der 2,8-fachen Menge Schokolade die vierfache Textmenge produzieren könnte, würde ich meine Bücher viel eher fertig bekommen und könnte viel früher mit dem nächsten beginnen.

Wenn die Welt so einfach wäre: Schokolade rein und Text raus, Energie rein und Milch raus. Doch wenn ich Effizienz als möglichst gutes Verhältnis von Input zu Output definiere, muss ich alle Faktoren berücksichtigen, die eine Rolle spielen, und nicht die Erträge pro Hektar. Diese Flächeneffizienz ist in den letzen hundert Jahren enorm gestiegen, das ist unbestreitbar. Allerdings setzt der moderne Landwirt weit mehr Input ein als seine Vorgänger, um dieses Output zu erreichen: Mineraldünger und Pflanzenschutzmittel, die unter hohem Energieeinsatz hergestellt werden müssen. Wurde das in der Broschüre berücksichtigt?

Das weiß er nicht, gibt der Geschäftsführer der Fördergemeinschaft Nachhaltige Landwirtschaft zu. Er könne nicht sehen, welche Faktoren in die Statistiken eingerechnet wurden, sagt Dr. Anton Kraus, weil die FNL für ihre Broschüre auf Quellen Dritter zurückgegriffen habe. Doch sei ihm wichtig, dass die Ertragssteigerungen in den letzten sechzig Jahren – und das solle in Zukunft so bleiben – nicht nur durch ein Mehr an Pflanzenschutz und Düngung erreicht worden seien, sondern durch leistungsfähigere Sorten. »Auch die Anbauverfahren sind verbessert worden, allein durch die flachere Bearbeitung des Bodens wird viel Energie eingespart.« Für die nächsten zwanzig Jahre erwartet Kraus, der aus der Landwirtschaft stammt und bis 2013 für BayerCropScience gearbeitet hat, weitere Innovationen. »Wir schauen schon darauf, dass gerade diese reinen Inputbetrachtungen effektiv geringere Bedeutung in Bezug auf die Ertragsfähigkeit bekommen. Der Düngemitteleinsatz wird zurückgehen, und wir werden Mehrerträge bekommen.«

»Und wie ist es mit den Kühen?«, frage ich den Geschäftsführer der FNL. »Wenn die scheinbar effizienten Spitzenkühe nur eine kurze Nutzungsdauer haben, müssten Sie in Ihren Effizienzberechnungen zu den zwei bis drei Jahren in der Milchproduktion ja noch mindestens zwei Jahre Aufzuchtszeit einrechnen. Denn während dieser Zeit haben die jungen Kühe ja auch gefressen und Methan produziert.«

»Ich vermute, dass wir das in den damaligen Zahlen nicht abgebildet haben«, sagt Kraus. Die genannten Zahlen seien nur eine Ausschnittsbetrachtung, das heißt, sie beleuchten nur einen Teil der Lebensspanne der Michkühe. Aber es stimme, fügt er hinzu, dass das ein wichtiger Punkt für die Effizienzberechnung sei: Wie lange die Kuh ihre Hochleistung halten könne.

Auch die Futtereffizienz der Milchkühe hätte ich gerne genauer aufgeschlüsselt: Hochleistungskühe bekommen ja anderes Futter als die 10-Liter-Vergleichskuh aus der FNL-Rechnung. Die kam vermutlich mit Gras und Heu auf ihre geringe Milchleistung, während die 30-Liter-Kuh zusätzlich noch Mais und Soja und weitere Zusatzstoffe braucht. Um solches Futter zu erzeugen und zur Kuh zu bringen, braucht man viel mehr Energie – für den Mineraldünger, die Pflanzenschutzmittel, den Transport, die Verarbeitung.

Aber diese Faktoren sind nicht in die Effizienzrechnungen der FNL eingeflossen. »Es ist davon auszugehen, dass die Hochleistungskühe anderes Futter bekommen haben. Auch hier handelt es sich um eine reine Ausschnittsbetrachtung, bei der auf den Zusammenhang Milchleistung und Methanproduktion abgestellt wird.« Dennoch könne man von einer

Effizienzsteigerung sprechen, erklärt Kraus, denn die Kühe produzierten heute selbst aus dem Futter, das der Hof produziere, viel mehr Milch als ihre Vorgängerinnen vor dreißig Jahren. Und genau da liege der Einsparfaktor: »Die Menge an Milch, die man aus dem betriebseigenen Futter erzeugen kann, hat sich in den letzten dreißig Jahren verdoppelt«, erklärt er. »Der Anteil der Milch, den man mit dem Zusatzfutter macht, geht laufend zurück.« Zum Grundfutter vom eigenen Hof hat Kraus allerdings auch Silage aus Mais mitgerechnet, dessen Anbau wiederum ökologische Nachteile hat: Während die Weiden das ganze Jahr über bewachsen sind und so den Boden vor Erosion schützen, beginnt der Mais erst spät im Jahr zu wachsen. Ebenso kritisieren Ökologen des Grünlands: Die Weiden waren früher viel artenreicher und vielfältiger. Das schnell wachsende Futtergras, das heute angebaut wird, aber lässt Kräutern und anderen Gräsern keine Chance.

Wenn sich die Effizienz der Futterverwertung also erhöht hat, dieser Effekt aber Nachteile für das eigene Ökosystem hat und auch durch den Import von Futtermitteln aus Übersee erzielt wurde, für deren Anbau unter Umständen ökologisch wertvoller Regenwald sehr ressourcenineffizient vernichtet wurde – ist das dann unter dem Strich effizient oder ineffizient?

»Es wird viel darüber diskutiert, wie man externe Kosten berechnen kann«, sagt Kraus. »Aber ich bin da skeptisch. Das bedeutet einen ungeheuren Aufwand, weil zuerst einmal eine Vergleichbarkeit herzustellen wäre.« Damit hat er natürlich recht: Den Verlust von Arten oder die langfristigen

Folgen von Erosion in finanziellen Schaden umzurechnen, ist keine einfache Sache. Und vermutlich macht sich jeder angreifbar, der behauptet, eine konkrete Summe dafür angesetzt zu haben. Aus der Klima- und Ressourcenforschung weiß man außerdem, dass ökologische Schäden nicht linear verlaufen, sondern dass es bestimmte Kipppunkte gibt, von denen ganze Kaskaden von Folgeschäden ausgehen. Das Umkippen eines Gewässers wäre ein Beispiel dafür. Das Errechnen der externen Kosten in der Landwirtschaft ist eine ziemlich komplexe Angelegenheit, die der Komplexität der globalen Stoffströme und ihrer gegenseitigen Wechselwirkungen entspricht.

»Die FNL versteht sich als Dialogplattform und Vermittler von Daten und Fakten. Die Rolle der Wissenschaft ist es, dazu gute und verlässliche Daten zu liefern und zur Verfügung zu stellen«, sagt ihr Geschäftsführer, und auch das ist richtig. Aber: Darf man mit Ressourceneffizienz werben, wenn man sie gar nicht umfassend berechnen kann? Darf eine Organisation wie die FNL, die sich selbst die Aufgabe gestellt hat, »die nachhaltige Entwicklung in der Landwirtschaft zu fördern«[119], den Begriff der Nachhaltigkeit verwenden, wenn sie viele ökologische Fragen ausblendet? Immerhin, die FNL scheint das bemerkt zu haben, Ende 2014 hat sie sich in Forum Moderne Landwirtschaft umbenannt.

Eckehard Niemann, der Gründer des Netzwerks Bauernhöfe statt Agrarfabriken hat die Rolle der FNL als »Klammer zwischen Bauernverband und Agrobusiness« kritisiert. Im Zusammenschluss von vielen einflussreichen Konzernen aus der Agrarbranche sieht er die Berufsvertretung der Landwirte in einer »Minderheitenposition«. Niemann fragt, was es bedeutet, dass die Bauernverbandsspitze der Öffentlichkeit nichts wesentlich anderes zu vermitteln gedenkt als die Chemie-, Futter- und Fleischkonzerne.[120] Auch viele Landwirte, die beim großen Wachsen und Investieren aus verschiedensten Gründen nicht mitmachen wollen, werfen dem Bauernverband diese Sprachlosigkeit vor.

Für die Frage aber, welche Landwirtschaft in Zukunft zehn Milliarden Menschen ernähren kann, darf man die externen Kosten und Folgeschäden nicht ignorieren. Wer behauptet, dass nur die moderne Intensivlandwirtschaft geeignet sei, die Welt in Zukunft zu ernähren, der muss Effizienz umfassend berechnen und darf weder die globalen Stoffströme noch ökologische Fragen außer Acht lassen. Der darf nicht einfach fragen: Wie kann die Landwirtschaft das höchste Ergebnis erzielen – egal mit welchem Einsatz? Sondern er muss die Effizienz der Landwirtschaft unter der Berücksichtigung aller In- und Outputs beurteilen. Effizienz ist nicht einfach mehr Milch pro Kuh oder mehr Fleisch pro Tier oder mehr Ertrag pro Fläche – die Rechnung muss vielmehr alle Parameter enthalten. Zu den Inputs müssen Fläche, Arbeitskraft, Maschineneinsatz, Mineraldüngermenge gerechnet werden, zu den Outputs nicht nur die Ertragsmenge und ihre Qualität, sondern auch die externen Kosten: die Rückstände von Desinfektions- und Arzneimitteln und die Folgen ihres Einsatzes wie das Entstehen von multiresistenten Keimen, der Einsatz von Pestiziden, deren Rückstände und Folgen etwa für die Bienen, Stickstoffüberschüsse, die Auswirkungen der Bewirtschaftungsform auf die Biodiversität und so weiter. Das ist in der Tat eine sehr komplizierte Rechnung, natürlich sind Biodiversitätsverluste oder Grundwasserbelastungen nicht so leicht zu quantifizieren wie der Preis für einen Sack Kunstdünger. Dennoch darf man nicht einfach behaupten, die moderne Intensivlandwirtschaft sei effizient, wenn man diese komplexe Rechnung nicht aufgemacht hat.

Die Ultraeffizienz der Ferkelzucht

Ein anschauliches Beispiel dafür, wie Effizienz umschlagen kann in Ineffizienz, ist die Ferkelproduktion. In den letzten Jahrzehnten haben die Züchter die Fruchtbarkeit ihrer Sauen gesteigert und ihnen gleichzeitig mehr Zitzen angezüchtet. Wildschweine hatten ursprünglich zehn, die Hausschweine um die letzte Jahrhundertwende zwölf[121], die modernen Hybridschweine heute haben in der Regel vierzehn, und Sauen aus Dänemark, die als die fruchtbarsten gelten, oft sogar sechzehn. Sie können also pro Wurf sechs Ferkel mehr säugen als ihre wilden Vorfahren. Gleichzeitig werfen die fruchtbaren dänischen Sauen auch mehr Ferkel.

Dieser Zuchtfortschritt bringt Probleme mit sich: Manche Sauen werfen mehr Ferkel, als sie Zitzen haben und säugen können. Gleichzeitig sind viele der Ferkel aus den riesigen Würfen zu schwach zum Leben. Sobald ein Ferkel geboren ist, versucht es, sich eine eigene Zitze zu erobern, die es für die gesamte Säugezeit gegenüber den anderen Ferkeln verteidigen wird. Die starken Ferkel sichern sich die milchreichen vorderen Zitzen und verdrängen die kleineren nach hinten. Wer zu schwach ist oder zu spät kommt, für den bleibt nichts übrig. Das dänische Fernsehen berichtete Anfang 2014 über diese Supersauen, die bis zu vierundzwanzig Ferkel pro Wurf zur Welt brachten und durchschnittlich 2,6 Würfe pro Jahr schaffen. Die Folge: Jeden Tag sterben in Dänemark 25 000 frisch geborene Ferkel, so die Dokumentation.[122]

Der dänische Zuchtverband DanAvl vermarktet seine Tiere über Lizenznehmer auch in Deutschland. Auf einem Kongress in Göttingen im Januar 2014 priesen DanAvl-Vertreter die Erfolge ihrer Supersauen: »Beeindruckende Produktionsergebnisse« schrieben sie in ihre Präsentation neben das Schwarz-Weiß-Foto einer Hunderte Meter langen fensterlosen und sterilen Halle, in der rechts und links eines Mittelgangs Sauen unter einem engen Gitterkäfig liegen. Das ist der sogenannte Kastenstand, der sie daran hindern soll, ihre Ferkel beim Hinlegen zu erdrücken. Daneben haben die Sauenzüchter die »beeindruckenden Ergebnisse« dieser Tierfabrik aufgelistet: 36,2 lebend geborene Ferkel pro Sau und Jahr, Saugferkelverluste 10,6 Prozent.[123]

Dänische Vielferkel wenig wirtschaftlich

Jedes zehnte Ferkel in diesem Vorzeigebetrieb mit fünfhundert Sauen stirbt in den ersten dreieinhalb Wochen (die Totgeborenen sind noch gar nicht mitgerechnet) – und das präsentiert der Zuchtverband als beeindruckendes Verkaufsargument: eine Produktion von 1926 Ferkelkadavern pro Jahr.[124] In vielen Ställen sind sogar vierzehn bis fünfzehn Prozent tote Saugferkel üblich. Erst wenn jedes fünfte Ferkel einer Sau in den Tagen nach der Geburt stirbt, also ab zwanzig Prozent Verlust, empfehlen die Berater, einen Tierarzt zu holen und nach den Ursachen zu forschen.[125]

Auch das deutsche Fernsehen griff das Thema tote Ferkel auf: Im Sommer 2014 zeigte *Report Mainz* Bilder von Animal Rights Watch. Die Tierschützer hatten sich in einen Sauenstall geschlichen und heimlich gefilmt, wie die Landwirte oder Angestellten dort mit überzähligen und schwachen Ferkeln umgehen: Sie packen die winzigen Tiere an den Hinterbeinen und schleudern sie mit voller Wucht gegen die Wand.[126] In vielen Ställen gibt es ausgeklügelte Ammensysteme, die solche Exzesse verhindern. Ferkel, die von ihrer Mutter nicht versorgt werden können, werden zu anderen Sauen gegeben, deren eigene Ferkel schon größer sind. Andere bekommen Ersatzmilch im Schälchen. Doch trotz solcher Bemühungen bleiben viele Tiere auf der Strecke, und zwar nicht nur Ferkel, sondern auch ihre Mütter. »Die Sauen heute sind Maschinen, Gebärmaschinen«, erzählte mir ein Landwirt, der selbst viele Jahre dänische Sauen in seinem Stall hatte. »Doch die Schweine früher waren robuster. Von den dänischen Sauen sterben jedes Jahr etwa neun Prozent. In einem Betrieb mit tausend Tieren sind das etwa neunzig pro Jahr, die plötzlich tot im Stall liegen.« Und das, obwohl diese Hochleistungssauen ähnlich wie Milchkühe schon sehr früh aussortiert werden. In der Regel werden sie nach etwa fünf bis sechs Würfen, mit gerade mal drei Jahren[127], geschlachtet – bei einer natürlichen Lebenserwartung von fünfzehn bis zwanzig Jahren. Es sind also durchweg junge Tiere, die sterben. So, als könnten sie ihre eigene unglaubliche Produktivität nicht ertragen.

Ist das nun effizient, wenn ein solches Produktionssystem trotz all der toten Tiere dennoch mehr schlachtreife Schweine pro Sau produziert als früher? Oder als die Biolandwirte?

Wenn populäre Medien kritisch über Landwirtschaft berichten, streiten Funktionäre und Fachmedien in der Regel ab, dass es sich bei den geschilderten Missständen um Fehler im System handelt. »Das sind schwarze Schafe, die bestraft werden müssen«, ist der übliche Konter. »Die Mehrheit der Landwirte tut so etwas nicht.« Nach den Berichten über die Ferkeltötungen aber war es anders: Da zitierte *Agrarheute*, der Onlinedienst des Deutschen Landwirtschaftsverlags, kritische Landwirte (»Die Entwicklung ist zu extrem«) und den Präsidenten der Bundestierärztekammer, der von einem »Systemfehler« sprach. Darüber haben die Redakteure eine bemerkenswerte Zwischenüberschrift gesetzt: »Dänische Vielferkler wenig wirtschaftlich«[128].

Für mich kam das einer Revolution gleich: Monatelang hatte ich mich durch landwirtschaftliche Fachzeitschriften gearbeitet und war an der Frage verzweifelt, warum dort immer wieder über Höchstleistungen gejubelt wurde, wo es mir doch so offensichtlich schien, dass all diese Milch-, Ferkel- und Fleischrekorde Kollateralschäden mit sich bringen – bei den Tieren sowieso, aber auch aus ökonomischer Sicht. Dennoch war das für die landwirtschaftlichen Experten kein Thema – bis ich endlich im Bericht über die Ferkeltötungsfilme im Fernsehen das Wort »Systemfehler« las. Aber was folgt daraus? Wo bleibt die große Debatte über die zukünftige Ausrichtung der Tierproduktion unter den intensiv wirtschaftenden Landwirten, wenn einzelne von ihnen einsehen, dass immer mehr und immer intensiver nicht die Lösung sein kann? Zurzeit sind es die Tierschützer und die Veganer, die diese Debatte öffentlich führen – und zwar ohne Beteiligung der Landwirte. Selbst die bäuerlichen Vereinigungen, die schon seit Jahrzehnten innerhalb der Branche nach Lösungen suchen, die Bioverbände, Neuland oder die Arbeitsgemeinschaft bäuerliche Landwirtschaft, werden von den konventionellen Landwirten eher belächelt als gelobt und so gut wie nie um Rat um gefragt.

Die Entwicklungen in der Schweine- und Rinderproduktion ähneln sich: Im Bemühen um mehr Effizienz in der Tierproduktion haben die Züchter die Leistungen der Tiere so sehr gesteigert, dass die Gewinne auf der einen Seite – mehr Milch, mehr Ferkel – zu Verlusten auf der anderen Seite geführt haben: kurze Nutzungsdauer, hohe Verlustraten. Das kann unter Umständen kurzfristig sogar ökonomisch effizient sein, doch eine Antwort auf die Frage nach der Ressourceneffizienz einer derartigen Tierhaltung wird damit nicht gegeben.

Man kann es die Dialektik der Effizienz nennen: Im Bestreben nach ganz hoher Effizienz durch ganz hohe Leistung kippt die Effizienz ab einem bestimmten Punkt in Ultraeffizienz um: Bei den Menschen ist es der Burn-out, bei den Kühen und Sauen heißt es kurze Nutzungsdauer, die Ursache aber ist die gleiche: das Streben nach immer größerer Effizienz und höherer Leistung über die biologischen Grenzen hinaus.

Die moderne Intensivlandwirtschaft steigert einen Parameter so effizient, dass andere Parameter ineffizient werden: Die hohe Milchleistung bedingt kurze Nutzungsdauer, die hohen Ferkelzahlen ziehen eine große Sterblichkeit nach sich. Natürlich bemerken Landwirte, Berater und Forscher solche Entwicklungen, dennoch dauert es lange, bis sie korrigiert werden. So haben die Rinderzüchter ihre Zuchtziele geändert, als die Nachteile einer kurzen Nutzungsdauer der Kühe offensichtlich geworden waren: Sie streben nun Kühe an, die eine besonders hohe Lebenstageleistung, also viel Milch umgerechnet auf die gesamte Lebenszeit, erbringen können. Doch damit stellen sie das Prinzip der permanenten Hochleistung nicht infrage. Ein solches System aber, das weder Pause noch Erholung kennt, bleibt notwendigerweise anfällig.

Ähnlich bei den Schweinen: Die Züchter haben die Ferkelzahlen pro Sau so effizient gesteigert, dass manche Sauen mehr Ferkel gebären, als sie versorgen können. Auch hier haben die Zuchtverbände auf die hohen Verlustzahlen reagiert und ihre Zuchtziele korrigiert: von lgF zu lgF T21. Das erste Kürzel steht für das ursprüngliche Zuchtziel, möglichst viele »lebend geborene Ferkel«. Weil mit der Wurfgröße auch die Zahl der Ferkel stieg, die bald nach der Geburt starben, entwickelten die Züchter die neuen Zuchtziele, nämlich dass möglichst viele Ferkel am fünften und später am einundzwanzigsten Tag nach der Geburt noch lebten. Das hat die Sauenhaltung aus ökonomischer Sicht effizienter gemacht. Deshalb gelten solche Korrekturen vielen Landwirten als Beleg dafür, dass Fehler im System korrigiert werden können, ohne dass man vom Prinzip der Höchstleistung abweichen müsste. Und das sogar ohne Konflikte mit dem Tierschutz.

Beim Schweinetag 2014 in Güstrow referierte ein Mitarbeiter des Instituts für Tierzucht der Universität Gießen, dass sich Tierschutz und Hochleistung in der Schweinehaltung »nicht zwangsläufig« ausschließen: »Hohe biologische Leistung und Tierschutz sind kein Konflikt, insbesondere wenn dies an den besten Betrieben gemessen wird.«[129] Doch für seine Vorstellung von Tierschutz hat er die Latte nicht sehr hoch gelegt: »Ferkelverluste > 15 Prozent sind tierschutzrechtlich und ethisch bedenklich«, so steht es in seiner Präsentation, Fragen zu den natürlichen Bedürfnissen von Schweinen klammert er ohnehin ganz aus.

Die Quintessenz solcher Vorträge ist nicht: Wir schauen auf die natürlichen Bedürfnisse, entwickeln eine Definition von Tierschutz und prüfen dann, wie weit sich solcher Tierschutz mit hoher Leistung vereinbaren lässt. Sondern die Botschaft dieser Vorträge ist: Es gibt Betriebe, die erzielen hohe Erträge mit geringen Tierverlusten. Wer das nicht schafft und in Konflikt mit dem Tierschutz gerät, der gehört eben nicht zu den besten Betrieben und ist selbst schuld. Das ist die Standardargumentation der Verfechter der modernen Intensivlandwirtschaft: Die Besten können es. Damit ist bewiesen, dass es geht. Also kann man es von allen verlangen. Das ist, als würde man einem durchschnittlichen Schüler immerzu vorwerfen, dass er nicht der Klassenbeste ist. Ob die Besten aber tatsächlich der Maßstab für alle sein können, darüber wird nicht diskutiert.[130]

1898 mussten sich die Landwirte vermutlich weniger als heute mit den Anforderungen von Tierschützern auseinandersetzen. In jenem Jahr erschien das landwirtschaftliche Lehrbuch von Johann Adam Schlipf mit Hinweisen zur Aufzucht von Ferkeln: »Den jungen Schweinen verschaffe man immer ein reinliches und im Winter warmes Lager; auch kann man dieselben auf eine nahe Weide treiben. Ist diese Gelegenheit nicht gegeben, so muss man sie täglich einige Zeit vor dem Stall in einen eingefriedeten sogenannten Schweinehof laufen lassen, in welchem womöglich ein flaches Wasserloch sich befindet, in welchem die Schweine sich sielen können.«[131]

Natürlich kann man aus dieser Forderung des Lehrbuches nicht ableiten, dass damals tatsächlich alle Schweine in Pfützen suhlen durften. Vor hundert Jahren waren viele Familien auf dem Land so arm, dass sie im Winter nicht einmal genug Futter für ihr Vieh hatten. Zu sagen, die Tiere hätten es damals besser gehabt, wäre schlicht falsch.[132] Doch das, was die Agrarwissenschaft vor hundert Jahren als Standard für die Schweinemast formulierte, war anspruchsvoller als heute: Ein Wasserloch ist wünschenswert, der Auslauf ist ein Muss. Um dem Vorwurf der Romantisierung vorzugreifen: Dieses Zitat stammt aus einem Lehrbuch, das aus ökonomischer Perspektive argumentiert. Der Verfasser warnt zum Beispiel davor, Pferde einem unerfahrenen und leichtsinnigen Knecht anzuvertrauen, nicht etwa weil er um ihre Unversehrtheit fürchtet, sondern aus ökonomischen Gründen: »weil man bei demselben befürchten muss, ein nicht unbedeutendes Kapital zu verlieren«. So war es vermutlich auch keine Tierliebe, die die Agrarfachleute der Jahrhundertwende bewogen hat, Auslauf für Schweine zu fordern, sondern die Beobachtung ihres natürlichen Verhaltens und vermutlich die Erkenntnis, dass Bewegung und frische Luft ihre Gesundheit stärken (damals gab es keine Antibiotika in der Nutztierhaltung).

Die Skandalfilme über die toten Ferkel in der modernen Schweinehaltung und die Berichterstattung über die resistenten Antibiotika aus der Intensivtierhaltung hätten ein Auslöser für eine Debatte über solche Fragen unter den Landwirten sein können: Warum hat die moderne Tierhaltung mit den alten Standards gebrochen? Unsere Tiere sind so gut wie nie zuvor mit Medikamenten versorgt, und wir Landwirte können auf neueste wissenschaftliche Erkenntnisse zurückgreifen, warum sterben dennoch so viele Ferkel und Sauen in unseren Ställen? Wäre ein weniger intensives Reproduktions- und Haltungssystem weniger anfällig, möglicherweise sogar effizienter?

Im November 2014 hielt der Präsident der Deutschen Landwirtschaftsgesellschaft, Carl-Albrecht Bartmer, eine Rede zur Eröffnung der EuroTier in Hannover, der »Weltleitausstellung für professionelle Tierhaltung«.[133] Alles, was sich in Studien und Statistiken über Ferkelverluste, Kälbersterblichkeit und Fruchtbarkeitsstörungen bei Hochleistungskühen nachlesen lässt, wie viele Ferkel sterben und wie früh Kühe und Sauen ausrangiert werden, war in dieser Jubelrede wie weggewischt. »Unvoreingenommene Kritiker können in den Hallen der EuroTier 2014 sehen, artgerechter ist die Tierhaltung noch nie gewesen. Und unsere Nutztiere belohnen dies mit einer beeindruckenden Leistungsbereitschaft.«

Sicher sind die Leistungen der Sauen beeindruckend – aber ob sie damit wirklich ihre Halter belohnen wollen, weil diese sie so artgerecht in einen engen Metallkasten gezwängt haben? Und ob die Kühe ihre gigantischen Milchleistungen wirklich aus Dankbarkeit bringen, weil sie im warmen Stall stehen statt auf der Weide? Die moderne Milchviehhaltung ist vielleicht ein schlechtes Beispiel, denn der moderne Boxenlaufstall ist tatsächlich artgerechter als die alte Anbindehaltung. Dennoch dürfte dieses beschönigende Bild vom dankbaren Nutztier, das seinen Landwirt mit Leistung belohnt, nicht viel weiterhelfen in der Debatte zwischen empörter Öffentlichkeit und gekränkten Landwirten.

Doch Bartmers Rede ist aufschlussreich für das Selbstverständnis der modernen Landwirte: Er beschreibt sie als innovative Unternehmer und technikaffine Träger des Fortschritts. Die Situation sei schwierig, sagt Bartmer zu Beginn: abklingende Konjunktur, Ausfall der Märkte in Osteuropa, Schweinepest, »über allem eine schwierige Akzeptanzdebatte moderner Tierhaltung«, um dann, psychologisch geschickt, das Hohelied des Fortschritts anzustimmen:

»Wir erleben die Verbesserung des Gestern, die Faszination des Neuen, ein Ergebnis kreativen Denkens und Gestaltens, immer wieder inspiriert aus dem besseren Verstehen, dem Verstehen der Ansprüche eines Tieres und den Möglichkeiten einer damit korrespondierenden Technik. Vorbei sind die Zeiten eines dunklen, stickig feuchten Kobens der Vergangenheit, statt eines Daseins angebunden an einer Kette ist Moderne geprägt von offenen, lichtdurchfluteten Laufställen, bestem Klima, ideal zugeschnittenen Futterrationen.«

Solches Pathos muss den geschundenen Landwirten guttun. Immerzu werden sie kritisiert, und hier endlich versichert ihnen ein Fachmann, wie herausragend das ist, was sie machen, wie effizient, wie innovativ, wie zukunftsorientiert. Ob sie wirklich daran glauben, wenn sie zurück in ihre modernen Intensivställe gehen, zu den Sauen im Kastenstand, in die düsteren, fensterlosen Masthallen? Aber Bartmer macht ihnen Mut, er beschwört ihren Unternehmergeist:

»Also, warm anziehen und zuversichtlich fortschreiten. Landwirtschaftliche Unternehmer beweisen sich nämlich nicht bei gutem Wetter, sondern gerade bei Gegenwind. Jetzt gilt es, Potenziale des eigenen Betriebes durch effiziente Investitionen und kluges Handeln zu heben. Neben weiterem Wachstum steht die Optimierung innerbetrieblicher Abläufe im Mittelpunkt, die Frage, wie man innovative Verfahren optimal an die Gegebenheiten des Standortes adaptiert.«

Man kann es also schaffen in der Landwirtschaft, als kluger, mutiger Unternehmer, und wenn man nur genug optimiert und adaptiert, dann braucht man sich auch vor den Weltmärkten nicht zu fürchten, im Gegenteil. Die moderne Tierhaltung sei kein Thema für nationale Formate, sagte Bartmer: »Fortschritt in der Welt ist unteilbar, er sucht gerade den kreativen Austausch im globalen Raum.«

Was die Fischer vom Neuse River in North Carolina wohl dazu sagen? Und die australischen Tierschützer? Ob sie unter kreativem Austausch verstehen, dass die europäischen Landwirte ihren Kollegen in den USA erläutern, warum

Gülle nicht ins Grundwasser gelangen darf? Oder dass Kälber nicht gleich nach der Geburt getötet werden sollten? Oder meint Bartmer das mit dem kreativen Austausch genau umgekehrt: Sollen sich unsere Landwirte in der Welt umschauen und von ihren argentinischen Kollegen lernen, dass Gensojafelder so groß sein können wie bei uns ganze Landkreise? Dass Pestizide am effizientesten vom Flugzeug aus gesprüht werden, auch wenn dabei als Kollateralschaden angrenzende Dörfer mit benebelt werden?[134] Sollen sie von den Brasilianern lernen, wie man Wälder rodet, um Platz für Rinder zu schaffen? Oder wie man Kleinbauern vertreibt?[135]

Aber die moderne Agrarwirtschaft ist nachhaltig und sozial, so argumentiert Bartmer, denn mit ihren effizienten Methoden gibt sie der nicht privilegierten Welt das Recht auf höherwertigen und preiswerten Konsum. Über die ökologischen und sozialen Schäden dieser effizienten und globalisierten Landwirtschaft verliert er kein Wort. Ihre Kritiker bezeichnet er als »ethische Dogmatiker, rückwärtsgewandte Idealisten und Sozialromantiker«, dennoch müsse man sie ernst nehmen.

Nur in den arrivierten Industrieländern gebe es sie, behauptet er, und sie hätten oft emotionale Wünsche an die Tierhaltung, die anthropozentrisch geprägt seien, aber wissenschaftlich überprüft sich als irrelevant erweisen.

Sicher zählt mich Bartmer zu diesen »rückwärtsgewandten Idealisten«, wenn ich glaube, dass ein Schwein einen Rüssel hat, um damit in der Erde zu wühlen, und das auch gerne täte. Und sicherlich würde er es als ethisch dogmatisch bezeichnen, wenn ich mir wünsche, dass die süßen kleinen Kälbchen bei ihrer Mutter bleiben dürfen. Ich tue das trotzdem, und auf die wissenschaftliche Überprüfung lasse ich es allemal ankommen.

Aber die modernen Tierhalter werden natürlich Bartmer zustimmen: Schließlich gibt er ihnen die moralische Überlegenheit zurück, die ihnen die Agrar- und Tierwohldebatte genommen hat. Tierschützer, Ökologen und kirchliche Gruppen sagen: Ihr quält die Tiere, zerstört den Regenwald und das Klima, und ihr macht den Kleinbauern im globalen Süden mit eurer billigen Massenware die Märkte kaputt, das ist schlecht![136] Bartmer aber sagt ihnen das Gegenteil: Ihr ernährt die Welt, ihr gebt den Armen von Sao Paolo, Mumbai und Khartum die Möglichkeit, preiswert leckeres Fleisch zu kaufen. Eure Tiere fühlen sich wohl, sonst könnten sie wohl kaum so viel leisten! Ihr seid die Guten!

Keine Frage, dass ein Landwirt das gerne hört. Trotzdem rät Bartmer seinen Kollegen, die uninformierten und unsachlichen Kritiker ernst zu nehmen und empfiehlt den Landwirten »eine leistungsfähige, in der Breite der Agrarbranche verankerte in die Gesellschaft gerichtete Kommunikation«.

Bartmers Appell an die Landwirte – sucht den Dialog! erklärt, was ihr macht! – hätte gut wirken können, wenn es nicht wenige Tage später zum PR-Gau für die Landwirtschaft gekommen wäre. Am 20. November 2014 erschien *Die Zeit* mit einem Ferkel auf der Titelseite – neben einer Frau mit Mundschutz. »Die Rache aus dem Stall«, lautete die Schlagzeile. »ZEIT-Reporter enthüllen, wie die Massentierhaltung zur Brutstätte wird für Erreger, die auf Antibiotika nicht mehr reagieren. Immer mehr Menschen fallen diesen resistenten Keimen zum Opfer.«[137] Für jemanden, der sich mit den Folgen der Intensivtierhaltung auseinandersetzt, ist dies wahrlich keine Neuigkeit. Das Netzwerk Bauernhöfe statt Agrarfabriken warnt seit Jahren vor multiresistenten Keimen aus vollbesetzten Ställen, ebenso der grüne Bundestagsabgeordnete Friedrich Ostendorff und auch der Bund für Umwelt und Naturschutz.[138] Doch neu war die mediale Bedeutung: Dass eine der wichtigsten Zeitungen Deutschlands eine vierteilige Serie zu den Keimen aus dem Stall auf der Titelseite ankündigte. Und neu war der Ton: »Bauern kippen Antibiotika in ihren fast hermetisch abgeriegelten Ställen ins Trinkwasser der Schweine und Hühner«, schrieben die *Zeit*-Reporter, zitierten einen Mediziner, der von einer »mikrobiologischen Apokalypse« sprach und stellten den Lesern eine »mittelalterliche Zukunft« in Aussicht, in der man an Zahninfektionen und Blasenentzündungen sterben könne. Mit klarer Schuldzuweisung: Schuld ist das System. Das Agrarsystem und seine Lobbyisten.

Das exakte Gegenteil vom Blick der Deutschen Landwirtschaftsgesellschaft auf die moderne Tierhaltung: Die DLG lobt den Fortschritt, die *Zeit* beschwört das Mittelalter, die DLG lobt »die perfekte Hygiene«, die *Zeit*-Reporter nennen es »perfekte Brutstätte für antibiotikaresistente Keime«. Wie kann über das gleiche Thema so unterschiedlich geschrieben werden?

Die Landwirte tobten und organisierten eine Demo vor dem Gebäude der Redaktion in Hamburg. »Verabschiedet sich *Die Zeit* vom Qualitätsjournalismus?«, fragte der Bauernverband in einer Pressemitteilung und schrieb einen offenen Brief an den Chefredakteur, in dem er sich gegen pauschale Kritik und einseitige Berichterstattung wehrte.[139] Das sogar mit Recht: Die Reportage erweckte den Eindruck, als handelten die Tierhalter bewusst fahrlässig und als nutzten viele von ihnen Antibiotika weiterhin als Wachstumsförderer, was aber verboten ist. Seit 2006 dürfen sie nur zur Krankheitsbekämpfung eingesetzt werden. Landwirte und Tierärzte fühlten sich deshalb kriminalisiert. Sie hätten auch gerne, dass man ihre Versuche würdigt, den Antibiotikaverbrauch in den Ställen zu verringern, zum Beispiele durch das Antibiotikamonitoring der Organisation QS, die »Qualitätssicherung vom Landwirt zur Ladentheke« verspricht.[140] Was die Landwirte noch zorniger machte, war die einseitige Schuldzuweisung: Denn multiresistente Keime entstehen auch, wenn Ärzte leichtfertig Antibiotika verschreiben und wenn in Krankenhäusern nicht ausreichend auf Hygiene geachtet wird – diese Gefahren aber blendete der *Zeit*-Artikel weitgehend aus.

Doch hilft das alles der Agrarbranche nur wenig. Denn multiresistente Keime sind ein Problem, das nicht gelöst wird, indem man den Schwarzen Peter weiterreicht. Nur weil sich auch in vielen Krankenhäusern multiresistente Keime ausbreiten, können sich die Landwirte nicht zurücklehnen, im Gegenteil: Die Gefahr liegt ja gerade darin, dass sich die Keime aus den Krankenhäusern und die aus dem Stall vermischen und gegenseitig verstärken. Auch wenn der Antibiotikaeinsatz in der Intensivtierhaltung in den letzten Jahren leicht zurückgegangen ist, gibt es keinen Grund zur Entwarnung. Zwar haben die Pharmaunternehmen im Jahr 2013 weniger

Antibiotika an Tierärzte abgegeben, doch die Gesamtmenge lag immer noch bei der beeindruckenden Menge von 1452 Tonnen.[141] Gleichzeitig haben die Tierärzte mehr der sogenannten Reserveantibiotika verordnet, die in der Humanmedizin ausschließlich solchen Patienten verschrieben werden sollen, bei denen alle anderen Antibiotika wirkungslos geblieben sind.

Das Problem bleibt also ungelöst, und der Artikel in der *Zeit* hat den Druck auf die Landwirte erhöht und ihren Vorsatz, besser zu kommunizieren, erschwert: In dem Bericht wurde die Gefahr der gefährlichen unsichtbaren Keime aus dem Stall so eindringlich geschildert, dass sich jeder aufmerksame Leser in Zukunft überlegen wird, ob er sich überhaupt traut, einen modernen Maststall zu betreten. Und das ist kein guter Start für die Kommunikationsoffensive von DLG, Bauernverband und Forum Moderne Landwirtschaft.

Kapitel 8

Alternativlosigkeit ist keine Alternative

Abends, als die Auszubildenden den Betrieb verlassen haben, geht er durch den Stall und sortiert Ferkel: Die gesunden lässt er bei der Sau, die Ferkel mit leichtem Ausschlag behandelt er so, wie der Tierarzt es ihm erklärt hat, und die ganz Schwachen, die über und über mit Schorf bedeckt sind, legt er in einen Handwagen und schiebt sie nach draußen. Dort schaut er sich nach allen Richtungen um, schlägt dann ein Ferkel nach dem anderen mit dem Schädel gegen die Wand. Er sammelt sie ein und wirft sie in die Kadavertonne, er sieht dabei, wie manche noch zucken.

Als er fertig ist, reinigt er die blutige Wand mit einem Wasserstrahl. Er zieht sich um und fährt ins Krankenhaus. Seine Frau hat vor wenigen Tagen Zwillinge geboren.

Diese Geschichte hat mir ein erfolgreicher Agrarunternehmer erzählt. Es ist seine Geschichte. Die Geschichte des Tages, an dem er zum ersten Mal gedacht hat, dass er aussteigen will. Der junge Landwirt stammt aus einer jener leidenschaftlichen Bauernfamilien, in der sich das ganze Leben um Landwirtschaft dreht und es selbstverständlich ist, dass eines der Kinder den Hof übernehmen wird. Ich habe in meiner Kindheit viele solcher Familien kennengelernt. Sie waren von ihrer Arbeit erfüllt und so sehr mit Leib und Seele dabei, dass sie sich gar nicht vorstellen konnten, dass es

Leute gibt, die über etwas anderes als Kühe und Schweine reden wollen. Sie wirkten auf mich wie glückliche Familien, damals in den Siebziger- und Achtzigerjahren. Natürlich kannten auch sie diese Tage, an denen alles schiefging. Meist zur Erntezeit oder rund um Familienfeiern, wenn ganz viel los war auf dem Hof. Ausgerechnet dann wurden die Tiere krank.

Genauso war es bei dem jungen Sauenhalter: Er war gerade Vater geworden, die Zwillinge waren zu früh auf die Welt gekommen, und er wollte schnell zu ihnen. Er erinnert sich, wie zart und schutzbedürftig sie auf ihn wirkten.

In diesen Tagen brach in seinem Stall der Ferkelruß aus, eine hartnäckige Hautkrankheit, bei der sich Bakterien in kleinen Wunden festsetzen und ein nässendes Ekzem verursachen. Vor allem für sehr junge Saugferkel kann der Ruß lebensgefährlich werden. Der junge Landwirt rief den Tierarzt und ging mit ihm durch den Stall. »Alle Ferkel sind betroffen«, stellte der Veterinär fest. »Wir müssen sie einteilen in die, die es noch wert sind, gerettet zu werden, und in die anderen.« Dann zeigt er dem jungen Landwirt ein Ferkel und sagte: »Alle, die so aussehen wie dieses hier, übergießen Sie mit Desinfektionslauge.« Den Landwirt schauderte es: Diese Lauge, die beim Saubermachen der Ställe in den Augen beißt und die Atemwege reizt, sollte er direkt auf die Wunden gießen? Der Tierarzt hob ein weiteres Ferkel hoch, das noch mehr blutige Flecken hatte. »Alle, die aussehen wie dieses hier, die müssen weg.«

»Wie weg?«, fragte der Landwirt.

»Ja, einschläfern geht ins Geld«, sagte der Tierarzt.

Der Landwirt wartete, bis seine beiden Lehrlinge nach Hause gegangen waren, damit sie nicht sahen, was er tun sollte. Und was er dann tat.

Ich habe selten beim Zuhören ein Bild so klar vor Augen gehabt wie dieses: Der Landwirt hält seine winzigen Säuglinge, das Zwillingspaar, im Arm, er sieht ihre rosige Haut, ihre hilflosen Bewegungen, sieht, wie die Babys ihre Augen öffnen und wie ihre Münder nach der Brust suchen. Und dabei denkt er an die Ferkel und daran, was er gerade mit ihnen gemacht hat.

Damals war ihm noch nicht klar, dass dieser Tag der Anfang vom Ende seiner landwirtschaftlichen Karriere war. »Ich war in so einer Stimmung: Du bist da nun mal drin, du musst das jetzt durchziehen«, erinnert er sich heute. »Durchhalten, weitermachen, es ist eben so.« Er spürte Resignation, die Freude über die Geburt seiner eigenen Kinder war getrübt, der Bruch mit seinem Leben als Landwirt kam erst später. Und mit ihm die Erkenntnis: Es ist nicht richtig, was wir mit den Tieren machen. Ich will das nicht mehr länger tun.

Viele Sauenhalter kennen den Ferkelruß, und er bringt sie in ein Dilemma. Es ist üblich, den neugeborenen Ferkeln die scharfen Eckzähne abzuschleifen, damit sie sich beim Kampf um die Zitzen nicht gegenseitig verletzen und auch ihrer Mutter keine Schmerzen zufügen. Früher wurden die Zähne abgekniffen, das ist heute verboten, deshalb schleift man sie meist ab. Immer wieder versuchen die Landwirte, ob es nicht ohne diesen Eingriff klappt, doch die Erfahrung der meisten geht dahin, dass die Verletzungen der Tiere zunehmen. Und diese Verletzungen bergen ein hohes Risiko für Ferkelruß. Genau das ist bei dem jungen Sauenhalter passiert. Der Ferkelruß kam, nachdem er entschieden hatte, den Ferkeln ihre Zähne zu lassen.

Ich glaube, genau dieses Dilemma ist der entscheidende Punkt und typisch für die Nöte der Landwirte Der Sauenhalter macht sich Gedanken, ob es für die Ferkel nicht besser wäre, wenn sie nicht der Prozedur des Zähneschleifens unterzogen werden, und muss feststellen: Nein, es wird nur schlimmer. Ähnlich wird es Mästern gehen, die ihren Schweinen die Ringelschwänze lassen wollen, und die dann die Erfahrung machen, dass sich die Tiere ineinander verbeißen und sich blutige Wunden am Hinterteil zufügen, wenn die Schwanzspitzen nicht kupiert werden.[142] Oder den Putenhaltern, die ihren Puten nicht länger die Schnabelspitzen abkneifen wollen, jedoch merken, dass die Tiere einander die Federn ausreißen und sich gegenseitig verletzen. Vielleicht ahnen sie in solchen Momenten, dass sie in einem System gefangen sind, aus dem es keinen leichten Ausweg gibt – weder für die Tiere noch für sie selbst. Sie sehen, dass Tiere in der Intensivtierhaltung nur durchkommen, wenn sie an ihre Haltungsbedingungen angepasst werden, notfalls mit Gewalt.

Das kann der Moment sein, in dem sie ihre Zweifel wegsperren und ganz laut »Weiter so!« rufen. Es kann aber auch ein Moment des Innehaltens und Zögerns werden. Der Augenblick, in dem sie wie der junge Familienvater, der keine Ferkel mehr erschlagen wollte, nach Alternativen zu suchen beginnen.

Viele Landwirte fühlen sich nicht wohl bei ihrer Arbeit, das glaubt auch der grüne Bundestagsabgeordnete Friedrich Ostendorff, der 1980 zusammen mit anderen kritischen Landwirten die Arbeitsgemeinschaft bäuerliche Landwirtschaft gegründet hat. Manche fragten sich insgeheim: Wo soll das alles hinführen? Die Älteren unter ihnen haben noch die Zeit erlebt, als kranke Ferkel mit in die Küche genommen wurden: »Die wurden neben den Herd gepackt und aufgepäppelt«, erzählt Ostendorff. Auch der junge Sauenhalter hat solche Bilder im Kopf: Wie er als kleiner Junge zusammen mit seinem Großvater ein totes Ferkel unter der Hecke begraben hat zum Beispiel. »Der Umgang mit dem Tier hat sich geändert«, sagt Ostendorff. »Früher gab es stärkere und schwächere Tiere, und die schwächeren musste man aufpäppeln. Heute werden diese Tiere als Ausschuss definiert und im Extremfall getötet.«

Als junger Landwirt hat Ostendorff in einem Schlachthof gearbeitet. Ganz selten kam es damals vor, dass eine der Schlachtkühe tragend war. »Wenn das passierte, schrie das ganze Band auf«, erinnert sich Ostendorff. »Dann wusste man, da hat einer der Schlachthofarbeiter beim Aufschlitzen der Kuh ein Kalb entdeckt. Schlachter gelten ja nicht gerade als sensibel, aber das wollten sie nicht haben.« Heute kommt das immer häufiger vor. Es gibt keine Statistiken, die Fleischbranche geht von 3,5 Prozent, die Bundestierärztekammer von 10 Prozent der Kühe aus, die tragend geschlachtet werden. Das wären rund 180 000 ungeborene Kälber, die Jahr für Jahr in ihren getöteten Müttern am Schlachthaken ersticken.[143] Die meisten dieser toten Kälber wären vermeidbar, meint

Ostendorff. »Ein Hormontest kostet fünf Euro und ist frühzeitig möglich, die Trächtigkeit ist ab der vierten bis sechsten Woche feststellbar. Ab dem 190. Tag der Trächtigkeit sieht jeder Landwirt, dass eine Kuh tragend ist«, sagt er. »Trotzdem kommen so viele tragende Kühe zum Schlachthof? Wie kann das sein?« Ostendorff fordert ein absolutes Schlachtverbot für Kühe ab dem 190. Tag der Trächtigkeit. Dass so viele trächtige Kühe zum Schlachter geschickt werden, ist für ihn ein weiteres Zeichen für die zunehmende Verrohung unter den Landwirten. »Das ist ein Riesenproblem für mich, das ich lange ignoriert habe«, sagt er. »Diese Verrohung ist eine Folge des ökonomischen Drucks und des Wachstumszwangs.« Wie hat der junge Sauenhalter seine Gefühle beim Ferkeltöten geschildert? Du bist da nun drin, du musst das jetzt durchziehen. Durchhalten, weitermachen.

Ich glaube, dass es Momente wie diese sind, die über die Zukunft unserer Landwirtschaft entscheiden werden. Die Frage, wie unsere Lebensmittel in Zukunft produziert werden, hängt davon ab, wie sich Landwirtinnen und Landwirte in diesen Augenblicken entscheiden, wenn sie zwischen Ökonomie und Tierschutz sich entscheiden müssen. Ob sie den existenziellen Zweifel, die Stimme ihrer Großeltern vielleicht, verdrängen – *Durchhalten, weitermachen!* – und den Kritikern trotzig entgegenschauen und sagen, es ist alles gut so, wie wir das machen, was wollt ihr eigentlich? Oder ob sie diesen Zweifel – *Wohin soll das führen? Will ich das eigentlich?* – zulassen, innehalten und nachdenken. Wenn Letzeres geschehen sollte, wird es darauf ankommen, dass die Landwirte Alternativen haben. Dass die Gesellschaft sie beim

Aufbau einer anderen Landwirtschaft unterstützt. Dass die Konsumenten dafür mehr bezahlen. Genau daran zweifeln die Landwirte aber, und schon aus diesem Grund verdrängen sie ihre Zweifel am System – aus dem lähmenden Gefühl der Alternativlosigkeit.

Es geht dabei nicht allein um die Frage, ob ein Ferkelchen neben dem Ofen liegt oder in der Kadavertonne, sondern um die großen Fragen, die uns alle angehen: Wie wollen wir uns in Zukunft ernähren? Was wollen wir essen? Wie soll das produziert werden? Wie nah wollen wir dabei den Tieren sein? Welchen Einfluss wird diese Landwirtschaft auf das Klima haben? Und auf die Landnutzung in anderen Ländern? Welche Ressourcen wird die Landwirtschaft der Zukunft brauchen? Welche Spuren wird sie in der Landschaft hinterlassen, im Boden, im Wasser, in der Luft? Und wie soll das Land aussehen, das unsere Städte umgibt? Wird es in Zukunft noch Dörfer geben, die sich von den Vororten der Städte unterscheiden? In denen eine Gemeinschaft lebt, die von Landwirten getragen wird? Und die Fragen gehen noch weiter: Werden Kinder in Zukunft erfahren, wie schön es sein kann, auf einem Bauernhof zu leben? Zu sehen, wie die Milch aus der Kuh kommt und wie eine Sau ihre Ferkel versorgt? Werden sie die prägenden Erlebnisse haben, die Generationen von Kindern vor ihnen auf dem Land gesammelt haben? Wird es den Landwirten in Zukunft gelingen, die gerissene Verbindung zwischen Produktion und Konsum von Lebensmitteln zu flicken? Werden sie wieder stolz auf ihre Arbeit sein – ohne Rechtfertigung, ohne Erklärung, ohne versteckte Zweifel?

Die Wortführer der Turbolandwirtschaft haben eine Antwort auf all diese Fragen, und die lautet: Wir machen genau so weiter, nur noch besser, denn die Geschichte der Landwirtschaft der letzten Jahrzehnte, ihre Technisierung und Intensivierung, ist eine Erfolgsgeschichte. Wir haben uns modernisiert wie der Rest der Wirtschaft. Wir exportieren erfolgreich wie der Rest der Wirtschaft. Wir finden es ungerecht, dass Autokonzerne für ihre Innovationen gelobt werden, während wir ständig und ungerechtfertigt am Pranger stehen. Unsere Tierschutz- und Umweltstandards sind höher als im Rest der Welt, und wenn wir durch weitere Auflagen unsere Konkurrenzfähigkeit verlieren, dann wandert die Landwirtschaft ins Ausland, und wir können dichtmachen. Diese Antwort wird von den Wortführern so lautstark ausgesprochen, dass sie die leisen Zweifel derjenigen übertönt, die sich nicht sicher sind, ob die Entwicklung der letzten Jahrzehnte richtig war.

Der im Juni 2012 gewählte Präsident des Bauernverbands, der als Hardliner geltende Joachim Rukwied, stellt sich nur selten Diskussionen mit Kritikern und Zweiflern. Wenn die Gegner der Turbolandwirtschaft in Berlin zu Veranstaltungen laden, schickt er seinen Generalsekretär vor, Bernhard Krüsken, der sich bemüht, ein differenzierteres Bild zu zeichnen. Als ich Krüsken mit meiner Kritik an der kurzsichtigen Effizienzbehauptung konfrontiere, bittet er mich, Polarisierungen zu vermeiden. Der Bauernverband unterstütze alle Formen der Landwirtschaft, und jeder Betrieb müsse sehen, welche Art von Landwirtschaft für ihn die richtige sei. In einer Urlaubsgegend könne das ein Ferienbauernhof sein, in

Stadtnähe der Hofladen, aber auf den guten Ackerstandorten sei es natürlich sinnvoll, intensiv zu wirtschaften. Er bestreitet nicht, dass es »problematische Entwicklungen« gibt, aber er hält sie nicht für eine Systemfrage und für korrigierbar. »Der Stickstoffüberschuss, der in einigen Regionen mit hoher Viehdichte die Gewässer belastet, kann eine Folge schlechten Nährstoffmanagements sein.« Wenn die neue Düngeverordnung vorschreiben werde, auch Gärreste mit in die Stickstoffbilanz einzurechnen, werde dieses Problem zum großen Teil beseitigt. Ebenso seien die hohen Tierverluste zu vermeiden. »Kälberverluste sind ein absolut vermeidbares Thema, man kriegt das wirklich hin mit niedrigen Verlustraten«, sagt er. Und natürlich hat er recht: Manche Bauern, meist diejenigen, die ihre Milchkühe lange nutzen, schaffen es auch, die allermeisten Kälber großzuziehen. Klar, es muss nicht sein, dass Kälber sterben. Umso schlimmer, dass die Statistiken zeigen, dass so viele sterben.

Über den Preisverfall bei den männlichen Bullenkälbern sagt Krüsken: »Überall, wo sich die Märkte bewegen, gibt es gelegentlich extreme Marktsituationen, in denen man sich fragt, ob es Sinn macht, mit der Produktion weiterzumachen, oder ob man lieber aussteigt. Es hat in allen Sparten Preistiefs gegeben, aber nie einen dauerhaft ruinösen Preis.« Auch das ist ja richtig – bloß hilft es den Tieren nicht, die einen Tierarzt brauchen, der sich für den Landwirt in seinem beweglichen Markt gerade nicht rechnet.

Aus meinen Fragen höre er meine Zweifel daran heraus, dass der Strukturwandel unvermeidbar sei, sagt Krüsken. Als glaubte ich, diese Entwicklung zu immer größeren Betrieben sei »Resultat gezielter agrarpolitischer Planung«. Doch das sei nicht der Fall. »Der Strukturwandel ist eine ökonomische Entwicklung, die in allen Branchen stattfindet. Das muss man nicht schätzen – wir tun das auch nicht, weil wir jedes Jahr praktisch zwei Prozent der Mitglieder verlieren.« Im Strukturwandel, so Krüsken, spiegele sich die wirtschaftliche Situation der Betriebe. »Solange wir nicht sicherstellen können, dass die Landwirte eine ökonomische Perspektive haben, ist diese Diskussion müßig. Wir müssen auch darauf achten, dass eine Politik, die den Strukturwandel bremsen will, nicht dazu führt, dass die Einkommen der Betriebe auf einem niedrigem Niveau eingefroren werden.« Im Vergleich zu anderen Branchen sei der Strukturwandel in der Landwirtschaft bisher relativ kontinuierlich verlaufen. Freundlich spöttisch fügt er hinzu: »Für mich klingt die Frage nach dem Strukturwandel wie: Sind wir mit dem Wetter in Brandenburg auf dem richtigen Weg? Es gibt dazu keine Alternative.«

Das klingt natürlich lustig: Da wollen die romantischen Weltverbesserer mal wieder nicht die puren Fakten der Weltläufte akzeptieren, dabei müssen sie einfach nur einsehen, dass die Welt ist, wie sie ist.

Das klingt ein bisschen wie die berühmte TINA-Formel, mit der die englische Premierministerin Margaret Thatcher ihre marktradikalen Reformen einleitete: *There is no alternative!* betonte sie immer wieder, auch wenn das ein ganz undemokratischer Satz war. Aber so sehen es jetzt auch die Landwirte.

Gefühlt gibt es keine Alternative zum Strukturwandel. Der Bauernverband jedenfalls könne ihn allenfalls abmildern –

ihn zu verhindern, sei einfach unmöglich. Nun gibt es die kleinen Auslaufbetriebe, die das beklagen und jammern, die großen hingegen sehen das als Chance: Wachstum durch Innovation, Investition und die Übernahme des Betriebs des aufgebenden Nachbarbauern.

»Die Globalisierung ist ein Fakt«, sagt Hauke Jaacks. »Landwirtschaftliche Unternehmer beweisen sich nämlich nicht bei gutem Wetter, sondern gerade bei Gegenwind«, sagt DLG-Präsident Carl-Albrecht Bartmer und fordert sogar ausdrücklich den Beitritt zum Freihandelsabkommen mit den USA.[144]

Wenn der Geschäftsführer des Bauernverbands behauptet, der Strukturwandel sei ebenso wenig zu gestalten wie das Wetter in Brandenburg, ist das natürlich nicht ganz ehrlich. Die europäische Agrarpolitik unterstützt die Agrarbranche Jahr für Jahr mit mehreren Milliarden Euro (2013 waren es 315 Euro pro Hektar und Jahr), und diese Subventionen sind nur sehr wenig an ökologische und soziale Kriterien gebunden. Im Vergleich dazu ist das Wetter in Brandenburg trotz des einsetzenden Klimawandels sehr viel weniger menschengemacht und politikgeformt als die Entwicklung der Betriebsgrößen in der Landwirtschaft, und das weiß natürlich auch Krüsken.

Doch der entscheidende Punkt liegt woanders: »Agrarprodukte aus dem europäischen und außereuropäischen Ausland haben in sämtlichen Kategorien Zugang zu unseren Märkten«, sagt er, »egal unter welchen Rahmenbedingungen sie produziert wurden, egal wie hoch die Standards für Lebensmittelsicherheit, Ökologie und Tierschutz dabei waren.« Wer in North Carolina Schweine mästet und die Gülle einfach in Lagunen pumpt, der produziert billiger als sein europäischer Kollege, der dafür sorgen muss, dass sie so verteilt wird, damit die Pflanzen sie aufnehmen. Und Eier von Hennen in Käfigen sind billiger als die Eier, die nach deutschen Standards produziert werden. Und das Gleiche gilt für alle anderen Produkte: Immer gibt es ein Land, in dem die Standards schwächer sind.

Für Krüsken aber ist genau das – das berühmte *Race to the bottom*, der Druck, sich in der globalisierten Weltwirtschaft dem niedrigsten Standard anzupassen – ein Grund für die Landwirte zu versuchen, in diesem Wettbewerb zu bestehen. »Wenn Politik und Gesellschaft sagen – und das tun sie unmissverständlich –, wir sind eine Handelsnation, wir stehen zum europäischen Binnenmarkt, wir haben offene Märkte, und wir schotten uns nicht ab, dann muss ich doch ehrlich mit den Landwirten sein und kann ihnen nicht die Illusion vermitteln, sie könnten alle in Marktnischen überleben, ohne auf diesen Märkten konkurrenzfähig zu sein.«

Ob er dann nicht fordert, die europäischen Standards zum Beispiel den US-amerikanischen anzupassen? Nein, sagt Krüsken, beim TTIP, dem geplanten Freihandelsabkommen mit den USA, haben wir die Möglichkeit, europäische Standards umzusetzen. Deshalb müsse man bei Handelsabkommen auf Importbegrenzungen für sensible Produkte achten. Warum der Bauernverband und vor allem die DLG für das Freihandelsabkommen mit den USA stimmen, erschließt sich mir nicht. Der Bauernverband will einen Wettbewerb mit unterschiedlichen Standards verhindern, aber er setzt auf Chancen für europäische Exporte.

Die Verbraucher kaufen immer das Billigste. Wir produzieren, was sie wollen. Und wir stehen dabei im globalen Wettbewerb. Wenn wir also nicht günstig produzieren, wird es ein anderer tun.

Das ist die Weltsicht der Landwirte, und sie halten es für naiv zu glauben, dass es Alternativen dazu geben könnte. Die schwierige Lage der deutschen Biolandwirte, die gegenwärtig Marktanteile verlieren, obwohl die Nachfrage nach Bioprodukten seit Jahren steigt, einfach weil importierte Biolebensmittel günstiger sind, bestätigt sie in dieser Weltsicht.

Ich glaube, dass diese tief gefühlte Alternativlosigkeit zusammen mit dem finanziellen Druck, der auf den Betrieben lastet, dazu führt, dass sie ihre Zweifel an der Industrialisierung der Tierhaltung verdrängen und gegenüber ihren Kritikern immer verständnisloser und aggressiver reagieren. Auf Dauer aber wird es nicht möglich sein, gegen den gesellschaftlichen Konsens zu wirtschaften.

Die Industrialisierung ist eine Sackgasse

Das ist tragisch, denn diese Abwehrhaltung verhindert, dass die Branche selbst über Alternativen nachdenkt. Der Druck aber wird noch weiter zunehmen, aus zwei Gründen: Einmal, weil die kapitalintensive Spezialisierung innerhalb der Landwirtschaft auf den freien Märkten dieser Welt hochriskant ist, und zum anderen, weil die Abkehr von der alten solaren Kreislaufwirtschaft sowie Technisierung und Chemisierung aus der Landwirtschaft einen Wirtschaftszweig gemacht haben, der eine Menge gefährlicher Abfälle produziert, die Gefahren für die Zukunft bergen. Die multiresistenten Keime sind da nur ein Anfang.

Die Spezialisierung ist – bei allen Vorteilen, vor allem was die Arbeitserleichterung angeht – deshalb so gefährlich, weil sie die landwirtschaftlichen Unternehmer von den Erzeugerpreisen in einem sehr engen Marktsegment für sehr lange Zeit abhängig macht. Die Landwirte können eine Entscheidung für einen bestimmten Betriebszweig nur unter großen finanziellen Verlusten revidieren. In einem modernen Schweinestall können keine Kühe leben, im Kuhstall keine Hühner. Gleichzeitig produzieren sie für einen sehr asymmetrischen Markt, auf dem viele kleine Produzenten wenigen großen Abnehmern gegenüberstehen. Selbst dort, wo sich Landwirte in Erzeugergemeinschaften oder Genossenschaften zusammengeschlossen haben, hat sich ihre Verhandlungsposition nicht deutlich verbessert. Das wirkt sich auf die Preise aus: Der Einzelhandel und die Molkereien nutzen ihre Marktmacht, um die Milchpreise niedrig zu halten – selbst wenn die Bauern nicht mehr kostendeckend arbeiten. In dieser Situation empfinden viele Landwirte den Weltmarkt als Chance, und wenn China nach Lebensmittel-Skandalen deutsches Milchpulver importiert, bringt das den Landwirten tatsächlich Gewinne. Doch alle Marktbeobachter sind sich einig, dass die globalen Agrarmärkte immer volatiler werden und die Landwirte mit stark schwankenden Preisen rechnen müssen. Vielleicht öffnen sich neue Märkte, vielleicht kommt aber neue Konkurrenz dazu.

Der Kaffeemarkt ist ein gutes Beispiel dafür, dass Weltmarkt auch Untergang bedeuten kann: Jahrezehntelang lebten die afrikanischen Kaffeebauern gut von ihrer Produktion, bis Vietnam beschloss, im großen Stil in den Kaffeemarkt einzusteigen. Anfang des neuen Jahrtausends brachen die Preise ein – unter die Produktionskosten – und gefährdeten die Existenz von 25 Millionen Kleinbäuerinnen und Kleinbauern auf der ganzen Welt, die sich bis heute davon nicht erholt haben.[145]

Mit Beginn des Jahres 2015 wurde die Milchquote abgeschafft, die während der letzten drei Jahrzehnte mehr schlecht als recht die Menge der europaweit produzierten Milch begrenzen sollte. Keiner weiß, wie sich die Preise nun entwickeln werden, doch befürchten viele Milchbauern einen existenzgefährdenden Preisverfall.

Die Landwirte sind diesen globalen Märkten ausgeliefert, und sie können dabei nicht auf die Solidarität der Agrarbranche und der Politik hoffen. Im November 2014 berichtete der NDR, dass die Bundesregierung Hermes-Bürgschaften für die Exporte von Legehennenkäfigen zugesichert habe.[146] Als die Käfighaltung von Hühnern in Deutschland verboten wurde, hatte die Geflügelindustrie genau das beklagt: Die Produktion werde ins Ausland abwandern. Zwar haben die Supermärkte Eier von Käfighühnern aus ihren Regalen verbannt, seit es die Kennzeichnungspflicht zumindest für lose Eier gibt, aber gleichzeitig unterstützt die Bundesregierung den Export von Käfighaltungssystemen, die in Europa verboten sind, und gestattet die Einfuhr der so erzeugten Produkte. Solche Skandale erschüttern die Bereitschaft der intensiv wirtschaftenden Landwirte, höhere Tierschutzauflagen zu akzeptieren.

Das zweite große Risiko der Intensivlandwirtschaft steckt in der Produktionsweise selbst und wird von vielen Landwirten nicht als Risiko gesehen, weil es als Fortschritt wahrgenommen wird. Es ist die Abkehr von der alten Kreislaufwirtschaft, der Großeinsatz von petrochemischen und pharmazeutischen sowie anderen industriellen Produkten. Pflanzenschutzmittel, Dünger, Medikamente, Desinfektionsmittel und Zusatzstoffe im Futter – das alles steigert die Erträge und soll die Effizienz erhöhen. Aber es produziert Risiken, die deshalb so gefährlich sind, weil sie verzögert auftreten und lange unsichtbar bleiben. Die multiresistenten Keime, gegen die keine Antibiotika mehr helfen (die nicht nur, aber auch aus der Landwirtschaft stammen), sind jetzt in den Fokus geraten. In den nächsten Jahren dürften desgleichen Tierarzneimittel im Grundwasser zum Problem werden (viele Arzneimittel aus der Humanmedizin sind ähnlich schwer abbaubar und reichern sich im Wasser an).[147] Noch ist völlig unerforscht, wie sich die ungeheuren Mengen von Desinfektionsmitteln auf den Wasserhaushalt auswirken: Nach jedem Mastgang wird im modernen Intensivstall komplett desinfiziert, bei Millionen von Tieren dürften das Millionen von Kubikmetern Wasser sein, die mit desinfizierender Wirkung ins Abwasser gelangen – doch es gibt keine Behörde, die erfasst, wie viel es wirklich ist. Auch der Boden, die Grundlage aller Landwirtschaft, könnte in den nächsten Jahren zum Problem werden: Der grüne Europaparlamentarier Martin Häusling hat zum Tag des Bodens davor gewarnt: »Schwermetallhaltige Dünger,

Pestizide, ein exzessiver Stickstoffeintrag, Rückstände von Antibiotika und anderen Medikamenten belasten unsere Böden. Kein Mensch weiß genau, was dieser Cocktail in den Böden – auf denen unsere Nahrung wächst – eigentlich anrichtet.«[148] Das rätselhafte Siechen und Sterben ganzer Kuhherden, das seit Jahren vor allem im Norden Deutschlands auftritt und das Virologen als chronischen Botulismus erklären, mag ein weiterer Hinweis dafür sein, dass im Boden eine Zeitbombe tickt.[149]

Nimmt man all das zusammen – das Leiden der Tiere, der finanzielle und gesellschaftliche Druck auf die Landwirte, die Risiken der globalisierten Agrarmärkte und die ökologischen Folgen –, so wird ziemlich offensichtlich, dass es eben keine Alternative ist zu sagen, wir haben keine Alternative.

Wie aber soll die Landwirtschaft der Zukunft aussehen? Und wie können die Landwirte sich dem Zwang der Märkte und dem Preisdiktat der mächtigen Abnehmer entziehen? Und wie lässt sich die Faszination des bäuerlichen Lebens für die kommenden Generationen retten?

Kapitel 9

Die Farben der Zukunft

Wenn die globalisierten Weltmärkte keine befriedigende Antwort auf die Frage nach der Zukunft der Landwirtschaft und unserer Lebensmittel liefern können, sollten wir uns trauen, selbst nach einer Antwort zu suchen. Und wir sollten dabei nicht nach einer technischen Lösung suchen, sondern nach einer des Herzens. Wir sollten Überlegungen zur Finanzierbarkeit und ökonomischen Machbarkeit einen Moment ausblenden und von dem ausgehen, was wir uns wünschen. Wir sollten uns erst fragen: Was wollen wir essen, und wie wollen wir die Tiere behandeln? Und danach: Wie können wir das erreichen?

Bloße Fakten reichen nicht aus, um diese Fragen zu beantworten. Wir brauchen starke Bilder im Kopf, wie wir uns Ernährung und Landwirtschaft in der Zukunft vorstellen und welche Rolle wir alle dabei spielen möchten. Ob wir Käufer sein wollen oder Koproduzenten?

Geisteswissenschaftler bezeichnen solche prägenden Geschichten und Bilder als Narrativ oder große Erzählung: Es sind kollektive Vorstellungen, die eine große Wirkung entfalten können. Die Aufklärung zum Beispiel hatte eine solche Kraft – *Habe den Mut, dich deines eigenen Verstandes zu bedienen!* Auch das Versprechen von Aufstieg und Emanzipation der Arbeiterklasse oder die Vision der Moderne von

Fortschritt, Wachstum und Wohlstand sind solche unmittelbar überzeugenden Erzählungen.

Die moderne Landwirtschaft aber hat ihren Kunden keine große Erzählung und emotionalen Bilder zu bieten. Ihr Selbstbild ist, salopp ausgedrückt, etwa so: Wir sind der Maloche und dem Misthaufen entkommen, wir haben die Rückständigkeit des Landlebens überwunden und sind stolz, die moderne Technik zu beherrschen. Es gibt einen kurzen Film über die Milchproduktion in Kanada[150], der auch unter deutschen Landwirten kursierte und als »toll« und »beeindruckend« empfunden wurde: Er zeigt Bilder riesiger Agrarmaschinen und einen großen Kuhstall in einer arktisch anmutenden Landschaft. Ganz viel Schnee, ganz viel Technik, ganze viele Kühe, und das alles in Spielfilmoptik, begleitet von gefühlsgeladener Musik – nur Menschen kommen in diesem Film bezeichnenderweise so gut wie nicht vor. Bloß in einer Szene sieht man eine Hand ins Bild ragen, die einem kleinen Kälbchen über den Kopf streichelt, sehr anrührend zwischen all den großen Schneeräumern, Motorschlitten, Melkmaschinen, Strohhäckslern und automatischen Mistschiebern. Dieser Film mag eine starke Geschichte für moderne Milchbauern sein, er zeigt die Symbiose von Tier und Technik und einen Hauch menschlicher Nähe dabei – doch ob die Konsumenten solche Bilder zu schätzen wissen? Moderne Technik haben sie selbst genug – in ihrem modernen Hochleistungsleben zwischen Erfüllung und Burn-out, und für ihre Vorstellung vom Bauernhof suchen sie eher den Gegenort dazu.

Der große Erfolg der Zeitschrift *Landlust,* herausgegeben ausgerechnet von einem Fachverlag, der die Zeitschriften der technik- und innovationsfreudigen Agrarpresse produziert, zeugt von dieser Sehnsucht. *Landlust* wirbt mit dem Slogan »die schönen Seiten des Landlebens«. Und genau da liegt das Problem: Die moderne Landwirtschaft darf darin nicht vorkommen, weil sie nicht als schön empfunden wird.

Wie wollen die modernen Landwirte jemals angemessene Preise für ihre Erzeugnisse bekommen, wenn die Herkunft dieser Erzeugnisse so wenig ansprechend ist, dass man sie in Wohlfühlzeitschriften nicht zeigen kann?

Die große Erzählung der Veganer

Es sind ausgerechnet die Tierrechtler und Veganer, die eine große Erzählung von der Zukunft unseres Essens und der Landwirtschaft haben und sie erfolgreich in den sozialen Netzen und den Medien verbreiten. Und diese Erzählung klingt gut: Kein Tier soll mehr leiden. Die Tiere sind unsere Freunde. Wir werden sie nicht mehr quälen. Sie haben ein Recht darauf, anständig behandelt zu werden.

Vor Jahren hätten die Landwirte noch darüber gelacht. Doch heute, wo vegane Kochbücher Bestseller sind, muskulöse junge Männer für veganes Leben werben[151] und sich die Fleischesser rechtfertigen wie früher die Vegetarier, müssen die Landwirte erkennen, dass die Selbstverständlichkeit des Fleischessens infrage gestellt ist. Das ist gefährlich für die ganze Branche. Jedes Bild von der Zukunft der Tierhaltung und unserer Ernährung, das die Landwirte entwerfen, konkurriert mit dem Bild der Veganer vom friedlichen und gewaltfreien Umgang zwischen Mensch und Tier. Der Vegetarierbund hat über zwanzig Höfe in Deutschland und Österreich aufgelistet, die nach diesem Ideal Gemüse und Getreide anbauen, ganz ohne Tiere und tierischen Dünger, nicht einmal Arbeitspferde sind erwünscht.[152] Zwanzig Höfe sind keine Masse, nicht einmal eine Nische – aber sie beweisen, dass etwas funktioniert, was nach Ansicht des Bauernverbands gar nicht möglich ist, nämlich biovegane Landwirtschaft. Und sie beweisen, dass es vielen Veganern ernst ist mit diesen Idealen. So ernst, dass sie ihr Leben darauf setzen, ohne sich vorher durch eine ökonomische Machbarkeitsstudie abgesichert zu haben. Was hat die Landwirtschaft von heute diesem Bild und diesem Engagement für das Wohl der Tiere entgegenzusetzen? Eine moderne Hightechproduktion, die als Kollateralschaden Tierleid, hohe externe ökologische Kosten und soziale Verarmung auf dem Land mit sich bringt? Das sind keine Bilder, die die Konsumenten dazu verleiten könnten, mehr Geld für verantwortungsvoll produzierte Lebensmittel auszugeben.

Die uralte Faszination des Bauernhofes

Dabei kann sich die Landwirtschaft auf viele tief verankerte positive Werte berufen: Auf die jahrhundertealte bäuerliche Tradition des Lebens in einer kleinen Gemeinschaft (mitunter auch einer engen, ja beengenden), auf das Leben gemeinsam mit den Tieren (hegend und pflegend und nutzend und schlachtend), auf das Arbeiten im Rhythmus der Jahreszeiten, mit der Natur (auch im Kampf gegen sie, um ihr etwas abzutrotzen). Es ist schwierig, das Besondere an dieser Lebensform zu beschreiben, ohne in die Nähe des Kitsches zu geraten. Doch es liegt etwas in diesem bäuerlichen Leben, das ganz viele für ihr Leben prägt. Was Bauernkinder und -enkel immer wieder zurückkehren lässt auf den Hof ihrer Kindheit, was Milchbauern weiter melken lässt, auch wenn es sich überhaupt nicht rechnet, was Hoferben lange zögern lässt, bevor sie sich gegen die Landwirtschaft entscheiden. Was Studierende der Agrarwissenschaften auf die Alm ziehen lässt, um dort den Sommer als Senner zu verbringen. Was Frauen *Landlust* kaufen lässt und was Grundschüler dazu bringt, die Bücher von den *Kindern aus Bullerbü* zu lesen. Und was die Verlage dazu animiert, immer neue Bilderbücher von den niedlichen Tierchen auf dem Bauernhof zu drucken. Der Bauernhof ist ein kollektiver Sehnsuchtsort, und es wäre fatal, die große Kraft, die in dieser Sehnsucht liegt, zu verspielen. Der Bauernhof oder am besten das ganze Dorf sollten als Gemeinschaftsort und Mehrgenerationenprojekt gesehen werden, das bei aller Enge und allem Konformitätsdruck ganz viel zu bieten hat, wonach sich nicht nur die gestressten und selbstausbeuterischen Großstädter sehnen. Als Lernort und Erfahrungsort.

Darin liegt die Sehnsucht nach einer heilen Welt, nach dem Gegenstück zum technisierten, bürokratisierten Großstadtleben, zum hektischen, oft entfremdeten Alltag der Menschen, die sich Tag für Tag in der Leistungsgesellschaft behaupten müssen, in der Burn-out-Gesellschaft, wie Byung-Chul Han sie nennen würde. Die Landwirte tun gut daran, nicht »sachlich« und »mit Fakten« gegen diese Wünsche anzuarbeiten. Sie sollten im Gegenteil genau diese Sehnsucht mit verkaufen. Nicht als aufgesetztes und durchschaubares Marketing, sondern – vorgelebt.

Wenn es *Landlust* gelungen ist, innerhalb weniger Jahre die Auflage auf über eine Million Exemplare zu steigern und mehr Leser (vor allem Leserinnen) als *Stern* und *Spiegel* zu finden, und wenn dieses Kunststück nicht von einer großen PR-Agentur vollbracht wurde, sondern von einer Agraringenieurin[153], die vorher ausgerechnet für *Top Agrar* geschrieben hat, *eine* journalistisch gute, aber weltanschaulich eng auf die moderne Hightechlandwirtschaft festgelegte Fachzeitschrift –, wenn es also möglich ist, aus den Sehnsüchten der Nichtlandwirte ein solches Kapital zu schlagen, dann sollte es auch möglich sein, das mit landwirtschaftlichen Produkten selbst zustande zu bringen und nicht nur mit schönen Berichten.

In jedem Fall sollten die Landwirte nicht sagen: Seht her, ihr Konsumenten, wir Landwirte, wir sind wie ihr, modern, technisiert, innovativ, ständig unter Druck, sich auf dem Weltmarkt behaupten zu müssen, gehetzt, am Rande des Zusammenbruchs. Und so leben auch unsere Tiere, unter dem Druck, unseren Leistungserwartungen entsprechen zu müssen, und so sind auch unsere Produkte. Kauft sie doch und fühlt euch wohl dabei!

Wenn sich die naiven Wünsche der Leute nach der Landidylle so hartnäckig halten und wenn diese Wünsche gleichzeitig mit den großen Gefühlen korrespondieren, die Landwirte selbst für ihren Hof, ihr Land, ihr Dorf empfinden, dann muss es möglich sein, diese Sehnsüchte nicht nur auf der Ebene von Bildern zu bedienen, sondern ebenfalls in Form von Lebensmitteln.

Wenn man gute Produkte teuer verkaufen will, braucht man dazu eine gute Geschichte. Und wer gute Produkte über lange Zeit teuer verkaufen will, der sollte diese gute Geschichte nicht als Werbefilm inszenieren, sondern eine wahrhaftige Geschichte glaubhaft erzählen. Solche Geschichten gibt es ja! Wenn Konsumenten im Supermarkt – in großer Eile zwischen Überstunden, Parkplatzsuche und Kinderabholen – eine Packung Mehl im Regal sehen, dann sollten sie dabei an wogende Getreidefelder denken und an Kornblumen und Klatschmohn an den Blühstreifen rund um das Feld. Am besten noch an den letzten Sommerurlaub, den dröhnenden Mähdrescher, die aufgeregten Kinder, die mitfahren dürfen, und wie die Erde duftete nach reifem Korn und wie das Stroh pikste. Wenn die eilige Einkäuferin dann zum Milchregal läuft, sollte ihr das Bild einer Kuh einfallen, die mit langer, rauer Zunge an Grasbüscheln rupft. Oder sie könnte sich an den wunderbaren Moment tiefen Friedens erinnern, den sie spürte, als sie nachts im Dunkeln im Stall stand und nichts hörte als das stetige, gleichmäßige Wiederkäuen der Kühe (und gelgentlich ein leises Rülpsen). Und natürlich muss sie beim Gemüse an krümelige Erde denken und an Sonne und wie sie selbst versucht hat, ihren Salat im Garten vor den Schnecken zu schützen. Und wie ihr Respekt vor den Bauern, denen das gelingt, dabei gewachsen ist.

Die viel zitierten glücklichen Kühe und Hühner waren ein guter Anfang, um solche guten Geschichten von guter

Landwirtschaft zu erzählen, und es wäre klug gewesen, wenn die modernen Landwirte diesen Wunsch der Konsumenten nach dem Lebensglück der Tiere ernst genommen und nicht immerzu darüber gespottet hätten. *Glückliche Kühe, haha, voll die Vermenschlichung!*

Aber natürlich ist das Schwein glücklich, wenn es mit seinem Rüssel in der Erde wühlen darf und es dabei so wunderbar nach Wurzeln und Regenwürmern riecht. Natürlich ist das Huhn glücklich, wenn es unter dem Schutz dichter Büsche in der Erde herumscharrt und köstliche Würmer findet. Man kann es statt glücklich auch erfüllt nennen oder entspannt oder befriedigt in seinen natürlichen Bedürfnissen, der Begriff ist nicht wichtig, denn der Konsument wird es verstehen. Er sieht, wie das Schwein suhlt und das Huhn scharrt, und es wird ihm richtig und gut erscheinen. Etwas vereinfacht: Machen die Landwirte das Land so schön und sinnlich, wie *Landlust* es darstellt, und zeigen sie es her, inszenieren sie es in all seiner Schönheit, dann werden die Leute auch mehr für ihre Produkte bezahlen!

Die Kluft zwischen Landwirten und Konsumenten schließen

Wie das gehen kann? Ich glaube, um die starken Geschichten von guter Landwirtschaft zu vermitteln und zu vermarkten, muss als Erstes die Kluft zwischen Konsumenten und Landwirten geschlossen werden. Das wird nicht gelingen, wenn Besucher in Schutzkleidung durch ein Desinfektionsbecken laufen müssen und in Hochsicherheitstrakte geführt werden, bevor sie Hühner angucken dürfen. Das wird auch nicht gelingen, wenn Landwirte erst erklären müssen, warum es im Stall so aussieht, wie es aussieht. Warum die Sau unter einem Metallgitter gefangen ist und warum die Schweine nicht an die frische Luft dürfen. Ich glaube, dass wir Konsumenten die Tiere wieder kennenlernen müssen, die für unsere Wünsche gehalten werden, nicht jedes einzelne, aber wir müssen wissen und sehen, wo sie herkommen. Und dass wir in ihrem Angesicht entscheiden müssen, wie wir mit ihnen umgehen wollen. Ob wir sie essen wollen. Oder nur melken. Ob wir ihnen ihre Kinder wegnehmen wollen. Ob sie in ihrem natürlichen Umfeld leben dürfen, also auch draußen. Ob wir uns entscheiden, sie gar nicht für unsere Zwecke zu nutzen und vegan zu leben. Und ich meine das genauso pathetisch, wie es klingt: Jeder soll dem Tier – oder falls er religiös ist: dem Mitgeschöpf – in die Augen sehen und fühlen und sich dann für eine Art von Landwirtschaft entscheiden, die ihn ernährt. Diese Entscheidung muss jeder für sich selbst treffen, aber nicht vor dem Fernseher, sondern im Stall oder auf der Weide. Damit er weiß, um wen es geht. Und um welche Art von Leben.

Vielleicht schreibe ich das nur so eindringlich, weil ich mir mit dieser Idee ein Problem eingehandelt habe, das ich gerne mit anderen teilen würde. Es heisst *Jonny Roastbeef* und ist ziemlich schnell gewachsen. Bei unserem letzten Besuch Ende November war er gerade zusammen mit seinen Jungrindergefährten in den Stall gekommen (die älteren Tiere durften noch länger draußen bleiben), und er bot uns, als zehn Monate alter Halbstarker, ein lustiges Bild: Sein

Körper war nicht mehr Kalb, aber noch lange nicht Bulle, er hatte kleine Hörner bekommen, und dazwischen fiel sein schwarzes Fell, länger und lockig geworden, wie die Haartolle eines Rock'n'Roll-Sängers über seine weiße Stirn. Das Erstaunlichste aber war, wie sich sein Charakter verändert hatte. Aus dem stürmischen, übermütigen Kälbchen war ein verschmuster Jungbulle geworden, der seinen Kopf sanft auf die Beine meiner Tochter legte, um gestreichelt zu werden. Wie ein freundlicher Labrador guckte er dabei und traf meine Tochter ins Herz. Wir wollen ihn doch nicht etwa schlachten, fragte sie. Wir schlachten ihn nicht, nein, nein!

Ich schaute von *Jonny Roastbeef* zu ihr und sagte: Wo soll er denn bleiben? In einem halben Jahr ist er so groß und stark, dass wir ihn nicht mehr bändigen können. Er wird die jungen Rinder bespringen und decken wollen, was er nicht soll. Der Bauer kann ihn dann nicht mehr behalten. Wohin also mit ihm?

Diese Details fand meine Tochter unwichtig, sie entschied mit der Unbedingtheit eines Kindes, dass es überhaupt nicht infrage komme, *Jonny Roastbeef* zu schlachten, und basta. Und genau dies war der Moment, in dem ich verstanden hatte, dass sich die Zukunft der Landwirtschaft im Angesicht des Tieres entscheiden wird. Man muss dem Tier gegenüberstehen und ihm in die Augen schauen in dem Gefühl, für sein Leben verantwortlich zu sein, und dann entscheiden, was man mit ihm machen will. Ob man sein Fleisch essen möchte oder nicht. Wie Antoine de Saint-Exupéry den gezähmten Fuchs zum kleinen Prinzen sprechen lässt: Du bist zeitlebens für das verantwortlich, was du dir vertraut gemacht hast.

Jonny im Sommer. © Dieter Müller

Und vertraut war uns *Jonny Roastbeef* jetzt, somit hatten wir die Verantwortung. Für sein Leben. Und für seinen Tod. Wir mussten entscheiden.

Die Kuh auf die Weide

Anfangs hatte ich gedacht, ein Kälbchen zu retten, sei eine einfache Sache. Nachdem der Biobauer zugesagt hatte, dass er ihn aufnehmen wollte, schien alles ganz klar. Ich gönne ihm zwei schöne Sommer auf der Weide, den Winter auf Stroh und bringe ihn dann zum freundlichen Dorfschlachter, der ihm über die Stirn streicht, bevor er zum Schuss ansetzt – kein Transport, keine Todespanik, kein unpräziser Bolzenschuss, alles Handarbeit mit Hygieneauszeichnung. Diesen Schlachter gibt es wirklich, Bernfried Biermann in Eversen bei Nieheim, und wie durch ein Wunder hat sein kleiner Betrieb das große Schlachthofsterben überstanden, und er hat eine kleine, aber sehr beständige Kundschaft. Ich hatte meine Kinder mit zu Biermanns geschleppt, damit sie beim Zerlegen eines Rindes zuguckten und sehen konnten, wie wenig Steak aus dem riesigen Fleisch- und Knochenberg zu säbeln ist, der am Vortag eine Kuh gewesen war. Und wie viel anderes Zeugs beim Schlachten anfällt, das alles verarbeitet und verzehrt werden sollte. Der Dorfschlachter ist Meister darin, er kennt noch die alten Rezepte, und alle im Dorf mögen seine Würste. Wenn schlachten, dann da, sagte ich, ein bisschen stolz auf die alte Tradition, die er lebendig hielt.

Doch nun stand da meine Tochter und sagte *Nein*, ebenso empört über meinen Schlachtplan wie die Journalistenkollegin Hilal Sezgin, die Autorin von *Artgerecht ist nur die Freiheit*, die überzeugend argumentiert, dass wir das Lebensrecht der Tiere zu respektieren haben.

Bei Anita Idel aber fand ich Unterstützung. Doch, wir dürfen Tiere töten und essen, sagt die Tierärztin und Mitautorin des Weltagrarberichts, die mit ihrem Buch *Die Kuh ist kein Klimakiller*[154] auch über die Agrarszene hinaus sehr bekannt geworden ist. »Es gibt auch kein sieches Tier in der Natur. Ob jung oder alt: Wer schwächelt, wird zum Futter für andere. Das sehe ich ganz biologisch.« Sie hält Fleisch und Milchprodukte für eine wichtige Ressource für die Welternährung. Doch dürfen die Tiere nicht zu Nahrungskonkurrenten der Menschen gemacht werden, genau das aber ist mit der Intensivierung der Landwirtschaft passiert: Die EU importiert siebzig Prozent der Eiweißfuttermittel für Geflügel, Schweine und Rinder. Stattdessen, fordert Anita Idel, sollen sich die Tiere, von denen wir uns ernähren, Gras fressen von Flächen, die nicht beackert werden können, weil sie entweder zu nass oder zu trocken oder zu steil oder zu steinig sind. »Mehr als dreißig Prozent der globalen Landfläche macht das aus, und diese Flächen müssen nachhaltig beweidet werden, damit ihr Boden nicht durch Erosion verloren geht.« Anita Idel schwärmt von Kühen und Schafen wie andere von Turnierpferden oder Familienhunden, und es ist schön, ihr einen Abend lang zuzuhören, wenn sie erzählt, wie die großen Wiederkäuerherden einst über die Steppen gezogen sind, fressend und verdauend, und dabei im Laufe der Jahrtausende die fruchtbarsten Böden der Welt erschaffen haben. »Der Biss der Tiere löst einen Wachstumsimpuls bei den Gräsern aus, und sie nehmen mit der Energie der Sonne Kohlendioxid aus der Atmosphäre auf, bilden Halme und Wurzeln, aus denen letztlich mit der Hilfe vieler Klein- und Kleinstlebewesen Humus entsteht.« Die Steppenlandschaften dieser Welt, die Prärien und Savannen, konnten nur mit den Grasern entstehen. Und ohne Graser bleibt auf Dauer kein Grünland erhalten.

Das ist eine große Geschichte, in der alles zusammenkommt, vom Bison bis zum Regenwurm, und das Schöne ist: Der Mensch hat seinen Platz darin gefunden als Hirte der Weidetiere, der die Bedürfnisse des Bodens und der Gräser ebenso gut kennt wie die seiner Tiere. Der aus den Weidelandschaften dieser Welt, auf denen weder Getreide noch Gemüse wächst, Lebensmittel für Menschen gewinnt, Milch und Fleisch. Von Kühen, Schafen und Ziegen, die können, was wir nicht können, nämlich Gras verwerten.

Anita Idel will mit ihrem Lob des Weidetieres aber nicht gegen Veganismus argumentieren, ganz im Gegenteil: »Egal, ob omnivor, vegetarisch oder vegan, wir brauchen Nachhaltigkeitskriterien für alle Ernährungsstile. Klar ist, dass wir insgesamt viel weniger Fleisch essen müssen.« Ihr macht Mut, dass Veganer, Vegetarier und die Protagonisten einer nachhaltigen Tierhaltung inzwischen gemeinsam gegen die industrielle Tierproduktion demonstrieren. »Denn sonst profitieren letztlich immer die Konzerne, die an den ausgebeuteten Tieren, der zerstörten Umwelt und den vernichteten bäuerlichen Existenzen Profit machen.«[155]

Ich halte das für einen wichtigen Punkt, denn dass in naher Zukunft alle Menschen Veganer werden, ist so unwahrscheinlich, dass man darüber nicht lange diskutieren sollte. Jeder, der sich entschließt, vegetarisch oder besser noch vegan zu leben, ist ein Gewinn für die Tiere und die Natur, so viel ist klar. Er oder sie sollte allerdings auch Palmöl und Soja meiden, für deren Anbau immer noch Regenwald zerstört wird, was dann nicht nur einzelne Tiere, sondern ganze Arten tötet. Und für alle anderen, die auf Fleisch und/oder Milch nicht verzichten können, gilt: so wenig wie möglich davon, und wenn Fleisch, dann aus Weidehaltung. Ich glaube auch, dass das Modell Sonntagsbraten, also einmal in der Woche gutes Fleisch zu genießen, statt jeden Tag Billigwürste in sich hineinzustopfen, für viele Menschen eine größere Überzeugungskraft hat als ein Verbot, das ohnehin nicht durchsetzbar ist. Eine Studie der Uni Hohenheim bestätigt das: Danach zählen sich schon über zwanzig Prozent der Menschen zu den Flexitariern, die sehr selten Fleisch essen, oder zu den reduktionswilligen Fleischessern. In Zukunft seien sogar sechzig Prozent der Konsumenten bereit, weniger Fleisch zu essen. Der Anteil der Vegetarier hat sich von 1,6 Prozent (laut Nationaler Verzehrsstudie 2006) auf 3,7 Prozent verdoppelt.[156]

Nur was das für *Jonny* heißt, weiß ich immer noch nicht: Eine seiner Weiden liegt an einem steilen Hang, den kein moderner Schlepper hoch- oder runterkäme, ohne das gesamte Erdreich mitzureißen. Seine Haltung kommt dem sehr nahe, was Anita Idel als nachhaltig bezeichnen würde, aber ich würde ihn trotzdem lieber leben lassen. (Hat vielleicht jemand unter den Leserinnen und Lesern einen Weideplatz für einen verschmusten Jungbullen?)

Anita Idel hat vor dem Studium zunächst Landwirtschaft studiert und sich schon da gewundert, wie wenig das Tier als Lebewesen oder gar als Individuum in ihrem Studium vorkam. »Wir sollten nicht mehr von Tieren reden, sondern von Tiermaterial, von Großvieheinheit oder Kleinvieheinheit«, erinnert sie sich. »Ich weiß nicht, wie oft ich diesen Satz gehört habe: Hühner sind keine Tiere, sondern Produktionsfaktoren. Und immer wieder wurde uns gesagt: Leistung ist der Ausdruck von Gesundheit. Das kann stimmen, muss aber nicht. Denn wenn die Zucht die Tiere einseitig auf Leistung selektiert, stimmt es immer weniger.« Die angehenden Agrarwissenschaftler und Tierärztinnen lernten nur wenig über das Verhalten der Tiere und über die Kommunikation mit ihnen, dafür umso mehr über die Bedingungen der Stallhaltung und das technische Management. »Jemand aber, der noch nie einen Schweinsgalopp gesehen hat, weiß nicht, was ein Schwein ist«, sagt sie. »Der moderne Mäster kennt sich nicht mit Schweinen aus, sondern nur mit dem Schwein auf Vollspaltenboden.« Sie hat mir einmal ein Video von einer trächtigen Sau geschickt, die sich in einem großen Laufstall auf Stroh auf die Geburt vorbereiten durfte. Die Sau wühlte mit ihrem Rüssel so lange im Stroh, bis sie ein weiches Lager für ihre Ferkel gebaut hatte. »Zum Weinen schön«, hatte Anita Idel darunter geschrieben, und das stimmte: Zum ersten Mal sah ich eine moderne Hybridsau, wie sie sich bewegte, ohne durch die Metallgitter ihres Kastenstands eingeschränkt zu sein. Und diese Sau wusste noch, wie das ging: ein Nest zu bauen für ihre Ferkel und für sie zu sorgen. Was bedeutet das für die Sauen im Kastenstand, die dieses Bedürfnis haben, ihm aber nicht folgen können? Wie fühlt sich die eingesperrte Sau?

Der Sauenhalter wird mir antworten, dass die frei herumlaufende Sau sich auf ihre Ferkel legen und die schwächeren von ihnen erdrücken wird. So merkwürdig es für Laien klingt: Das passiert wirklich oft. Doch spricht das nicht erst recht für eine Selektion auf leichtere, beweglichere Sauen und weniger Ferkel pro Wurf statt auf noch mehr? (Und es gibt auch andere Möglichkeiten, die Ferkel zu schützen, schräge Bretter etwa, unter denen sie Platz finden.)

Bauern in den Zoo

»Die Landwirte kennen ihre Tiere nicht«, sagt Anita Idel, und das klingt nach einem sehr harten Urteil, schließlich sind sie ja die Experten für Tierhaltung. Aber es gibt auch Dressurreiter, die mit ihren Pferden Piaffen und Passagen und die ganze hohe Kunst der Reiterei präsentieren, die sich aber nicht mit ihrem Pferd durch Wald und Wiesen trauen. Natürlich gibt es Kuhversteher wie Hauke Jaacks, die deshalb erfolgreiche Landwirte sind, weil sie ihre Kühe sehr wohl kennen und sogar ihre Sprache sprechen. Aber das Tier in seinem natürlichen Lebensraum mit seinem ursprünglichen Verhalten – das ist vielen Landwirten aus dem Blick geraten. Sie haben sich daran gewöhnt, Schweine auf Vollspaltenboden zu sehen und Kühe auf engen Gängen und Hühner im Gemisch aus Kot und Einstreu, und sie haben das so oft gesehen, dass es ihnen völlig normal scheint. Schweine aber, die in einem Offenstall mit Auslauf leben, werden sich ganz von allein ihr Haus einrichten: Sie suchen sich einen Platz zum Schlafen und einen zum Suhlen und eine Ecke als Toilette, und sie werden nur dort und nirgends sonst ihr Geschäft verrichten. Es liegt nicht in der Natur des Schweins, in seinem eigenen Kot herumzulaufen. Kühen und Pferden macht das nichts aus, die scheiden ihre Fladen und Äpfel aus, wo sie gerade stehen, dem Schwein aber schon. Wie muss sich ein Schwein fühlen, das so dicht gedrängt im Maststall lebt, dass es gezwungen ist, dort zu koten, wo es gerade steht und später ruhen wird, weil es zu eng ist für eine Raumeinteilung nach seiner Natur?

Dass die modernde Intensivlandwirtschaft das natürliche Verhalten der Arten aus den Augen verloren hat, führt zu einer absurden Gesetzeslage: Das Säugetiergutachten, das das Bundeslandwirtschaftsministerium im Mai 2014 als neue Vorschrift für die Haltung von Zootieren vorgestellt hat, schreibt vor: Für zwei Schweine muss ein Zoo mindestens 60 Quadratmeter Platz bereitstellen, und zwar mit Naturboden, Wühlplätzen, Suhlen und Scheuerbäumen. Und welchen rechtlichen Anspruch hat das Mastschwein in der Landwirtschaft? Die Tierschutznutztierhaltungsverordnung schreibt vor, dass Schweine so viel Platz brauchen, dass sie sich in natürlicher Körperhaltung gleichzeitig hinlegen können.

Als ich die Haltungsverordnungen für Nutztiere mit dem Gutachten für die Zootiere verglichen habe, wünschte ich mir, es gäbe einen Zoo, in dem landwirtschaftliche Nutztiere leben dürfen wie Zootiere. Und die Landwirtinnen und Landwirte müssten diesen Zoo besuchen, um dort die Tiere, die sie nutzen, in ihrem Verhalten zu studieren. Sie würden dort Schweine als Rüsseltiere erleben und sehen, wie viel Zeit sie damit verbringen, mit diesem Rüssel in der Erde herumzuwühlen, und sie würde Kühe als Tiere erleben, die immer ein bisschen Abstand wahren wollen, selbst zu den besten Freundinnen, und sie würden Hühner sehen, die mehr mit der Suche nach Futter beschäftigt sind als damit, auf anderen Hühnern herumzuhacken und sich gegenseitig zu verletzen (eine Hackordnung haben die frei laufenden Hühner natürlich auch).

Natürlich sollten auch die Konsumentinnen und Konsumenten diesen Zoo besuchen und lernen, was es kostet, Tiere so zu halten und wie sich das auf den Preis für Fleisch auswirken würde. Und sie dürften anschließend im Supermarkt nicht verführt werden, Billigfleisch zu kaufen, bei dem eine faire Haltung nicht eingepreist ist.

Ich bin mir sicher, dass Landwirtschaft nur dann gut sein kann und dann gut zu vermarkten ist, wenn die Konsumenten das Gefühl haben, dass die Tiere gut aufgehoben sind bei den Landwirten. Es war der Umgang mit den Tieren, der die Landwirtschaft in eine Akzeptanzkrise gestürzt hat. Auf lange Sicht wird sich gerade in einer Hightech- und Industriegesellschaft, in der Natur und Tiere als Sehnsuchtsorte einer kalten, technokratischen Alltagswelt empfunden werden, keine Landwirtschaft halten können, die das Tier als Produktionsfaktor versteht – auch dann nicht, wenn die Bäuerin es gut meint mit den Sauen im Kastenstand und versucht, möglichst viele todgeweihte Ferkel zu retten. Es wird nicht gehen.

Um zu einer guten Landwirtschaft zu gelangen, die eine ganze Reihe guter Gefühle mit ihren Produkten vermitteln kann, muss die Kluft zwischen Landwirten und Tieren überwunden werden und die Kluft zwischen Landwirten und Konsumenten.

Wachsen ist gefährlich

Nun könnte man argumentieren, dass die Biolandwirtschaft ja genau das versucht hat: Sie hat der Hightechlandwirtschaft ein eigenes Bild von guter Landwirtschaft entgegengesetzt und vorgelebt und hat doch die Nische nicht verlassen. Vielmehr hat die Krise der Biolandwirtschaft mit ihrem ökonomischen Erfolg begonnen: In dem Moment, in dem die Supermärkte günstige Biolebensmittel in ihre Regale stellen, haben sie in vielen Fällen die eigentliche Idee der Biolandwirtschaft verraten. Sie kaufen biozertifizierte Lebensmittel aus dem Ausland, die zwar juristisch gesehen ökologisch erzeugte Produkte sind, die aber nur noch wenig mit der ursprünglichen Idee einer regionalen und natürlichen und schadstofffreien bäuerlichen Kreislaufwirtschaft zu tun haben. Die Erzeugergemeinschaft Fürstenhof mag als Beispiel für diese Entwicklung dienen: Auf vierzehn Legehennenfarmen produziert Fürstenhof rund achtzig Millionen Bioeier pro Jahr, vor allem für Rewe und Alnatura. Immer wieder ermittelte die Staatsanwaltschaft gegen das Unternehmen, weil der Auslauf für die Hühner zu klein gewesen sein soll. Im November 2014 wurde den Betreibern ein befristetes Vermarktungsverbot auferlegt, weil sie Futter aus der Ukraine verfüttert hatten, das Pestizidrückstände enthielt.[157] Das mag ein extremes Beispiel sein, wenngleich ein marktrelevantes, das zeigt, wie kleinteilige Landwirtschaft immer wieder verdrängt wird. Die achtzig Millionen Fürstenhof-Eier haben ebenso vielen Bio-Eiern von bäuerlichen Höfen den Marktzugang versperrt – und das offenbar nicht in einem fairen Wettbewerb. Das Beispiel Fürstenhof verrät, wie weit sich die Bioindustrie vom Bild der guten Landwirtschaft entfernt hat, das die Pioniere aus der Gründergeneration im Kopf hatten und das sie seit Jahrzehnten vorleben. Doch auch für sie wird es schwieriger: Das Erneuerbare-Energien-Gesetz hat so große Anreize für den Bau von Biogasanlagen geschaffen, dass immer mehr Investoren Land zum Maisanbau für ebendiese Anlagen brauchen – und bezahlen können. Die Pachtpreise für Land sind so hoch gestiegen, dass Biolandwirte sie kaum noch bezahlen können.

Gute Landwirtschaft mit gesellschaftlichem Nutzen als politische Aufgabe

Wie aber lassen sich das gute Bild vom Bauernhof und die Sehnsucht nach dem Landleben, das in den Herzen vieler Menschen so tief verankert ist, in eine wirtschaftliche Option für die Landwirtschaft übersetzen? Eigentlich ist das eine politische Aufgabe: eine Landwirtschaft zu schaffen, die die Menschen mit gesunden Lebensmitteln ernährt, die gute Arbeitsplätze auf dem Land erhält, auf den Höfen selbst sowie in der Verarbeitung der landwirtschaftlichen Produkte, die eine starke Verbindung von Stadt und Land fördert, die den Landwirten nicht nur Akzeptanz, sondern Respekt und Anerkennung bringt. Eine Landwirtschaft, in der Tiere gut leben, die Biodiversität erhält und sogar fördert, in der Natur, ebenso wie bei den Nutztieren und -pflanzen, die den Klimawandel bremst, statt ihn zu beschleunigen und dabei noch die Menschen glücklich macht, sowohl die Landwirtinnen und Landwirte als auch die Besucher mit Lust auf Land. Man kann eine solche Landwirtschaft Traumtänzerei nennen oder als Geschichte von Bullerbü auslachen, aber man kann ebenso eine Kosten-Nutzen-Rechnung aufmachen und feststellen, dass sie möglicherweise gar nicht ineffizient wäre, weil sie – bei sicherlich geringerem Ertrag – weniger Kollateralschäden verursachen würde. Wir würden weniger exportieren, müssten auch weniger importieren. Lebensmittel wären teurer, vor allem Milch und Fleisch, aber es gäbe viel mehr Arbeitsplätze in der Landwirtschaft: gute, ausfüllende Arbeit, keine ausbeuterischen Werkverträge in der Schlachtindustrie. Das Land wäre attraktiver, vielleicht zögen mehr Leute dorthin, und das würde die Infrastrukturkosten für die verlassenen Dörfer wieder senken.

Erforschen, was den Bauern fehlt

Es gibt viele gute Beispiele für diese soziale, solare, resiliente, ökologische und tiergerechte Landwirtschaft: überzeugte Einzelkämpfer, die ihren Idealen gefolgt sind und oft damit erfolgreich waren. Doch um solche Modelle in der Breite der Landwirtschaft zu verankern, brauchen wir eine andere Förderung – und auch eine andere Forschung. Die Vereinigung Deutscher Wissenschaftler hat sich zusammen mit einer Reihe von Umweltorganisationen und anderen Verbänden zur Zivilgesellschaftlichen Plattform Forschungs-Wende zusammengefunden, die eine Neuausrichtung der Forschung fordert.[158] Ihr Ziel ist die nachhaltige Transformation der Gesellschaft in allen Bereichen, wobei die Landwirtschaft natürlich eine wichtige Rolle spielt. In den letzten Jahren wurde viel Forschungsgeld in Risikotechnologien wie die Grüne

Gentechnik investiert und desgleichen in die Intensivierung und Automatisierung der Agrarproduktion. Eine nachhaltige Landwirtschaft aber braucht Forschung zu ganz anderen Fragen. Zum Beispiel: Wie züchten wir robuste Tiere für die Freilandhaltung? Welches Geflügel übersteht die Vogelgrippe? Welche Pflanzen sind widerstandsfähig und können gut mit anderen kooperieren? Zu ihrem Symposium Farbe der Forschung159 hat die Zukunftsstiftung Landwirtschaft im Frühjahr 2014 Wissenschaftler und Praktiker in die Humboldt-Universität nach Berlin eingeladen, die sich heute schon mit diesen Fragen befassen. Wie Ackerpflanzen mit Bodenpilzen kooperieren, erfuhr man dort, und wie sie dadurch Mineralstoffe verfügbar machen und die Fruchtbarkeit des Bodens erhöhen – ganz ohne Kunstdünger. Oder wie Maispflanzen nach alter südamerikanischer Tradition gemeinsam mit Bohnen angebaut und geerntet werden und so gleichzeitig Stärke und Eiweiß als Futter liefern. Und dass das auch in Europa funktioniert und langfristig den umstrittenen Sojaimport ersetzen könnte. Solche Forschung muss gefördert und vor allem bekannt gemacht werden. Denn viele Vertreter der Intensivlandwirtschaft haben das Symposium nicht besucht.

Externe Kosten internalisieren

Um eine gute und nachhaltige Landwirtschaft politisch zu fördern, gibt es ein paar entscheidende Stellschrauben: Man müsste die externen Kosten internalisieren, das heißt, die

Verursacher müssten alle Kollateralschäden der Intensivproduktion vom Bienensterben über die Nitratbelastung bis zum Verlust der Biodiversität aus eigener Tasche bezahlen. Man müsste außerdem die Haltungsverordnungen für Nutztiere an die tatsächlichen Bedürfnisse der Tiere anpassen (das Nutzschwein juristisch mit dem Zooschwein gleichstellen) und alle agrarpolitischen Fördermittel an ökologischen oder gesellschaftlichen Nutzen binden (eine alte Forderung der Agraropposition: öffentliche Gelder für öffentliche Dienste).

Gleichzeitig müsste man dafür sorgen, dass nur Lebensmittel importiert werden dürfen, die diesen Standards ebenfalls entsprechen. Dazu müsste Deutschland allerdings vermutlich erst aus der WTO austreten, die solche Ideen unverzüglich als unzulässige Handelsbeschränkungen sanktionieren würde. Oder es bräuchte eine WTO-weite Einigung, Agrarprodukte aus dem generellen WTO-Regelwerk herauszunehmen und für sie eigene Regeln aufzustellen (die den Ländern des Südens Entwicklungschancen bieten müssten, ohne Anreize für das weltweite Verschiffen von Lebensmitteln zu schaffen).

Das alles wäre wirkungsvoll – und ist deshalb politisch zurzeit nicht durchsetzbar. Die Lobbyisten der Intensivlandwirtschaft haben den vorsichtigen Versuch des letzten EU-Agrarkommissars Dacian Cioloş, die Agrarpolitik ab 2014 etwas ökologischer zu gestalten, hartnäckig und erfolgreich bekämpft. Dass dadurch fünf Jahre in Folge jeweils Zehntausende von Demonstranten zur Grünen Woche nach Berlin gekommen sind, um vor dem Bundeskanzleramt eine Agrarwende zu fordern, konnte den Erfolg der Lobbyisten nicht verhindern. Für eine grundlegende Reform der EU-Förderpolitik nach ökologischen und sozialen Kriterien bedarf es vermutlich eine Katastrophe der Größenordnung von Fukushima. Oder eines noch größeren Aufstands der Konsumentinnen und Bäuerinnen.

Solange jedoch eine richtige, große Agrarwende politisch nicht durchsetzbar scheint, müssen vielleicht zunächst die kleinen Schritte wirksam werden.

Lebensmittel klar kennzeichnen

Der Bundestagsabgeordnete Friedrich Ostendorff fordert eine klare Kennzeichnung für tierische Produkte und sagt: Dann soll der Markt entscheiden! Dabei klingt er fast ein bisschen zynisch: Wenn die Leute unsere Produkte nicht kaufen, ja, dann ist es eben so. Aber sein Gedanke ist natürlich richtig: Solange die Spitzen der Landwirtschaftsverbände versichern, die Tierhaltung in Deutschland sei artgerecht wie nie zuvor, hat der Konsument schließlich keinen Grund, teureres Fleisch zu kaufen. Doch der Widerspruch zwischen der offiziellen Interpretation und den schockierenden Bildern, die Tierschützer immer wieder von nächtlichen Stalleinbrüchen mitbringen, erschüttert sein Vertrauen in solche Aussagen. Wenn er dann noch erfährt, dass die Milch aus der Packung mit dem hübschen Bild von der grasenden Kuh in Wirklichkeit von Kühen stammt, die nie ihren Stall verlassen haben, wird er resignieren und sagen: Ist sowieso alles Betrug. Dabei sind solche Irreführungen gesetzlich verboten[160], doch Verbraucherschützer beklagen immer wieder, dass Verstöße nur selten juristisch verfolgt werden.[161] Das muss sich ändern, wenn die Landwirte, die ihre Tiere wirklich draußen halten oder im Stroh wühlen lassen, eine faire Chance auf dem Markt haben sollen.

Die Futtermittel- und Lebensmittelbranche hat sich lange und vehement gegen eine klare Kennzeichnung von gentechnisch veränderten Zutaten in Lebensmitteln ausgesprochen und vor allem gegen eine Kennzeichnung von Produkten, die von Tieren stammten, die mit gentechnisch veränderten Pflanzen gefüttert worden waren. Dieser Widerstand zeigt, dass die Wirtschaft eine klare Kennzeichnung tatsächlich für geeignet hält, Konsumenten zu anderen Entscheidungen zu bewegen, gegen ihre wirtschaftlichen Interessen, und schärfere Kennzeichnungspflichten deswegen fürchtet. Anders als in den USA waren Verbraucherschützer und gentechnikkritische Landwirte erfolgreich: Gentechnik in Lebensmitteln muss bei uns gekennzeichnet werden, (was solche Produkte in Deutschland so gut wie unverkäuflich macht). Es gibt noch weitere Informationspflichten wie die Volldeklaration aller Zutaten (mit einigen Ausnahmen, technische Zusatzstoffe zum Beispiel dürfen unbenannt bleiben)[162]. Konsumenten erfahren auch, aus welchem Land ein Lebensmittel stammt. Aber sie erfahren nicht, auf welche Weise es angebaut oder gehalten wurde. Natürlich gibt es freiwillige Zusatzinformationen wie das Label »Ohne Gentechnik«, das dann auch gentechnikfreies Tierfutter garantiert, oder das Bio-Label, das ja auch Standards für die Tierhaltung festlegt. Aber das ist eben nur freiwillig. Bei ganz gewöhnlichen

Produkten kann der Konsument nur vermuten, dass günstiger eher keine gute Haltung bedeutet, aber er weiß es eben nicht und kann sich umso leichter beim Einkaufen vom Preis verführen lassen.

Nur für Eier gibt es eine zusätzliche Regelung: Auf jedem Ei, das bei uns lose oder im Zehnerpack verkauft wird, muss stehen, wie das Huhn gehalten wurde, das es gelegt hat: 0 steht für Bio bis 3 für Käfig. Seit es diese Kennzeichnung gibt, sind die Käfigeier aus den Supermärkten verschwunden – aber nur dort, wo die Kennzeichnung verpflichtend ist, nämlich bei den losen Eiern. Beim Kauf von Eiernudeln oder Gebäck erhalten die Konsumenten nach wie vor keine Information, woher die Eier stammen.

Friedrich Ostendorffs Idee ist nun, analog zur Eierkennzeichnung auch eine Kennzeichnung für Fleisch zu entwickeln: 0 wäre Bio, 1 Freiland, 2 mit Einstreu im Stall und 3 wäre der jetzt gültige gesetzliche Mindeststandard (für Nutztiere, also: für Schweine etwa genug Platz zum Hinlegen in natürlicher Körperhaltung).

Vielleicht kann man sich die Regulierung der Tabakindustrie zum Vorbild nehmen und noch einen Schritt weitergehen und Bilder von der jeweiligen Haltungsform auf der Verpackung zeigen. Vor zwanzig Jahren hätte es vermutlich niemand für möglich gehalten, dass Zigarettenhersteller verpflichtet würden, eindringliche Warnungen wie *Rauchen tötet* auf ihre Schachteln zu drucken. Nach diesem Vorbild könnte man auch die Fleischindustrie zwingen, Fotos aus dem Stall der Tiere auf der Verpackung zu zeigen. Wenn ich mich über das Kühlregal beuge und nach einem Schweineschnitzel greife, hätte ich die Enge eines Standardmaststalls in der Hand oder eine Strohlandschaft.[163]

In jedem Fall wären klare Kennzeichnungen ein Gewinn für eine bessere Landwirtschaft – doch sie sind schon gefährdet, bevor sie überhaupt verabschiedet wurden. Zumindest fürchten das Verbraucherschützer und die zahlreichen Gegner des geplanten europäischen Freihandelsabkommens mit den USA, TTIP.

Eine Gentechnikkennzeichnung ist in der EU vorgeschrieben, aber nicht in den USA. Dieser Unterschied erschwert den Verkauf von amerikanischen Lebensmitteln nach Europa – und wird von den USA deshalb als »Handelshemmnis« bezeichnet, warnt der Foodwatch-Gründer Thilo Bode. Lebensmittel- und Agrarkonzerne hätten »überhaupt kein Interesse, die Verhältnisse in der Landwirtschaft und auf dem Lebensmittelmarkt zum Schutz der Verbraucher zu verbessern«. Zukünftige Gesetze, die die verheerenden Zustände beseitigen, könnten erfolgreich abgeschmettert werden mit dem Argument, man dürfe die Handelsinteressen des Partners nicht verletzen.[164]

Die Preisbildung neu denken – vom Bedarf des Erzeugers her

Eine andere Möglichkeit für eine bessere Landwirtschaft bestünde darin, die Erzeugerpreise anders zu gestalten. Nicht Angebot und Nachfrage den Preis bestimmen zu lassen, sondern die tatsächlichen Entstehungskosten. Für Ökonomen klingt das wie die Umkehrung eines Naturgesetzes, doch gibt es, wie wir gesehen haben, hinreichend Gründe, die dafür sprechen, das Leben der Tiere und den Umgang mit der Natur aus dem Kampf um das billigste Angebot herauszuhalten.

»Wir müssen ein neues Verständnis für die Preisfindung entwickeln!« Diesen Satz habe ich ausgerechnet von einem Supermarktbetreiber gehört. Michael Radau, der Gründer der Kette SuperBiomarkt mit über zwanzig Filialen, Präsident des Handelsverbands Nordrhein-Westfalen und Vize im Bundesverband, hat das auf einer Podiumsdiskussion zur Wertschätzung von Lebensmitteln gefordert – nicht als schöne Utopie, sondern durchaus als etwas, worüber auch im Handel nachgedacht werde.

Eine starke Marktposition könne durchaus genutzt werden, um wichtige Veränderungen anzustoßen, sagt Radau. Und er glaubt, dass sich immer mehr Entscheider in der Wirtschaft darüber im Klaren sind, dass ihr ausschließlich preisgetriebenes Handeln gegenüber Erzeugern und Kunden nicht zukunftsorientiert ist. Das sei ein erster wichtiger Erkenntnisschritt in die richtige Richtung. »Wir müssen die Erzeugerpreise vom Bedarf her denken«, fordert Radau. »Dem Landwirt muss eine existenzsichernde Grundlage zugesichert werden.«

In der Biobranche gibt es einige Unternehmen, die längst nach diesem Prinzip arbeiten. Sie setzen auf langfristige Lieferbeziehungen mit Landwirten und zahlen ihnen gute Preise, nicht allein aus Altruismus, sondern weil auch das ihrer Qualitätssicherung dient. Der Münsterländer Biogroßhändler Weiling etwa bindet seine Gemüsebauern in die Anbauplanung für das kommende Jahr ein, vierundvierzig in Deutschland und zweiundzwanzig weltweit, und Weiling achtet dabei auf faire Preise. Hanjörg Bahmann von Weiling sagt: »Wir könnten einpacken, wenn wir keine existenzsichernden Preise zahlten! Dann hätten wir keine langfristigen Kooperationspartner.«

Auch die Spielberger Mühle im schwäbischen Brackenheim, die den Biohandel mit Mehlen, Müslis, Backwaren und alten Getreidesorten beliefert, setzt auf mehrjährige Anbauplanung, Abnahmegarantien und eine gemeinsam getragene Preisfindung mit den Landwirten. »Wir tragen eine wesentliche Mitverantwortung, dass die Landwirte mit dem Verkauf ihrer Produkte ihr Ein- und Auskommen sichern«, sagt der Unternehmensleiter Volkmar Spielberger. »Deshalb stehen für uns bei jedem Preisgespräch mit den Landwirten die zur Sicherung der Existenz notwendigen Erlöse des Landwirts im Fokus. Nur ein durch gegenseitiges Vertrauen geprägtes Zusammenarbeiten kann sicherstellen, dass der Bauer sein Einkommen langfristig sichert und wir als Vermarkter im Wettbewerb Bestand haben.« In den Preisfindungsrunden setzen sich die Mitarbeiter der Mühle mit den Landwirten an einen Tisch und besprechen alles, was für die Preise wichtig ist: die Ernte, die Witterung, die Kostensituation.

Ein weiteres Unternehmen der Biobranche, das auf enge Lieferbeziehungen und alternative Preisfindung setzt, ist die bayerische Brauerei Neumarkter Lammsbräu. »Einen Euro mehr pro Kiste an den Bauern« – mit diesem Slogan wirbt sie, damit die Konsumenten auch wissen, warum sie ein bisschen mehr zahlen sollen. Und diese Öko-Braugetreide-Spezialisten kann man sich im Internet sogar anschauen: Neumarkter

Lammsbräu stellt sie auf ihrer Internetseite persönlich mit Fotos und einem kleinen Porträt vor.

Ein anderes Modell gegen den Preisdruck des Handels hat sich die nordhessische Upländer Bauernmolkerei ausgedacht, die von Biobauern selbst gegründet wurde: Sie verkauft »Erzeuger-fair Milch« mit einem Aufpreis, der den Biolandwirten nach dem Modell des fairen Handels mit den Kleinbauern im Süden kostendeckende Preise ermöglichen soll. (Das Unternehmen galt lange als Vorzeigeunternehmen, bis es eine weitere vor der Schließung stehende Molkerei übernahm und daran finanziell fast gescheitert wäre. Inzwischen ist die Krise überwunden.)

Eine faire Preisfindung zwischen Käufern und Verkäufern sollte eigentlich eine Selbstverständlichkeit sein. Aber gerade in der Landwirtschaft funktioniert das nur in Ausnahmefällen, weil das Machtgefälle zwischen den vielen Landwirten und den wenigen Händlern und Vermarktern so groß ist. Faire Preise können die Landwirte schon deshalb nicht aushandeln, weil ihre Produkte austauschbar sind. Sie müssen bestimmten Qualitäts- und Sicherheitsstandards genügen und sind ab dann Massenware. Das Standardmüsli im Supermarkt ist mit Weizen aus der Ukraine ebenso gut oder schlecht wie mit Weizen aus der Magdeburger Börde. Aber je regionaler die Vermarktung und je höher der Anspruch an eine besondere Qualität ist, desto größer wird die Verhandlungsmacht der Landwirte. Auch das ist ein wichtiges Argument für eine Regionalisierung unserer Ernährung.

Liest man die Pressemitteilungen der großen Agrarverbände, gewinnt man den Eindruck, als stünden die Bauernvertreter mit einem Fernrohr auf einem sehr hohen Turm, um von dort die globalen Märkte im Blick zu behalten – in der Hoffnung, dass der Schweinefleischabsatz in Ostasien nach oben schnellt und den Landwirten in Cloppenburg neue Gewinne bringt. Doch in dieser Position verliert man leicht die Chancen aus den Augen, die direkt vor einem liegen.

Der Kölner Regisseur Valentin Thurn hat 2011 einen Dokumentarfilm über das Wegwerfen von Lebensmitteln gedreht und damit einen Nerv getroffen: *Taste the Waste* war vermutlich deshalb so erfolgreich, weil alle, die ihn gesehen haben, das Gefühl hatten, dass etwas nicht stimmt mit unserem Essen und wie wir damit umgehen. Dass Lebensmittel eben nicht in die Tonne geworfen werden dürfen, selbst wenn wir uns daran gewöhnt haben, das zu tun. Dass sich das nicht gehört. Normalerweise prangern Journalisten Missstände an und suchen sich dann ein neues Thema, aber Valentin Thurn hatte das Thema gepackt. Gemeinsam mit Aktivisten gründete er das Foodsharing-Netzwerk, in dem sich Leute verabreden, um Lebensmittel auszutauschen, statt sie wegzuwerfen. »Für Veranstaltung zu viel Pizza bestellt, abzuholen in der Aula des Gymnasiums« oder »frisch gebackene Honigkuchenplätzchen, mit oder ohne Zuckerguss«, abzugeben einfach so. Wer hätte gedacht, dass sich in den Zehnerjahren des neuen Jahrtausends urbane Weltverbesserer für die klassischen Werte der Landfrauenverbände starkmachen? 2013 gründete Valentin Thurn den Verein Taste of Heimat, der Alternativen zur industriellen Nahrungsmittelproduktion »vom Acker in die Küche« bringen will. Auf der Webseite stellen Landwirtinnen und Landwirte ihre Produkte vor, und Konsumentinnen und Konsumenten können mit ihrer Postleitzahl nach Direktvermarktern in ihrer Nähe suchen und die gleich bewerten. Das ist der Hofladen 2.0 mit klaren politischen Zielen: Taste of Heimat möchte die Entwicklung nachhaltiger lokaler Strukturen fördern und eine ressourcenschonende Lebensführung und gesunde Ernährung unterstützen. »Die bäuerliche Landwirtschaft droht im zunehmend konzentrierten Markt unterzugehen, die Direktvermarktung ist wohl ihre letzte Überlebenschance«, schreibt das Team von Taste of Heimat. »Wir möchten die zunehmende Industrialisierung des Lebensmittelsektors bremsen und stattdessen die Entwicklung nachhaltiger lokaler Strukturen fördern.«[165] Direktvermarktung sehen sie als letzte Chance für die bäuerliche Landwirtschaft, ihr Rezept ist die einfache und direkte Vernetzung von Konsumenten und Produzenten mit den Mitteln der modernen Digitaltechnik. Die Idee ist so zwingend, dass man sich wundern muss, warum nicht die gut organisierten Bauernorganisationen darauf gekommen sind, sondern ein Dokumentarfilmer. »Bei den Dreharbeiten zu meinem letzten Film *Die Milchrebellen*[166] habe ich mit Schrecken festgestellt, dass sich das Höfesterben im letzten Jahrzehnt noch einmal beschleunigt hat«, erzählt Valentin Thurn. »Eigentlich dachte ich, das ist eine Entwicklung, die in den Sechzigern und Siebzigern begonnen hat, die müsste doch langsam mal abflachen. Aber das

Gegenteil ist der Fall, und das macht mir Angst.« Der Strukturwandel werde in Deutschland bagatellisiert, findet Thurn. »Wenn wir so weitermachen, gibt es im Mittelgebirge bald keine Landwirte mehr, also auch keine offenen Landschaften. Das wird alles Wald.« Was ihn noch stärker beschäftigt, ist der Ansehensverlust der ganzen Berufsgruppe. »Die Bauern stehen nicht mehr in Verbindung mit der Gesellschaft, und sie fühlen sich so stigmatisiert«, sagt Valentin Thurn. »Es treibt mich an, das zu verändern.« Die Direktvermarktung ins Internet zu holen, ist dabei nur ein Weg. Der zweite, vielleicht noch wichtigere, ist der Versuch von Taste of Heimat, das Thema Ernährung wieder in die Lokalpolitik zu bringen. »Die Kommunen denken ja, das wird alles in Brüssel geregelt, und das ist so weit weg«, erklärt Valentin Thurn. »Aber Ernährung ist ja auch eine kommunale Aufgabe, das Bewusstsein wollen wir fördern und alle Akteure, die Lust haben, was zu ändern, zusammenbringen.«

Neue Modelle der Landwirtschaft – jenseits des Marktes

Den Handel durch Direktvermarktung auszuschalten, ist ein Weg, die Härten der volatilen Märkte aufzufangen und die Kluft zwischen Landwirtschaft und Konsumenten zu schließen. Aber jenseits davon gibt es noch viele andere Möglichkeiten: Eine ganze Bewegung von begeisterten Landwirtschaftsfans und vielen jungen Gründern zum Beispiel ist gerade dabei, Modelle von solidarischer Landwirtschaft zu entwickeln, bei der Konsumenten und Landwirte gemeinsam einen Hof betreiben. Die Idee: »Die ganze Landwirtschaft, nicht das einzelne Lebensmittel, wird finanziert.«[167] Der Kunde kommt nicht zum Hof, um zehn Eier oder ein Brot zu kaufen, sondern er schließt einen Vertrag mit dem Bauern, zahlt einen monatlichen Beitrag und bekommt dann einen Teil der Ernte. Er teilt also das Risiko einer schlechten Ernte mit dem Bauern und darf dafür mitbestimmen, was angebaut werden soll und wie die Tiere gehalten werden. Und das Risiko fallender Weltmarktpreise schaltet er gleich ganz aus. »Mir kann völlig egal sein, welchen willkürlich festgesetzten Preis Milch, Getreide und Kartoffeln auf dem Weltmarkt gerade haben«, sagt Matthias von Mirbach, einer der Pioniere der solidarischen Landwirtschaft in Deutschland, der auf dem Kattendorfer Hof bei Hamburg arbeitet. Was dort geerntet wird, bringen Mirbach oder seine Kollegen einmal pro Woche in verschiedene Depots nach Hamburg, für die alle Mitglieder einen Schlüssel haben. Dort darf sich jeder nehmen, was er möchte, er muss nur darauf achten, dass für die anderen genug bleibt. Eine Vertrauensökonomie, die nach den herrschenden Gesetzen der Wirtschaft nicht funktionieren kann und sich trotzdem seit Jahren bewährt. Jedem steht dabei die Erntemenge von 2 500 Quadratmetern zu – etwa so viel wie für jeden von uns da wäre, wenn man die gesamte landwirtschaftliche Nutzfläche Deutschlands auf alle Einwohner aufteilen würde. Wer sich so ernährt, lebt also nicht auf Kosten anderer (erst dann, wenn er zusätzlich Olivenöl, Kaffee und Schokolade kauft). Eine Art Ernährungspauschale mit Speisekammer und Familienanschluss: Man kann zur Erdbeerernte kommen, muss aber nicht. In der solidarischen Landwirtschaft ist alles denkbar: Modelle zum Mitmachen oder nur zum Abholen (oder Beliefernlassen), anthroposophische Höfe mit Kühen und Schweinen, biovegane Gärtnereien. Lediglich der Grundgedanke ist immer derselbe: Nicht der Landwirt allein trägt das Risiko, sondern die Produzenten und Konsumenten gemeinsam. So wird der Konsument zum Koproduzenten, er teilt das Risiko einer schlechten Ernte und lernt vom Landwirt, wie viel der Boden und die Tiere hergeben. Es gibt dabei keine Kluft zwischen Landwirt und Konsument, und es gibt auch keine Kluft zwischen den Menschen und den Tieren. Die Mitglieder bestimmen gemeinsam, wie die Tiere leben sollen, deren Milch sie trinken oder die sie schlachten wollen.

Natürlich sehen die Wachstums- und Intensivierungsbauern solche Modelle kritisch. »Solidarisch, puha!«, schnaubte sogar einer der Aussteiger aus der Intensivproduktion, der selbst nach einer besseren Landwirtschaft sucht. »Das wird gleich als kommunistisch abgetan. Empfehlen Sie etwas, das in unser kapitalistisches Wertesystem passt!« Genau das ist der Punkt: Je härter und kompromissloser unser kapitalistisches Wertesystem wird, je größer der Effizienzdruck, je höher die Burn-out-Rate, desto größer wird die Lust nach Land, die Sehnsucht nach dem Bauernhof. Da liegt die Chance für die solidarische Landwirtschaft.

»Das sollte schon mehr werden als ein paar Spinner, die darüber diskutieren, ob sie Spinat oder Erbsen sähen und darüber vergessen, dass die Saatzeit bereits vorbei ist«, spottete der Kritiker. »So was habe ich schon erlebt!« Aber vielleicht sind gerade diese Spinner eine große Chance für die Zukunft der Landwirtschaft. Ich habe so etwas auch schon erlebt: wie ich auf allen vieren durch meinen Hobbygarten krabbelte, eine ganze Saison lang auszupfte, was dort nicht hingehörte, und gerade so viele Erbsen erntete, dass es für eine halbe Mahlzeit reichte. Ein Gärtner hätte sich darüber schlapp gelacht, doch mein Respekt vor ökologisch wirtschaftenden Gemüsegärtnern ist in diesem Sommer so unendlich gewachsen, dass ich niemals mehr über hohe Preise klagen werde. Und am liebsten einen Gärtner hätte, von dem ich lernen könnte.

In England, den USA sowie in Japan ist solidarische Landwirtschaft viel weiter verbreitet als bei uns. Bis 2003 gab es in Deutschland gerade drei Höfe, die nach diesem Modell arbeiteten, und jeder, der damals gesagt hätte, das wird einmal eine richtige Bewegung, wäre vermutlich belächelt worden. Doch in den letzten Jahren fanden sich immer mehr Anhänger dieser neuen Art von Landwirtschaft, 2011 gründete sich ein bundesweites Netzwerk und inzwischen gibt es etwa siebzig bis achtzig dieser Wirtschaftsgemeinschaften – eine Steigerung auf 2500 Prozent in elf Jahren, eine beeindruckende Wachstumsrate! Es geht dabei um mehr als Landwirtschaft, es ist ein Aufbruch zu neuen Formen des Wirtschaftens, von Menschen, die auf Vertrauen, Verlässlichkeit, Nähe und Miteinander setzen – als wären sie eine Gegenbewegung zur anonymen, globalisierten Freihandelsweltwirtschaft, die vielen Menschen spätestens nach der Finanzkrise unheimlich geworden ist.

Mehr Landwirtschaft wagen!

Und aus dieser Bewegung könnten sich weitere Wirtschaftsmodelle entwickeln, in denen Produzenten und Koproduzenten zusammenkommen könnten, Menschen und Tiere, Essen und Hunger, Lernen und Lehren, Spinnerei und Erfahrung, Tradition und Wissenschaft, Altsein und Jungsein und so weiter. Ich zähle nur ein paar dieser Modelle auf, die schon verwirklicht sind oder die ich mir wünschen würde, aber denkbar ist noch viel mehr.

Zurück zu den alten Rassen

Onno Poppinga, bis März 2009 Professor für Agrarpolitik an der Universität Kassel-Witzenhausen, hat auf dem Versuchsbetrieb der Uni, der Domäne Frankenhausen, zusammen mit Kollegen eine Herde von Kühen aufgebaut, die beinahe ausgestorben wären, obwohl sie vierzig Jahre zuvor noch auf jeder Weide in Nordhessen grasten: die Deutschen Schwarzbunten Niederungsrinder, die klassischen Zweinutzungsrinder, die beides geben, Milch und Fleisch. Solche Herden sind alles andere als museale Landwirtschaft mit Kühen, die aussehen wie zu Großvaters Zeiten. Sie sind ein wichtiger Genpool für die Holstein-Friesian-Kühe, vor deren Inzucht Onno Poppinga immer wieder warnt. In Frankenhausen kann man sich ein Bild davon machen, wie eine nachhaltige Landwirtschaft aussehen könnte. Die Gesellschaft zur Erhaltung alter und gefährdeter Nutztierrassen hat ein Projekt gestartet, um alle

Höfe, die diese Rassen züchten und nutzen, miteinander zu verbinden und ihre Arbeit und ihre Produkte bekannt zu machen.[168] Archehöfe heißen sie, und auch sie haben – ebenso wie Onno Poppingas Niederungsrinder – einen großen züchterischen Wert. Wie kann es sein, dass die Supermärkte fünfzig verschiedene Müslisorten im Angebot haben (Pseudovielfalt aus Zucker, Weizen, Farbstoffen und Aroma), aber da, wo es wirkliche Vielfalt gäbe, nur das Fleisch von Hybriden zweier Hochleistungsrassen anbieten?

Milch ohne Gewalt

Ich habe mir einmal zusammen mit einer Freundin ausgemalt, wie gerne wir Milch von Kühen trinken würden, die ihre Kälber behalten dürfen, und das war bezeichnenderweise, als wir gerade unsere Babys gestillt haben. Ein Milchbauer hat mich ausgelacht, als ich ihm davon erzählte. Das sei doch kein Melken mehr, wenn man die Kälber bei den Kühen ließe. Und das ginge gar nicht. Doch das stimmt nicht: Einige wenige Höfe in Deutschland lassen den Milchkühen ihre Kälber und melken sie dennoch, der Buschberghof bei Hamburg zum Beispiel, einer der Pioniere der solidarischen Landwirtschaft, und der Hof Klostersee in Schleswig-Holstein.[169] Natürlich macht es die tägliche Routine komplizierter und die Milch viel teurer, wenn man sich vor jedem Melken erst mit dem Kalb einigen muss – aber es geht. Ich bin mir sicher, dass sich solche Milch gut verkaufen ließe an alle, die Skrupel haben, Milch von Hochleistungskühen zu trinken, die nach ihren Kälbern brüllen (was manche tun, nicht alle) und trotzdem nicht vegan leben mögen. Schön wäre es, Höfe zu fördern, die das versuchen wollen, gut wäre auch, einen Erfahrungsaustausch zu organisieren – denn gewaltfreie Milch (wie es die buddhistisch inspirierten Tierrechtler nennen) oder muttergebundene Kälberaufzucht (wie es die Landwirte nennen) steht natürlich nicht auf den Lehrplänen der Landwirtschaftsschulen.[170]

Hühner für alle

Die Hühner waren die ersten Tiere, die aus der bäuerlichen Landwirtschaft verschwunden sind. Agrarunternehmer haben ihre Produktion in großem Stil übernommen: Millionen von Hühnern leben heute unter den Bedingungen der modernen Intensivproduktion, die Hähnchen meist in 40 000er-Einheiten auf engstem Raum und ohne Auslauf. Dabei lassen sich gerade Hühner leicht auf kleinen Flächen halten, im Garten oder im Hinterhof. Sie eignen sich sogar zum Spielen, das habe ich bei einer befreundeten Familie erlebt, die Geflügel im Garten hält. Die Kinder lassen die Hühner auf ihren Arm steigen und spielen mit ihnen Falkner. Natürlich ist es viel einfacher, Eier im Zehnerpack zu kaufen, aber wer Kinder hat, die sich Tiere wünschen, und einen Garten, der kann ebenso gut Hühner halten wie Meerschweinchen. Anita Idel glaubt, dass die Rückkehr zu einer kleinteiligen Hühnerhaltung ein gigantisches Potenzial bietet. Sie ist gerade dabei, regionale Netzwerke von Kleinzüchtern aufzubauen, die Zweinutzungsrassen weiterzüchten, ganz gleich ob im großen eigenen Garten oder bei den Freunden im Schrebergarten, wo sie Gemüsereste in Dünger verwandeln.[171] Diese Zuchtringe könnten helfen, zukunftsfähige Hühner zu vermehren, die nicht seit Jahrzehnten auf Höchstleistungen unter den Bedingungen der Intensivproduktion selektiert wurden.

Einen Bauernhof für jede Schule

Es wird geklagt über die kognitive Schieflage an den Schulen in Deutschland. Vor allem die Umstellung auf das achtjährige Gymnasium hat die Lehrpläne verdichtet. So fordern viele Lehrer und Forscher mehr Anschauung im Unterricht und außerschulische Lernorte. Immer mehr Schüler bleiben über Mittag in der Schule, doch das Essen, das sie dort bekommen, ist oft weder gesund noch nachhaltig. Pädagogen suchen außerdem nach Wegen, den Auftrag der Vereinten Nationen zu erfüllen und den Schülern Bildung für nachhaltige Entwicklung zu vermitteln. Damit sie nicht nur Kompetenztests zu bestehen lernen, sondern auch, wie sie in Zukunft unter den Bedingungen des Klimawandels und der Ressourcenknappheit leben können. Ein großes Ziel für alle Schüler dieser Welt, das bisher leider nur dort verwirklicht wurde, wo engagierte Lehrerinnen und Lehrer die Bildung für nachhaltige Entwicklung selbst in die Hand nehmen.

Jeder Schule einen eigenen Bauernhof zu geben, hieße, all diese Mängel auf einen Schlag zu beheben. Die Schüler hätten den Hof als außerschulischen Lernort, für Versuche zur Fotosynthese auf dem Gemüsefeld ebenso wie zur Voluminaberechnung in der Mathematik im Kornspeicher. Sie könnten Ethik und Tierrechte vor dem Kuhstall besprechen und Hauswirtschaftslehre in der Küche. Es gibt viele Erlebnisbauernhöfe, die Schulklassen für einen Tag oder eine Woche einladen, um ihnen zu vermitteln, woher ihr Essen kommt. Als ich einmal einen solchen Hof besuchte, erzählten mir die Lehrer, ihre Schüler hätten Kartoffeln aus der Erde gegraben und ganz erstaunt gerufen: »Die sehen ja aus wie echte!«

Viele Eltern und Lehrer beklagen das große Suchtpotenzial von Smartphones, Spielkonsolen und Computern: Es wirkt auf sie, als zöge sich eine ganze Generation von Schülern zurück in virtuelle Welten. Das sind die Teenager, von denen viele als Kinder so gut behütet wurden, dass sie kaum zum freien Spiel in der Natur gekommen sind. Der echte Bauernhof als kontinuierlicher schulischer Lernort könnte ein guter Ausgleich zu den Schlachtfeldern der Egoshooter und League-of-Legends-Spieler sein.

In Deutschland haben wir über 30 000 allgemeinbildende Schulen. Durch sie könnten beinahe ebenso viele Höfe eine ganz besondere Aufgabe erhalten – nämlich die, gemeinsam mit den Schülern Lebensmittel für ihre Schulen zu produzieren, ihnen dabei Erfahrung und Wissen im Umgang mit Tieren, Natur und Umwelt zu vermitteln und sie Eigenverantwortung zu lehren. Die Schüler könnten sogar, ähnlich wie in der solidarischen Landwirtschaft, zusammen mit den Landwirten Anbaupläne für das kommende Schuljahr erstellen, und würden dabei lernen, was natürliche Grenzen sind, wie oft es Pommes geben kann, wenn der Kartoffelacker so oder so groß ist, und dass Kühe nicht nur aus Steak bestehen.

Natürlich klingt das alles erst einmal utopisch. Aber wenn man alle landwirtschaftlichen Aufbruchsbewegungen der letzten Jahre zusammennimmt: den Widerstand gegen die Agroindustrie, die großen Wir-haben-es-satt-Demos, die Urban-Gardening-Szene, die solidarische Landwirtschaft, die bioveganen Gründer, und all die stillen Untergangsbewegungen dagegenhält: das Höfesterben, die Stigmatisierung der Landwirte, ihr Verschwinden aus den Dörfern in die Einsamkeit ihrer vergitterten Mastanlagen – wenn man das wiederum kombiniert mit der großen Sehnsucht der digitalisierten, globalisierten Menschen der Burn-out-Gesellschaft nach überschaubaren, sinnlichen Lebenswelten, nach Natur und Tieren, dann scheinen Modelle wie die oben skizzierten plötzlich gar nicht mehr utopisch, sondern eine geradezu zwingende, logische Folge zu sein.

Dank

Ich danke allen Landwirtinnen und Landwirten, die sich Zeit für meine Fragen genommen haben und mir ihre Betriebe gezeigt haben. Sehr viele von ihnen, vor allem die Aussteiger und Kritiker, wollten ihre Namen nicht nennen. Ihnen sei besonders gedankt, dass sie mich trotzdem mit Informationen versorgt haben.

Für ihre freundliche Unterstützung danke ich:

Stephan Albrecht, Vereinigung Deutscher Wissenschaftler

Reinhild Benning, BUND

Dr. Andrea Beste, Bodenkundlerin

Rick Dove, Umweltaktivist, North Carolina, USA

Lothar Fend, Journalist

Prof. Dr. Dietmar Flock, Geflügelwissenschaftler

Dr. Thomas Griese, Staatssekretär im Ministerium für Umwelt, Landwirtschaft, Ernährung, Weinbau und Forsten, Rheinland-Pfalz

Dr. Edmund Haferbeck, PETA

Udo Hansen, PROVIEH

Ursula Hudson, Slowfood

Dr. Anita Idel, Tierärztin und Mediatorin

Hauke Jaacks, Landwirt

Andreas Manz, Vier Pfoten

Prof. Dr. Holger Martens, Veterinärphysiologe

Eckehard Niemann, Arbeitsgemeinschaft bäuerliche Landwirtschaft, Netzwerk Bauernhöfe statt Agrarfabriken

Friedrich Ostendorff, Landwirt und Mitglied des Deutschen Bundestags

Onno Poppinga, ehemaliger Professor für Agrarpolitik an der Universität Kassel-Witzenhausen, Pferde- und Rinderzüchter

Dr. Anke Römer, Landesforschungsanstalt für Landwirtschaft und Fischerei Mecklenburg-Vorpommern, Dummerstdorf

Heinrich Strohsahl, Landwirt

Berit Thomsen, Arbeitsgemeinschaft bäuerliche Landwirtschaft

Dr. Irene Wiegand, PROVIEH und ganz besonders Josef Parensen dafür, dass er unser Kälbchen Jonny Roastbeef gerettet hat.

Literatur

AgrarBündnis (Hg.): Der kritische Agrarbericht, Konstanz/Hamm, verschiedene Jahrgänge

Annas, Max / Wagenhofer, Erwin: We feed the world. Was uns das Essen wirklich kostet. Das Buch zum gleichnamigen Film, Freiburg 2006, S. 165f.

Arbeitsgemeinschaft Deutscher Rinderzüchter: Rinderproduktion in Deutschland 2012, Ausgabe 2013

Autorenkollektiv (Hg.): Gegenwind aus Ostfriesland. Bäuerliche Landwirtschaft und Agrarpolitik. Ein Buch von und für Onno Poppinga, Kassel / Hamm 2009

Backer, Dirk (Hg.): Kapitalismus als Religion, Berlin 2009

Beck, Ulrich: Die Risikogesellschaft. Auf dem Weg in eine andere Moderne, München 1986

Bickel, Ulrike: Brasil: Expansão da Soja, Conflitos Sócio-Ecológicos e Segurança Alimentar, Masterarbeit in Tropischer Landwirtschaft an der Universität Bonn, Fakultät für Agrarwissenschaften, 2004

Bickel, Ulrike: Sojaboom in Brasilien – eine unendliche Geschichte. Ein Beitrag zum Soja-Dialog der Evangelischen Akademie Loccum, 2002

Biermann, Kai u.a.: Das bringt uns noch um. In Deutschland sterben jährlich tausend Menschen an Bakterien, gegen die kaum ein Antibiotikum hilft. Eine Brutstätte für besonders gefährliche Keim rückt jetzt erst ins Blickfeld: Die Massentierhaltung, in: Die Zeit vom 20.11.2014, S. 21ff.

Binswanger, Mathias: Globalisierung und Landwirtschaft. Mehr Wohlstand durch weniger Freiheit, Wien 2009

Bisky, Jens: Die neuen Mitbürger. Die angelsächsische Debatte über »animal rights« erreicht Deutschland – aus der Kritik an Tierversuchen und Massentierhaltung wird die Forderung nach positiven Rechten für Tiere, in: Süddeutsche Zeitung vom 8./9.2.2014, S. 17

Bode, Thilo: Abgespeist. Wie wir beim Essen betrogen werden und was wir dagegen tun können, Frankfurt am Main 2007

Boergen, Isabel / Gottwald, Franz-Theo: Tierzucht, Tierhaltung und Ernährung. Tierwohl in der industriellen Nutztierhaltung und die Notwendigkeit systemarer Veränderungen am Beispiel Rind, in: Amos International 8. Jg. (2014), Heft 3, S. 6–12)

Bommert, Wilfried: Kein Brot für die Welt. Die Zukunft der Welternährung, München 2009

Bommert, Wilfried: Bodenrausch. Die globale Jagd nach den Äckern der Welt, Köln 2001

Bommert, Wilfried: Brot und Backstein. Wer ernährt die Städte der Zukunft? Wien 2014

Brackmann, Michael: Das andere Kuhbuch. Vierzig Rasseporträts und mehr …, Hannover 1999

Bundesministerium für Ernährung, Landwirtschaft und Verbraucherschutz: Die deutsche Landwirtschaft. Leistungen in Daten und Fakten. Ausgabe 2010

Busse, Tanja: Die Ernährungsdiktatur. Warum wir nicht länger essen dürfen, was uns die Industrie auftischt, München 2010

Busse, Tanja: Die Einkaufsrevolution. Konsumenten entdecken ihre Macht, München 2006

Busse, Tanja: Der große Bluff, in: Greenpeace Magazin Nr. 6/2009

Busse, Tanja: Die neuen Eroberer, in: Die Zeit Nr. 20/2009 vom 8.5., S. 36

Busse, Tanja / Grefe, Christiane: Kolben des Zorns, in: Die Zeit Nr. 39/2008 vom 18.9.

Busse, Tanja: Lernen wie in Bullerbü. Auf Schulbauernhöfen erfahren Kinder, dass die Milch nicht aus der Packung stammt, in: Die Zeit Nr. 37/2005 vom 8.9., S. 75

Busse, Tanja: Melken und gemolken werden. Die ostdeutsche Landwirtschaft nach der Wende, Berlin 2001

Busse, Tanja / Willmann, Urs: Natur aus der Fabrik, in: Die Zeit Nr. 6/2009 vom 29.1., S. 29

Cordts, Anette u.a.: Fleischkonsum in Deutschland. Von unbekümmerten Fleischessern, Flexitariern und (Lebensabschnitts-)Vegetariern, in: Fleischwirtschaft 7/2013

EFSA: Scientific Opinion of the Panel on Animal Health and Welfare on a request from European Commission on the overall effects of farming systems on dairy cow welfare and disease, in: The EFSA Journal (2009) 1143, Seite 1–38

Essmeyer, Kirsten: Aufklärung der Ursachen einer erhöhten Häufigkeit von Totgeburten in einem Milchviehbetrieb, Dissertation an der Tierärztlichen Hochschule Hannover 2006

Feddersen, Egbert: Die besten Lebenstagsleistungen, in: Milchrind, Journal für Zucht und Management, Heft 2/2014, S. 26

Fink-Keßler, Andrea: Milch. Vom Mythos zur Massenware, München 2013

Foer, Jonathan Safran: Tiere essen, Köln 2010

Georgescu, Vlad D. / Vollborn, Marita: Food-Mafia. Wehren Sie sich gegen die skrupellosen Methoden der Lebensmittelindustrie, Frankfurt am Main 2014

Georgescu, Vlad D. / Vollborn, Marita: Die Joghurtlüge. Die unappetitlichen Geschäfte der Lebensmittelindustrie, Frankfurt am Main 2006

Gottwald, Franz-Theo / Fischer, Franz (Hg.): Ernährung sichern – weltweit. Ökosoziale Gestaltungsperspektiven. Bericht an die Global Marshall Plan Initiative, Hamburg 2007

Grabolle, Andreas: Kein Fleisch macht glücklich. Mit gutem Gefühl essen und genießen, München 2012

Grefe, Christiane: Das Weltsättigungsprojekt, in: Die Zeit Nr. 15/2008 vom 3.4.

Greenpeace: Eating up the amazon, Amsterdam 2006

Greshake, Frank: Nutzkälbermarkt in der Krise, in: Landwirtschaftliches Wochenblatt Nr. 6/2014, S. 23

Griese, Thomas: Braucht der Mensch noch Nutztiere? – Die Zukunft der Tierhaltung, Vortragsmanuskript zur Veranstaltung »Braucht der Mensch noch Nutztiere?« von Demeter, ProVieh, Slow Food am 12.11.2013 in Berlin

Griese, Thomas/Ribbe, Lutz: Bioenergie neu bewerten: Tonne/Trog/Tank/Teller/Tagfalter: Welchen Beitrag kann eine nachhaltige Bioenergie zur Energiewende leisten? in: EuroNatur Spezial Nr. 03/2013

Grimm, Hans-Ulrich: Katzen würden Mäuse kaufen. Schwarzbuch Tierfutter, Wien 2007

Groenveld, Sigmar / Heindl, Bernhard: Gründe – Abgründe. Bäuerliche Landwirtschaft im Sog agrarindustrieller Zwänge, Innsbruck/Wien/Bozen 2006

Grünewald, Stephan: Deutschland auf der Couch. Eine Gesellschaft zwischen Stillstand und Leidenschaft, Frankfurt am Main 2006

Gruber, Petra C. (Hg.): Die Zukunft der Landwirtschaft ist biologisch! Welthunger, Agrarpolitik und Menschenrechte, Opladen 2009

Hagencord, Rainer: Diesseits von Eden. Verhaltensbiologische und theologische Argumente für eine neue Sicht der Tiere, Regensburg 2006

Hoy, Steffen: Tierschutz und Hochleistung – ein unlösbarer Konflikt? Vortrag auf dem Schweinetag 2014 in Güstrow am 15.10.2014, http://www.landwirtschaft-mv.de/cms2/LFA_prod/LFA/content/de/Fachinformationen/Tierproduktion/Schweineproduktion/Schweinetag_2014/1_Hoy,_Tierschutz_u._Hochleistung.pdf

Idel, Anita: Die Kuh ist kein Klima-Killer! Wie die Agrarindustrie die Erde verwüstet und was wir dagegen tun können, Marburg 2011

Imhoff, Daniel (Hg.): CAFO. The Tragedy of Industrial Animal Factories, San Rafael 2010

Kirby, David: Animal Factory. The Looming Threat of Industrial Pig, Dairy, and Poultry Farms to Humans and the Environment, New York 2010

Klohn, Werner / Voth, Andreas: Die Landwirtschaft in Deutschland, Vechtaer Materialien zum Geographieunterricht, Heft 3, Vechta 2009, S. 97

Kunze, Anne: Die Schlachtordnung. In einer idyllischen Gegend in Niedersachsen wird im Sekundentakt geschlachtet, immer schneller, immer billiger, immer schmutziger, in: Die Zeit Nr. 51 vom 11.12. 2014

Kurbjuweit, Dirk: Unser effizientes Leben. Die Diktatur der Ökonomie und ihre Folgen, Reinbek bei Hamburg 2003

Landeskontrollverband Schleswig-Holstein: Jahresberichte 2011 ff., Kiel 2012

Leopold, Sabine u.a.: Lange leistungsstark. Lebenseffektivität von Milchkühen. Sonderteil der Zeitschrift Neue Landwirtschaft. Magazin für Agrarmanager, Heft 11/2012, S. S1–S48

Liberti, Stefano: Landraub. Reisen ins Reich des neuen Kolonialismus, Berlin 2012

Löwenstein, Felix zu: Food Crash. Wir werden uns ökologisch ernähren oder gar nicht mehr, München 2011

Marí, Francisco / Buntzel, Rudolf: Das globale Huhn. Hühnerbrust und Chicken Wing – wer isst den Rest? Frankfurt am Main 2007

Martens, Holger: Energiestoffwechsel und Fruchtbarkeit der Kuh, in: Tierärztliche Umschau 67/2012, S. 499

Meyer-Renschhausen, Elisabeth: Ernährungswende von unten. Kochen und Gärtnern als politische Opposition. Ein Bericht aus den USA, in: Der kritische Agrarbericht 2007, Hamm/Westfalen 2007, Seite 272–275

Meyer-Renschhausen, Elisabeth: Unter dem Müll der Acker – Community Gardens in New York City, Königstein im Taunus 2004,

Nestlé, Marion: Food Politics. How the Food Industry Influence Nutrition and Health, Berkeley 2007

Niedersächsisches Ministerium für Ernährung, Landwirtschaft, Verbraucherschutz und Landesentwicklung / Niedersächsisches Landesamt für Verbraucherschutz und Lebensmittelsicherheit: Bericht über den Antibiotikaeinsatz in der landwirtschaftlichen Nutztierhaltung in Niedersachsen, Hannover 2011

Eckehard Niemann: Das Interessengeflecht des Agrobusiness, in: Thomas Leif, Rudolf Speth (Hg.): *Die stille Macht.* Lobbyismus in Deutschland, Wiesbaden 2003, S. 185–211

Ohne Autor: Ein unterschätzter Risikofaktor. Ein frühzeitiges Erkennen der subklinischen Ketose kann Folgeerkrankungen vorbeugen, in: Milchpur. Das Magazin des Milchprüfring Bayern, Heft 2/2013, S. 38–41.

Patel, Raj: Stuffed and Starved. From Farm to Fork, the Hidden Battle for the World Food System, London 2007

Pollan, Michael: The Omnivore's Dilemma. A Natural History of Four Meals, New York 2006

Pollan, Michael: Lebens-Mittel. Eine Verteidigung gegen die industrielle Nahrung und den Diätenwahn, München 2009

Pollan, Michael: Food Rules. An Eater' s Manual, New York 2009

Rampton, Sheldon / Stauber, John: Toxic sludge is good for you. Lies, Damn Lies and the Public Relations Industry, London 2004

Rampton, Sheldon / Stauber, John: Trust Us, We're Experts. How Industry Manipulates Science and Gambles with our Future, New York 2002

Reisch, Lucia: Die Rolle der Diversität für nachhaltige Konsummuster, in: Zeitschrift für angewandte Umweltforschung, Sonderheft 13, 2001, S. 181–192

Reynolds, Richard: Guerilla Gardening. Ein botanisches Manifest, Freiburg 2009

Roberts, Paul: The End of Food. The Coming Crisis in the World Food Industry, London 2008

Robin, Marie-Monique: Mit Gift und Genen. Wie der Biotech-Konzern Monsanto unsere Welt verändert, München 2009

Rockström, Johan u.a.: A safe operating place for humanity, in: Nature Nr. 461 vom 24.9. 2009, S. 472–475

Römer, Anke: Zu früh schon am Ende? in: Neue Landwirtschaft 2012, S. S45–48
Römer, Anke: Was kostet uns eine geringe Lebensleistung und Nutzungsdauer? Betriebswirtschaftliches Fachgespräch Milch, Döbeln 16.9.2010, www.landwirtschaft.sachsen.de/landwirtschaft/download/Was_kostet_uns_eine_geringe_LL__Dr._Anke_Roemer.pdf
Scheub, Ute: Ackergifte? Nein Danke! Für eine enkeltaugliche Landwirtschaft. Klein Jasedow 2010.
Schlipf, Johann Adam: Handbuch der Landwirtschaft, Nachdruck der Ausgaben von 1898 und 1958, mit einem Nachwort von Onno Poppinga, erschienen bei Manuscriptum ohne Jahresangabe
Schmehl, Rudolf: Chronik der Schwarzbuntzucht Westfalens, Hamm 1959
Schwartau, Silke / Valet, Armin: Vorsicht Supermarkt! Wie wir verführt und betrogen werden, Reinbek bei Hamburg 2007
Smith, Jeffrey M.: Trojanische Saaten. GenManipulierte Nahrung – GenManipulierter Mensch, München 2004
Staud, Toralf: Grün, grün, grün ist alles, was wir kaufen. Lügen, bis das Image stimmt, Köln 2009
Sezgin, Hilal: Artgerecht ist nur die Freiheit. Eine Ethik für Tiere oder Warum wir umdenken müssen, München 2014
Weber, Andreas: Biokapital. Die Versöhnung von Ökonomie, Natur und Menschlichkeit, Berlin 2010
Welzer, Harald: Klimakriege. Wofür im 21. Jahrhundert getötet wird, Frankfurt am Main2008
Welzer, Harald: Selbstdenken. Eine Anleitung zum Widerstand, Frankfurt am Main 2013
Welzer, Harald / Wiegandt, Klaus (Hg.): Wege aus der Wachstumsgesellschaft, Frankfurt am Main 2013
Weiss, Marlene u.a.: Die wahre Landlust, in: Süddeutsche Zeitung vom 13./14.9.2014, S. V2 4f.
Wiegand, Irene: Ein kurzes Leben. Kälberhaltung in Deutschland und der EU – Aktuelle Probleme aus Sicht des Tierschutzes, in: AgrarBündnis (Hg.): Der Kritische Agrarbericht 2014, Konstanz/Hamm 2014, S. 241–244
Wiener, Sarah: Zukunftsmenü. Warum wir die Welt nur mit Genuss retten können, München 2013

Wolpold-Bosien, Martin: Die andere Eroberung. US-amerikanische und europäische Agrarexportpolitik und ihre Folgen für den Hunger im Süden der Welt, Rheda-Wiedenbrück 1999

Wuppertal Institut für Klima, Umwelt, Energie: Zukunftsfähiges Deutschland in einer globalisierten Welt. Ein Anstoß zur gesellschaftlichen Debatte, Frankfurt am Main 2008

Ziegler, Jean: Das Imperium der Schande. Der Kampf gegen Armut und Unterdrückung, München 2005

Ziegler, Jean: Der Hass auf den Westen. Wie sich die armen Völker gegen den wirtschaftlichen Weltkrieg wehren, München 2009

Zukunftsstiftung Landwirtschaft (Hg.): Wege aus der Hungerkrise. Die Erkenntnisse des Weltagrarberichtes und seine Vorschläge für eine Landwirtschaft von morgen, Berlin 2009

Anmerkungen

Einleitung

1 Damit kein falscher Eindruck entsteht: Diese Technisierung bedeutet für die Landwirte eine ungeheure Arbeitserleichterung. Jeder, der in der alten Landwirtschaft gearbeitet hat oder auch nur die schwieligen Hände von Bäuerinnen und Bauern gesehen hat, weiß, welche unzumutbare Knochenarbeit das ohne Technik sein kann.
Ich erwähne das, weil in beinahe allen Diskussionen über moderne Landwirtschaft die Verfechter den Kritikern unterstellen, sie kritisierten die Technisierung in der Landwirtschaft an sich und wollten den Bauern die technischen Errungenschaften aus der Hand reißen und ihnen wieder die Mistgabel in die Hand drücken.
Darum aber geht es hier nicht.

2 Bundesministerium für Ernährung, Landwirtschaft und Verbraucherschutz: *Die deutsche Landwirtschaft. Leistungen in Daten und Fakten. Ausgabe 2010*, S.16: »Ein Landwirt erzeugte im Jahr 1950 Nahrungsmittel, um zehn Menschen zu ernähren. Heute sind es etwa 140 Menschen (ohne Futtermittel aus dem Ausland).« www.bmelv.de/cae/servlet/contentblob/430138/publicationFile/26477/DieDeutscheLandwirtschaft.pdf

3 Die Leistung von Milchkühen wird in Kilogramm angegeben, wobei ein Kilo etwa einem Liter entspricht. Schmehl, Rudolf: *Chronik der Schwarzbuntzucht Westfalens*, Hamm 1959, S. 69. Bundesministerium für Ernährung und Landwirtschaft: Statistisches Jahrbuch 2013, http://berichte.bmelv-statistik.de/SJT-3110300-0000.pdf

4 Zum Weiterlesen: www.schwarzbuntes-niederungsrind.de

Kapitel 1

5 Die meisten Landwirte verwenden fest installierte Nuckeleimer, das ist weniger arbeitsintensiv.

6 www.ami-informiert.de/ami-maerkte/ami-milchwirtschaft/ami-meldungen-milchwirtschaft/meldungen-single-ansicht/article/deutschland-milchpreise-im-dezember-leicht-schwaecher-2.html

7 Greshake, Frank: Nutzkälbermarkt in der Krise, in: *Landwirtschaftliches Wochenblatt* Nr. 6/2014, S. 23.

8 www.denkavit.de/denkaveal.php?id=81

9 Niedersächsisches Ministerium für Ernährung, Landwirtschaft, Verbraucherschutz und Landesentwicklung / Niedersächsisches Landesamt für Verbraucherschutz und Lebensmittelsicherheit: *Bericht über den Antibiotikaeinsatz in der landwirtschaftlichen Nutztierhaltung in Niedersachsen*, Hannover 2011, S. 27 f. und S. 32.

10 www.bmelv.de/SharedDocs/Pressemitteilungen/2013/278-KL-Verkuendung-16_AMG-Novelle.html

11 Telefongespräch am 18.2.2014.

12 Telefongespräch mit Bernhard Rüb am 20.2.2014.

13 Mail von Bernhard Rüb am 20.2.2014.

14 www.landwirtschaftskammer.de/wir/index.htm

15 Primary Industries Ministerial Council: *Australian Animal Welfare Standards und Guidelines – Land Transport of Lifestock*, 2010, S. 4. Eigene Übersetzung dieses Originaltextes:

»In most Australian dairy regions there is a well established market for young dairy and dairy cross non-replacement calves, of which around 800000 are produced annually on average, as shown in Table 1. Most are sold off the farm at between five and seven days old and are transported to an abattoir as ›bobby calves‹. A small number of calves are sold to specialist beef rearing operations and/or purchased by beef producers to be reared; although the market for dairy beef is limited and unavailable for expansion. The remaining calves are usually destroyed at or soon after birth, especially in regions that do not have access to abattoirs.«

16 www.animalsaustralia.org/investigations/dairy-calf-cruelty-investigation/

17 www.3news.co.nz/Use-of-blunt-force-on-calves-reviewed/tabid/1607/articleID/333930/Default.aspx

18 www.dpi.vic.gov.au/agriculture/about-agriculture/legislation-regulation/animal-welfare-legislation/livestock-management-

legislation-and-regulations/-bobby-calf-transport-standards-and-guidelines

19 Primary Industries Ministerial Council: *Australian Animal Welfare Standards und Guidelines – Land Transport of Lifestock, 2010*, S. iii. Eigene Übersetzung.

20 § 10, Absatz 4 der Tierschutztransportverordnung aus dem Jahr 2009, www.gesetze-im-internet.de/bundesrecht/tierschtrv_2009/gesamt.pdf, Einschränkung Transport auf dem Betrieb selbst: Art. 1, Absatz 2 der EU-Verordnung: http://eur-lex.europa.eu/LexUriServ/LexUriServ.do?uri=CELEX:32005R0001:DE:NOT

21 Primary Industries Ministerial Council: *Australian Animal Welfare Standards und Guidelines – Land Transport of Lifestock*, 2010, S. iii: »In accordance with this decision, Animal Health Australia AHA has prepared a science-based standard for bobby calf time off feed (TOF) during livestock transport. The proposed standard amendment is for a maximum of 30 hours without a liquid feed from the time of last feeding to the next feed or slaughter of the calf.«

22 Australian Government, Department of Agriculture, Fisheries and Forestry: *Australian Animal Welfare Standards and Guidelines: Land Transport of Livestock*, Version 1.1, September 2012, S. 59.

23 http://www.dairyaustralia.com.au/Animals-feed-and-environment/Animal-welfare/Calf-welfare/Managing-bobby-calf-welfare/Bobby-Calf-Welfare.aspx, abgerufen am 4.3.2014. Eigene Übersetzung. »We care deeply about the welfare of all our animals and commit many hours each day to looking after them. Providing excellent care to our cows and calves is a big part of everyday life on a dairy farm. We want to make sure that everyone does the right thing by our animals. Our commitment includes ensuring our calves are provided with a safe, healthy environment for the whole of their lives.«

24 Ende 2013 hat Nordrhein-Westfalen als erstes Bundesland das Töten männlicher Küken ab 2015 verboten, auch die grün regierten Landwirtschaftsministerien von Niedersachsen und Hessen planen ein solches Verbot.

25 Vergleiche *Report Mainz*, Sendung vom 12.10.2013.

26 Landeskontrollverband Schleswig-Holstein: Jahresbericht 2012, Seite 65, Tabelle 26; Jahresbericht 2011, S. 67, Tabelle 26.

27 Essmeyer, Kirsten: *Aufklärung der Ursachen einer erhöhten Häufigkeit von Totgeburten in einem Milchviehbetrieb*, Dissertation an der Tierärztlichen Hochschule Hannover 2006, S. 3 f. und S. 7.

28 Essmeyer, *Aufklärung*, S. 43.

29 Essmeyer, *Aufklärung*, S. 124.

30 Schmehl, Rudolf: *Chronik der Schwarzbuntzucht Westfalens*, Hamm 1959, S. S.151.

31 www.raiffeisen.com/news/artikel/30191060

32 Mail von Constantin Marquardt vom 2.5. 2014.

Kapitel 2

33 Leopold, Sabine u. a.: *Lange leistungsstark. Lebenseffektivität von Milchkühen*. Sonderteil der Zeitschrift *Neue Landwirtschaft. Magazin für Agrarmanager*, Heft 11/2012, S. 1 – S. 48.

34 www.elite-magazin.de/news/21-168-kg-Milch-715539.html

35 Arbeitsgemeinschaft Deutscher Rinderzüchter: *Rinderproduktion in Deutschland 2012*, Ausgabe 2013, S. 55 und Mail von Bianca Lind vom 21.3. 2013.

36 Römer, Anke: *Zu früh schon am Ende?* in: *Neue Landwirtschaft* /2012, S. S45–48. Siehe auch: Römer, Anke: Was kostet uns eine geringe Lebensleistung und Nutzungsdauer? Betriebswirtschaftliches Fachgespräch Milch, Döbeln 16.9.2010, http://www.landwirtschaft.sachsen.de/landwirtschaft/download/Was_kostet_uns_eine_geringe_LL__Dr._Anke_Roemer.pdf

37 Vgl. Martens, Holger: *Energiestoffwechsel und Fruchtbarkeit der Kuh*, in: *Tierärztliche Umschau* 67, S. 496–503 (2012) und ders.: *Die Milchkuh. Leistungssteigerung ohne Grenzen*, www.basfanimalnutrition.de/de/news_2012_04_15.php

38 Martens, Holger: *Energiestoffwechsel und Fruchtbarkeit der Kuh*, in: *Tierärztliche Umschau* 67/2012, S. 499.

39 Außer Milchbauern diskutieren auch Bodybuilder in Onlineforen über die Wirkung von Dinoyltic: In die Muskeln gespritzt, soll es örtlich begrenzt Fettzellen abbauen. Die Wirkung ist allerdings umstritten, gesichert scheinen nur heftige Durchfälle als Nebenwirkung.

40 www.landtreff.de/wiederbesamung-t64654.html, abgerufen am 14.4.2014.

41 Arbeitsgemeinschaft Deutscher Rinderzüchter: *Rinderproduktion in Deutschland 2012*, Ausgabe 2013, S. 54. Die Angaben beziehen sich auf 3,6 Millionen Kühe aus 55 097 Milchviehbetrieben, die sich 2012 der Milchleistungsprüfung unterzogen haben. Das sind knapp 86 Prozent aller Milchkühe, die 2012 in Deutschland gehalten wurden.

42 www.bauernverband.de/33-betriebe-und-betriebsgroessen-580250 www.meine-milch.de/artikel/milchproduktion-im-wandel

43 Scientific Opinion of the Panel on Animal Health and Welfare on a request from European Commission on the overall effects of farming systems on dairy cow welfare and disease, in: *The EFSA Journal* (2009) 1143, Seite 2.

44 Stephan Grünewald: *Die erschöpfte Gesellschaft. Warum Deutschland neu träumen muss*, Frankfurt am Main 2013.

45 Ohne Autor: Ein unterschätzter Risikofaktor. Ein frühzeitiges Erkennen der subklinischen Ketose kann Folgeerkrankungen vorbeugen, in: *Milchpur. Das Magazin des Milchprüfring* Bayern, Heft 2/2013, S. 38f.

Kapitel 3

46 Feddersen, Egbert: *Die besten Lebenstagsleistungen*, in: *Milchrind, Journal für Zucht und Management*, Heft 2/2014, S. 26f.

47 Tatsächlich haben die Kühe noch mehr Milch gegeben: Doch Milch von Kühen, die mit bestimmten Medikamenten behandelt wurden, gilt als nicht verkehrsfähig und darf nicht abgeliefert werden.

48 Ostermann-Palz, B. u.a.: *Leistung bis ins hohe Alter*. in: *Elite. Magazin für Milcherzeuger*, Ausgabe 6/2013, S. 26.

49 Ostermann-Palz, B.: *Leistung*, S. 29.

50 Ein paar Seiten nach dem Bericht über die Kuhversteher stellt *Elite* Neuheiten von der Precision Dairy Conference in den USA vor: Sensoren, die das Wiederkauen aufzeichnen, sollen helfen, kranke Kühe »herauszufiltern«, ein Sender am Hinterbein soll Lahmheiten melden. (*Dairy Precision Farming*, a.a.O., S. S. 34 ff. Und auf der Agrarmesse Eurotier im November 2014 in Hannover stellte die Firma Smartbow aus Österreich eine Ohrmarke für Kühe vor, die die Tiere zugleich überwachen soll. Ändert die Kuh ihr Verhalten, bekommt der Landwirt eine Nachricht aufs Smartphone.

51 www.bag.admin.ch/themen/drogen/00041/00618/13196/13199/?lang=de

52 www.vetpharm.uzh.ch/reloader.htm?clinitox/toxdb/KLT_052.htm?clinitox/klt/toxiklt.htm

53 www.bfr.bund.de/cm/343/liquids-von-e-zigaretten-koennen-die-gesundheit-beeintraechtigen.pdf, www.dlg.org/fileadmin/downloads/fachinfos/futtermittel/propylenglykol.pdf

Kapitel 4

54 Reinhardt, Friedrich: *Die Weichen sind gestellt*, in: *Neue Landwirtschaft. Magazin für Agrarmanager*, Heft 11/2012, S. S14.

55 jo: Könner können es packen, in: *dlz Agrarmagazin* v. 23.11. 2010, http://dlz.agrarheute.com/koenner-koennen-packen

56 Han, Byung-Chul: *Topologie der Gewalt*, Berlin 2011.

57 Vgl. S. 116.

58 Han, Byung-Chul: *Topologie der Gewalt*, Berlin 2011, S. 116.

59 Han, Byung-Chul, a.a.O., S. 17.

60 Hagencord, Rainer: *Diesseits von Eden. Verhaltensbiologische und theologische Argumente für eine neue Sicht der Tiere*, Regensburg 2006.

61 Im Gespräch mit dem WDR-Reporter Peter Meisenberg am 9.2.2011.

62 Niemann, Eckehard: *Vertragsmast: Abhängigkeit und Preisverfall.* Bericht von einer Landvolk-Werbeveranstaltung für »Wiesenhof«, in: *Unabhängige Bauernstimme* Nr. 328, Dezember 2009.

63 Klohn, Werner / Voth, Andreas: *Die Landwirtschaft in Deutschland*, *Vechtaer Materialien zum Geographieunterricht*, Heft 3, Vechta 2009, S. 97.

64 Ein Wirtschaftsjahr wird in der Landwirtschaft vom 1.5. zum 30.4. des folgenden Jahres berechnet.

65 www.agrarheute.com/haehnchenmast-auswertung-niedersachsen?suchbegriff2=gefl%FCgelmast

66 www.lwk-niedersachsen.de/index.cfm/portal/tier/nav/229/article/24827.html

67 Mail von Henning Pieper vom 19.5. 2011.

68 http://www.lwk-niedersachsen.de/index.cfm/portal/tier/nav/229/article/24827.html

69 Niemann, Eckehard: *Vertragsmast:* a.a.O.

70 BMELV: Deutscher Agraraußenhandel 2009, S. 29.

71 BMELV: Programm des BMELV zur Förderung der Exportaktivitäen der deutschen Agrar- und Ernährungswirtschaft, S. 5, www.agrarexportfoerderung.de/

72 Meldung der GEFA vom 19.8.2014, www.g-e-f-a.de/news__termine/news

73 Mehr dazu in Marí, Francisco / Buntzel, Rudolf: *Das globale Huhn. Hühnerbrust und Chicken Wing – wer isst den Rest?* Frankfurt am Main 2007.

74 BMEL: *Milch als Eckpfeiler des landwirtschaftlichen Produktionswertes*, Pressemitteilung vom Nr. 109/14

75 www.lwk-niedersachsen.de/index.cfm/portal/tier/nav/229/article/25241.html

76 http://www.phw-gruppe.de/

77 http://www.plukon.de/de/unternehmen/

78 Byung-Chul Han, *Topologie der Gewalt*, a.a.O., S. 101.

Kapitel 5

79 www.bauernverband.de/vorwort-2014

80 Kirby, David: *Animal Factory. The Looming Threat of Industrial Pig, Dairy, and Poultry Farms to Humans and the Environment*, New York 2010, S. 27.

81 Kirby, David: *Animal Factory*. a.a.O., S. 438.

82 Das Virus wird als PED bezeichnet: Porcine Epidemic Diarrhea, es hat die Schweinebestände in den USA um mehr als 3 Prozent reduziert. Mail von Rick Dove am 16.8.2014. http://www.topagrar.com/news/Schwein-News-Schwein-1425266.html

83 http://www.cals.ncsu.edu/pmb/Faculty/jburkholder/jburkholder.html

84 Deutscher Bauernverband: *Situationsbericht der Landwirtschaft 2013*, Kapitel 1, S. 6.

85 Fördergemeinschaft Nachhaltige Landwirtschaft e.V.: *Ressourceneffizienz. Fragen und Antworten*. www.fnl.de. Die FNL hat sich inzwischen in Forum Moderne Landwirtschaft umbenannt.

86 Fördergemeinschaft Nachhaltige Landwirtschaft e.V.: *Ressourceneffizienz*, S. 8.

87 Fördergemeinschaft Nachhaltige Landwirtschaft e.V.: *Ressourceneffizienz*, S. 4 und 5.

88 FNL-Positionspapier: *Welternährung und nachhaltige Produktionssteigerung, 2014.* Deutscher Bauernverband: *Erklärung des Präsidiums des Deutschen Bauernverbandes zur UN-Konferenz für eine nachhaltige Entwicklung* »Rio+20«, 5.6.2012.

89 www.welt.de/newsticker/news3/article107265381/Effizienz-kommt-vor-Hofladenromantik.html

90 http://fnl.de/fnl/ueber-uns.html?L=%25252Fview%25252Ferlebnisbauernhof%25252Fmediabox.html

91 Hauschild, Sönke: *Bauern unter Beobachtung: Wie man uns sieht und was wir tun können*, hg. vom Bauernverband Schleswig-Holstein, Rendsburg 2014, S. 15.

92 Hauschild, Sönke: Bauern unter Beobachtung a.a.O., S. 29.

93 Hauschild, Sönke: Bauern unter Beobachtung a.a.O., S. 47.

Kapitel 6

94 Dieses Feld war handverlesen: Die Angestellten hatten liegend auf dem sogenannten Gurkenflieger unerwünschte Beikräuter ausgerissen – arbeitsintensiv, aber schadstofffrei.

95 www.wir-haben-es-satt.de

96 Ich habe die Veranstaltung mit Thomas Griese in Karben moderiert und konnte deshalb nicht mitschreiben, Griese sprach frei und hatte kein Manuskript. Deshalb finden sich im Folgenden Zitate nicht aus Karben, sondern aus anderen Texten, die er mir zur Verfügung gestellt hat. Griese, Thomas / Ribbe, Lutz: *Bioenergie neu bewerten. Tonne/Trog/Tank/Teller/Tagfalter: Welchen Beitrag kann eine nachhaltige Bioenergie zur Energiewende leisten?* in: *EuroNatur Spezial* Nr. 3/2013, S. 9.

97 Thomas Griese auf einer Veranstaltung von Demeter, ProVieh und Slowfood zum Thema *Braucht der Mensch noch Nutztiere? Die Zukunft der Tierhaltung* am 12.11.2013 in Berlin.

98 Thomas Griese auf einer Veranstaltung von Demeter, a.a.O.

99 Griese, Thomas / Ribbe, Lutz: *Bioenergie neu bewerten.* a.a.O., S. 6.

100 Griese, Thomas / Ribbe, Lutz: *Bioenergie neu bewerten.* a.a.O., S. 7.

101 Vgl. Weber, Andreas: *Biokapital. Die Versöhnung von Ökonomie, Natur und Menschlichkeit*, Berlin 2010.

102 www.weltagrarbericht.de/

103 www.youtube.com/watch?v=kKiT-8LSKfk, http://dieoff.com/page69.htm

104 www.spiegel.de/spiegel/print/d-76862438.html

105 http://dip21.bundestag.de/dip21/btd/16/123/1612392.pdf

106 www.tafel.de/

107 www.slowfood.de/projekte_und_aktionen/teller_statt_tonne/hintergruende/

108 Gespräch mit Ursula Hudson im Frühjahr 2014

109 www.gesunde-erde.net

110 Das war die Menge des Jahres 2012, nach Informationen des Umweltbundesamtes: www.umweltbundesamt.de/daten/land-forstwirtschaft/landwirtschaft/pflanzenschutzmitteleinsatz-in-der-landwirtschaft

111 http://www.topagrar.com/news/Home-top-News-Antibiotikaeinsatz-in-der-Tierhaltung-weiter-ruecklaeufig-1504561.html

Kapitel 7

112 Han, Byung Chul: *Warum heute keine Revolution möglich ist*, in: *Süddeutsche Zeitung*. 2.9.2014, http://www.sueddeutsche.de/politik/neoliberales-herrschaftssystem-warum-heute-keine-revolution-moeglich-ist-1.2110256

113 www.rechnungswesen-verstehen.de/bwl-vwl/bwl/effektivitaet-und-effizienz.php

114 http://fnl.de/fnl/ueber-uns.html

115 Fördergemeinschaft Nachhaltige Landwirtschaft: *Ressourceneffizienz. Fragen und Antworten*, Bonn ohne Jahr (2007), S. 3.

116 Fördergemeinschaft Nachhaltige Landwirtschaft: *Ressourceneffizienz*. S. 12.

117 Fördergemeinschaft Nachhaltige Landwirtschaft: *Ressourceneffizienz,* S. 9.

118 Fördergemeinschaft Nachhaltige Landwirtschaft: *Ressourceneffizienz,* S. 16.

119 http://fnl.de/fnl/ueber-uns.html, abgerufen am 27.11.2014

120 www.bauernhoefe-statt-agrarfabriken.de; Eckehard Niemann: *Das Interessengeflecht des Agrobusiness,* in: Thomas Leif, Rudolf

Speth (Hg.): *Die stille Macht. Lobbyismus in Deutschland*, Wiesbaden 2003, S. 185–211, Zitat S. 197.

121 Schlipf Johann Adam: *Handbuch der Landwirtschaft*, S. 475.

122 www.youtube.com/watch?v=rLmRsSp8SxI, nach anderen Quellen sogar noch mehr: www.landwirtschaft-mv.de/cms2/LFA_prod/LFA/content/de/Fachinformationen/Tierproduktion/Schweineproduktion/Schweinetag_2014/1_Hoy,_Tierschutz_u._Hochleistung.pdf

123 http://reinhardgesing.de/uploads/media/2014-02-10.Die_Besten_Gene_DanAvl.pdf, S.25

124 500 Sauen x 2,36 Würfe pro Jahr x 15,4 lebend geb. Ferkel = 18172 Ferkel pro Jahr. Davon 10,6 Prozent: 1926.

125 Vgl. www.landwirtschaft-mv.de/cms2/LFA_prod/LFA/content/de/Fachinformationen/Tierproduktion/Schweineproduktion/Schweinetag_2014/1_Hoy,_Tierschutz_u._Hochleistung.pdf, S. 15

126 Anthes Monika/Edgar Verheyen: *Gequält, totgeschlagen und weggeworfen. Das Leid in Deutschlands Ferkelfabriken. Report Mainz*. ARD vom 14.7.2104

127 Mail von Hansen, 13.11.2014

128 www.agrarheute.com/ferkeltoetungen?utm_source=newsletter&utm_medium=Email&utm_campaign=15-07-2014&utm_content=news

129 Hoy, Steffen: *Tierschutz und Hochleistung – ein unlösbarer Konflikt?* Vortrag auf dem Schweinetag 2014 in Güstrow am 15.10.2014, S. 40.

130 Zum Beispiel hier: www.topagrar.com/news/Schwein-News-Schwein-Empoerte-Reaktionen-auf-ARD-Reportage-Deutschlands-Ferkelfabriken-1491882.html, www.lbv-sachsenanhalt.de/?p=431, www.wochenblatt.com/landwirtschaft/nachrichten/ferkel-toeten-ist-nicht-die-regel-8430.html

131 Schlipf, S. 479.

132 Die Tierärztin Anita Idel hat darüber ihre Dissertation geschrieben und herausgefunden: Immer wenn die Landwirte im 18. und 19. Jahrhundert – meist aus Unwissenheit – gegen den Tierschutz verstießen, war das zu ihrem eigenen ökonomischen Nachteil. Sie nutzten zum Beispiel Zugtiere viel zu früh für die Arbeit, sodass die Tiere Schaden davontrugen und nicht lange arbeiten konnten. Idel, Anita: *Tierschutzaspekte bei der Nutzung unserer Haustiere für die*

menschliche Ernährung und als Arbeitstier im Spiegel agrarwissenschaftlicher und veterinärmedizinischer Literatur aus dem deutschsprachigen Raum des 18. und 19. Jahrhunderts. Berlin 1999

133 Bartmer, Carl-Albrecht: *Rede zum EuroTier-Abend*, Hannover, 11.11.2015.

134 Vgl. Burghardt, Peter: *Der Tod kommt mit dem Wind*, in: *Süddeutsche Zeitung* Magazin, Heft 47/2014, http://sz-magazin.sueddeutsche.de/texte/anzeigen/42435/Der-Tod-kommt-mit-dem-Wind

135 Vgl. Busse, Tanja: *Die Einkaufsrevolution. Konsumenten entdecken ihre Macht*, München 2006, S. 151 ff.

136 Vgl. Marí, Francisco/Buntzel, Rudolf: *Das globale Huhn*, a.a.O.

137 Biermann, Kai u.a.: *Das bringt uns noch um.* In Deutschland sterben jährlich tausend Menschen an Bakterien, gegen die kaum ein Antibiotikum hilft. Eine Brutstätte für besonders gefährliche Keim rückt jetzt erst ins Blickfeld: Die Massentierhaltung, in: *Die Zeit* vom 20.11.2014, S. 21 ff.

138 www.bauernhoefe-statt-agrarfabriken.de/, www.gruene-bundestag.de/themen/agrar/zukunftskonferenz-baeuerliche-landwirtschaft/seite-1-zukunftskonferenz-baeuerliche-landwirtschaft_ID_4393747.html, http://www.bund.net/fleischatlas

139 Pressemitteilung des DBV vom 21.11.2014

140 www.q-s.de/qs-system/monitoringprogramme-antibiotikamonitoring.html

141 http://www.topagrar.com/news/Home-top-News-Antibiotikaeinsatz-in-der-Tierhaltung-weiter-ruecklaeufig-1504561.html

Kapitel 8

142 http://www.bauernstimme.de/unabhaengige-bauernstimme/aktuelle-ausgabe/details/browse/10/article/schwaenze-kupieren-landwirtschaftlicher-standard.html?tx_ttnews[backPid]=43&cHash=c91c753401617168ad759cdf86d129b7

143 Antwort der Bundesregierung auf eine Anfrage der Grünen Bundestagsfraktion, Mai 2014: http://dipbt.bundestag.de/dip21/btd/18/015/1801535.pdf, S. 2. Siehe auch www.provieh.de/skandal-schlachtung-traechtiger-tiere-ueblich

144 »Wir tragen Verantwortung auch im Westen, wo wir ein neues großes Kapitel freien transatlantischen Handels aufschlagen wollen.

Es ist kurzsichtig und nicht besonders verantwortungsvoll, mitunter interessengesteuert Angstszenarien vom Verlust der Rechtssouveränität bis zur Aufgabe von Qualitätsstandards zu schüren und dabei die Chancen des Handelsaustausches zu negieren, Chancen, die wir ja gerade in Europa so eindrucksvoll erleben.«

145 Oxfam 2002: *Bitter! Armut in der Kaffeetasse und Oxfam 2007: Ist die Kaffeekrise nun vorüber?*

146 www.tagesschau.de/wirtschaft/hermes-buergschaft-103.html

147 www.agrarheute.com/antibiotika-im-grundwasser-im-kreis-cloppenburg-gefunden?utm_source=agrarheute&utm_medium=Newsletter&utm_campaign=ah-newsalarm&utm_content=2014-11-06-19uhr

148 Pressemitteilung von Martin Häusling vom 4.12.2014.

149 www.zeit.de/2011/35/Tiere-Seuche-Bakterium

Kapitel 9

150 https://www.youtube.com/watch?v=62_1VrOJZ_c, www.agrarheute.com/netzschau-milch-aus-der-arktis

151 www.vegan-for-fit.de, www.attilahildmann.de

152 www.vebu.de/themen/umwelt/vegetarische-landwirtschaft/bioveganer-landbau, siehe auch biovegan.org, www.taz.de/!143950

153 www.faz.net/aktuell/beruf-chance/mein-weg/ute-frieling-huchzermeyer-vom-glueck-des-gedeihens-11897714-p2.html

154 Idel, Anita: *Die Kuh ist kein Klima-Killer! Wie die Agrarindustrie die Erde verwüstet und was wir dagegen tun können*, Marburg 2011.

155 www.wir-haben-es-satt.de

156 www.uni-hohenheim.de/uploads/media/Artikel_FleischWirtschaft_07_2013.pdf, www.uni-hohenheim.de/news/weniger-fleisch-60-der-deutschen-zeigen-bereitschaft-dazu-arme-laender-wuerden-profitieren-10

157 www.spiegel.de/wirtschaft/unternehmen/fuerstenhof-eier-produzent-verliert-bio-status-a-1006847.html

158 www.forschungswende.de

159 www.zukunftsstiftung-landwirtschaft.de/index.php?id=1879

160 Zum Nachlesen: www.gesetze-im-internet.de/bundesrecht/lfgb/gesamt.pdfLebensmittel- und Futtermittelgesetzbuch.

161 Bei der Recherche für mein Buch *Die Ernährungsdiktatur* habe ich das selbst erlebt: Die Molkerei Campina hatte 2009 Rote Grütze ohne Früchte verkauft, was nach Lebensmittelbuch keine Rote Grütze sein kann. Das zuständige Chemische und Veterinäruntersuchungsamt aber hatte die Etikettierung zunächst gerechtfertigt – und erst nach wiederholten Nachfragen und Verweisen auf das Irreführungsverbot doch unterbunden.

162 Vgl. Busse, Tanja: *Die Ernährungsdiktatur*, München 2010, S. 52ff.

163 Vgl. Brownell, Kerry B. / Warner Kenneth E.: *The perils of ignoring history. Big Tobacco Played Dirty and Millions Died. How similar is Big Food?* www.ncbi.nlm.nih.gov/pubmed/19298423

164 Newsletter von Foodwatch vom 11.12.2014.

165 www.tasteofheimat.de/ueber-uns

166 *Die Milchrebellen. Mut gegen Macht.* Ein Film von Karin de Miguel-Wessendorf und Valentin Thurn, gesendet am 15.1.2015 um 22.30 im WDR Fernsehen.

167 http://www.solidarische-landwirtschaft.org/de/startseite/

168 www.g-e-h.de/geh/index.php/das-arche-projekt

169 www.buschberghof.de, http://klostersee.org/milchkuhe/

170 Das Forschungsinstitut für biologischen Landbau hat eine Broschüre dazu erstellt: www.fibl.org/fileadmin/documents/shop/1575-muttergebundene-kaelberaufzucht.pdf

171 Idel, Anita: *Der Garten als Hühnerhof: Eier für lau – und eine große Chance*, in: *Slowfood Magazin* 2/2014, S. 60–62.

Namenregister